传媒与文化书系

信息隐私保护制度研究

困境与重建

徐艺心◎著

中国传媒大学出版社
·北京·

本书系中国博士后科学基金资助项目
（2017M611081）的研究成果

序 言

个人信息作为个人身份的识别符号，在社会成员个体参与社会交往的过程中，必然发生不同程度的让渡，这是这一个体与其他个体进行信息和利益交换的前提条件，即个人信息的社会性。在这个意义上，一个个体与社会及其他个体交换的信息和利益越多，他所要让渡的个人信息就越多。政客和明星们的个人隐私之所以受到保护的程度要比普通人低，其中一个重要原因就是他们在社会交往中获得了太多的利益。

在前互联网时代的传播环境里，人们对于个人隐私的边界形成了相对稳定的认识，一切都能够基本有序。但是，互联网来了！

互联网来了！个人信息可以在网络空间永久停留，并且拜搜索工具所赐，可以被任何人极为方便地获取，于是人们要求“被遗忘权”；各种应用平台收集和记录、留存了大量的个人信息，而且正在利用人工智能进行分析和利用，人们感到了威胁，无奈之下，开始祈愿人工智能企业心存善意……个人信息安全问题在互联网时代凸显，与这个时代的信息技术高度发达及迅速发展相关。新技术对信息传播环境和社会运行方式的影响给我们提出了新的课题，即如何处理个人信息的社会性带来的两难问题。比如，人们享受的基于互联网的各种服务便利与个人隐私保护之间，国家安全与个人权利之间，孰轻孰重？边界和尺度如何把握？等等，都存在着价值上的冲突与竞争，很难以单一价值体系做出简单判断。一方面，大数据的收集和利用，是个人获得个性化服务、提高社会运行效率以及维护公共安全的有效途径；但另一方面，越来越多的个人数据在互联网上的留存和易于被复制、检索，又为隐私泄露埋下了隐患。

五年前，正是基于对这些问题的观察和思考，我建议徐艺心博士开展这一新课题的研究。在此之前，她在硕士研究生阶段，就进行了关于“数据库权利”的研究，这个课题，也可以说是那个研究的深化。徐艺心博士经年学习、调研、思考的结果就是《信息隐私保护制度研究》这本书。

在这本书中，作者立足于互联网这个基础环境，从个人信息的社会性出发，对网络生态中围绕个人信息利用和保护问题的价值冲突以及互联网运行机制对个人信息保护的影响，进行了比较全面、深入的描述和分析。通过对互联网信息运动过程的研究，作者指出信息传播介质的物理屏障弱化和各种界限的模糊带来的互联网上有“私”难“隐”的困境，并认为这也是个人隐私保护难度增加的机制性原因。这使得这一研究能够根基于实践而“有的放矢”。

价值选择上的两难与信息传播机制上的有“私”难“隐”，导致的结果是互联网环境中隐私边界的模糊化。作者基于这一认识和发现，指出互联网隐私保护制度构建的重点和难点就在于如何为个人信息的利用确立明确而可行的边界。作者提出了价值兼顾、去识别化、个人自决、平台管理以及消减影响力等原则。

公与私的领域划分，是现代社会个人隐私保护制度的一个重要出发点。公共权力与个人自由的价值主张都有着各自的正当性。作者将个人信息的利用分作群体利用、商业利用和政治利用三种情形，运用丰富的案例材料，对不同情形下的活动边界分别进行分析论证，对实际问题做出了积极回应。如“人肉搜索”，对于这一互联网环境中屡禁难止的一类个人信息滥用现象，作者指出，其实质上是公众言论自由和知情权、个人隐私权利的平衡问题，在许多情况下，这两种价值互为边界。当一个人的行为对他人以及社会公共秩序造成恶劣影响时，其个人的隐私权就应受到冲击和减损；但这种减损也存在一定的范围和原则，隐私作为人的本能诉求和基本权利，在任何时候都应当受到必要的、适当的尊重和保护，这是人类文明进步的应有之义。作者提出的这种“互为边界”的规范模式，较恰当地体现了“价值兼顾”的原则。应当指出的是，这也是整个互联网治理的一个共性问题。

从本质上说，隐私权是一种个人自决权。一种事物是否属于隐私，以及这种隐私在何种情况下可以进入公共领域，在一般情况下，对于普通社会成员，都应该由隐私主体来决定。这也是现行立法强调信息收集和使用时须征得主体同意的逻辑所在。然而，作者在研究中发现，在互联网环境中，作为隐私主体的个人，同自己的个人信息之间常常会处于一种分离的状态。事实上，在网络平台上生成和存储的个人信息，并不为个人直接掌握，而是由平台实际控制。这就有了平台的管理责任。因此，互联网时代的隐私保护，需要确立个人自决与平台管理相结合的原则，这是网络生态结构的要求。

从上面的例子可以看出，徐艺心博士的这本专著，并不仅是对现有规则的归纳总结，作者还从分析互联网环境的特点切入，用两个“困境”解释了个人隐私保护所面临的主要难题，透过现象触及了问题的本质，使研究具有了一定的高度和深度。

对我国与欧美隐私保护制度的比较研究，也是此书的一个亮点。通过较为系统的梳理，作者向我们展示了当今世界主要国家或地区在信息隐私保护制度上的异同，并发现了一个很有意思的现象：信息产业发展程度及其国际竞争力与所在国家和地区的法律制度之间存在密切的关系。从总体上看，我国的法律和政策经历了从主要学习和模仿欧洲模式，到有选择性地借鉴欧美模式，再到尝试构建具有本国特色的制度模式的过程，逐渐呈现出发展与安全并重的价值取向。

在上述这些研究发现的基础上，作者从政府、法律、市场、社区以及个人自助等多个维度，提出了信息隐私保护制度的构建方案，这些观点在理论上和实践上都具有重要的意义和价值。

这本书是作者博士学位论文的拓展和深化。与博士论文相比，作者在概念深化、环境分析以及制度构建等方面都有明显的创新和提高，反映出作者在博士后研究阶段，密切跟踪信息传播技术及其应用的飞速发展，对相关问题的研究和认识有了大幅度的提高。徐艺心博士目前的研究也许只是她个人学者生涯的一小步，但这本书所呈现的丰富内容和独到见解，一定会对全社会更好地认识个人隐私保护这一关系到每个人利益的问题有所裨益。

宋建武（中国人民大学新闻学院教授，博士生导师）

2018年2月

目　录

第一章
绪论：当隐私遇上互联网

“隐私”这个古老的存在，在安稳与沉寂中度过了一个相当漫长的历史时期之后，遇上了互联网，一瞬间变成了整个社会高度关注的热点话题。就隐私本身而言，其历史可以追溯至“以草遮羞”的远古时期，它是人类社会最珍视的朴素价值之一。尽管隐私权的诞生在法律上只有百余年的历史，但这也不能改变隐私早就存在于习俗中的事实。只不过，在隐私权问世之前，隐私利益的实现方式是以隐私主体的自力管理为主，在信息技术并不发达的时代，道德与习惯的约束力足以为私人领域提供保护。直到19世纪，以照相机为代表的信息捕捉技术得到广泛应用，不堪其扰的沃伦和布兰代斯才于激愤中发表了《隐私权》一文，宣告了隐私权的诞生。然而，时光的脚步并未在此停留，转眼间已是21世纪，隐私与互联网正面相遇，碰撞出无数火花。

第一节　互联网对隐私的影响

互联网对于隐私来说，是一个充满了危险和挑战的新环境。“人肉搜索”致人投河自尽、电话诈骗使受害者心脏骤停、密码被破译造成储户存款消失、斯诺登的“良心爆料”使世界震惊……太多的悲剧和乱象，不胜枚举，频繁地刺激着人们的神经。

一、互联网上还有隐私吗

在人们关于隐私的传统经验中，保护隐私算得上是一项比较容易实现的需求。在前互联网时代，人们如若想要保护隐私，只需要在出门时穿戴整齐，在密谈时关好门窗，在私人聚会时竖起“非请勿入”的牌子……即便是在隐私权刚刚诞生之时，人们保护自己的方式也只是多了一个将莽撞的媒体诉诸法庭的办法。但是，到了互联网普及的年代，一切都开始变得不那么容易了。

在很多时候，我们不知道自己的隐私已经“不胫而走”了。我们可能才刚刚认识到，每天打开电脑、敲击键盘的行动已经转化为数据在网上存储下来。我们也不太可能知道，不久前在银行填写的隐私信息已经被盗卖至千里之外。我们更不知道，拨打营销电话的人员已经对我们的职业、年龄、消费偏好甚至家里孩子的年龄都了如指掌。数年前早有“隐私已死”的慨叹，应该是基于现实生活的切身体验。

互联网上还有隐私吗？答案是肯定的。隐私是人类社会形成之初便已存在的朴素价值。互联网改变不了社会对隐私的珍视，也改变不了法律对这项个人基本权利和自由的捍卫。互联网所改变的，只是隐私所处的环境。新环境必然带来一系列新问题、新困难，我们需要做的主要是冷静地观察、细致地分析、深入地探索和不失时机地做出应对。

二、隐私保护变得困难

在坚定了隐私保护的价值取向之后，需要谈一谈在互联网环境中难度明显增大的隐私保护问题。互联网带来的诸多困难，实际上可以归纳为两种困境，即价值困境和机制困境。

多种价值同时存在并相互作用的“纠缠”状态，是互联网环境复杂性的一个重要表现。“趋利避害”是人谋求生存与发展的本能，但在面对多种错综复杂的价值时，这种本能反应往往会转化成焦虑或迷茫，多元价值之间的计算和比较并不是一件容易的事情。比如，用户在网上购买一件商品只需花费他（她）在线下实体商店购买同样商品的价格的一半，但他（她）获得这种实惠的前提条件是向网上商家提供姓名、住址和电话号码，以保证商品的准确送达。这时候，就出现了隐私保护和获取服务便利的价值矛盾。这个场景只是一个简单的模型，这里的价格便宜可能是最重要的参考要素，大多数人可能会倾向于为获得实惠而让渡自己的部分隐私。但是实际生活中的情况比模型要复杂得多，在不同的情况下，不同人对同一事物的评判不一定相同。比如，打车软件需要获得用户的位置信息，并进行实时跟踪，以便提供更加准确和全面的服务，其获取的信息包括所在位置、目的地以及出行习惯，等等，这就涉及更加敏感的个人信息，没有汽车的人或许更加愿意提交这些信息以获得便利的服务，而有车的人或居住在地铁附近的人却未必愿意做出这种价值取舍。价值之间的冲突在精准营销、情报监听等情境下也同样存在。各种价值交织在一起，增加了决断的难度，也使互联网隐私保护面临着前所未有的价值困境。

互联网特有的运行机制使隐私变得有“私”无“隐”，这是互联网环境复杂性的另一个重要表现。人们在强调私人领域非常重要的时候，未必注意到了“能够隐藏”是隐私内涵的另一半内容。而互联网上的“隐藏”机制正是非常缺乏的。在互联网环境中，信息的产生是随时随地的，每一个上网行为都可能转化为网络上的数据，随着传感技术和物联网的发展，这种转化的范围还会继续扩展。这意味着关于人的一切都在逐渐地以符号的形式反映到网上。在信息存储阶段，没有人去及时地删除这些自动生成的信息，因为对海量信息的删除工作对任何一家公司来说都意味着难以承担的成本，对个人来说更是不可能实现的。需要指出的是，按照个人信息的定义，这些信息里必然包含着大量的“已识别或可识别具体个人”的个人信息。这些信息的集中存储和长期滞留，就成为隐私泄露的隐患。信息的自动生成、长期存储、传递迅速以及后患难以消除等，都是互联网隐私保护面临的机制困境。

三、信息隐私与互联网

除了隐私保护所遭遇的价值困境与机制困境之外，互联网对隐私的影响还体现在催生了新的隐私类型上。

互联网环境中的隐私侵犯常常是以个人信息的泄露和滥用为表现形式，所以不少法律性文件将个人信息和隐私同时列为保护的对象。比如，在我国具有代表性意义的《全国人民代表大会常务委员会关于加强网络信息保护的决定》规定：“国家保护能够识别公民个人身份和涉及公民个人隐私的电子信息。”又如，欧洲重要的数据保护指令《关于涉及个人数据处理的个人保护以及此类数据自由流动的指令》（95/46/EC）里规定：“成员国应当保护自然人的基本权利和自由，尤其是与个人数据处理相关的隐私权。”20年后，新出台的《一般数据保护条例》又将保护对象调整为“自然人的基本权利和自由，尤其是自然人的个人数据保护权。”这些现象反映出，面对互联网隐私这个新问题，理论还未及对个人信息和隐私这两个概念之间的关系进行深入分析。厘清二者的区别和联系，是互联网隐私保护研究的一项基础性工作。

实际上，互联网环境中的隐私与个人信息有着紧密联系。不难发现，互联网时代产生的侵犯隐私的现象，大多与个人信息的泄露和滥用有关。“大学生学费被骗案”中的受害人徐玉玉，之所以会相信对方的谎言，把学费转账给对方，与对方能够准确说出她的姓名、就读学校以及父母姓名等个人信息有着直接关系。实施诈骗的人正是利用这些个人信息骗取了受害人的信任。又如，“谷歌公司诉西班牙数据局案”源于西班牙公民冈萨雷斯先生认为谷歌提供的搜索服务暴露了自己多年前的一件“旧事”，从而侵犯了自己的隐私，而这里的“旧事”就涉及他的姓名和债务情况等个人信息。还有在“人肉搜索”中不堪其辱而退学的女学生，网络上公开的姓名、肖像、家庭住址、学校名称以及家人情况都是个人信息被泄露的表现。

隐私与个人信息的这种相伴相生的状态，往往引起人们对两个概念的混淆。实际上，两个概念既相互独立，又紧密联系，呈交叉关系。从互联网发展的实践来看，联系比区别更重要。基于这种重要的联系，笔者提炼出了“信息隐私”的概念，作为隐私的下位概念。信息隐私是互联网时代涉及的主要隐私类型。具体地讲，信息隐私就是与个人信息相关的那部分隐私，其范围就是个人信息和隐私的交叉域。离开个人信息谈隐私，无法触及互联网环境中的隐私特性，容易陷入以限制数据流动为代价的机械保护误区；而脱离隐私谈个人信息，又无法为个人基本权利的保护提供稳定的正当性基础，容易出现否认基本隐私价值、片面强调环境变化的机会主义倾向。

第二节　互联网隐私保护的研究现状

隐私与互联网发生碰撞的激烈程度，堪称隐私发展史上之最。面对突如其来的剧变，人们对隐私保护的呼声不断高涨。2015年李克强总理在政府工作报告中明确提出“互联网+”的战略部署，人们逐渐意识到以信息技术发展为基础的信息流动，是社会发展的大势所趋。

一、论文研究情况

（一）论文统计

对已有文献的回顾是研究过程中的一项重要工作。这里采用了数量统计的方法，根据与本文主题相关度的强弱，对论文的数量进行了统计，并在此基础上选择了百余篇论文进行研读，从而对本课题的已有研究状况进行了分析和归纳。以关键词为搜索项，在以权威性著称的“中国中文社会科学引文索引”（CSSCI）和以全面性见长的“中国知网”（CNKI）两个数据库中，对最近六年发表的论文进行了检索。根据文章与“信息隐私”的相关性，又将关键词分为“信息隐私”“隐私+互联网/网络/网站”“个人信息+互联网/网络/网站”和“个人信息+社会性”四种情况，分别进行检索，得出结果如下（如表1-1）：

表1-1　与“信息隐私”有关的论文数量表

关键词	信息隐私		隐私+互联网/网络/网站		个人信息+互联网/网络/网站		个人信息+社会性	
年份＼数据库	CSSCI	CNKI	CSSCI	CNKI	CSSCI	CNKI	CSSCI	CNKI
2017	0	3	5	6	1	7	0	0
2016	3	2	16	3	10	10	0	0
2015	1	4	12	2	8	11	1	1

续表

关键词	信息隐私		隐私+互联网/网络/网站		个人信息+互联网/网络/网站		个人信息+社会性	
2014	4	4	8	3	3	3	0	0
2013	4	3	10	2	5	6	0	0
2012	2	3	11	3	5	6	0	0
小计	14	19	62	19	32	43	1	1
合计[①]	25		78		74		1	

（二）论文研究情况分析

通过对搜索结果中的论文进行研读，得出以下结论：

第一，对互联网隐私的研究尚处于初期阶段。在对近十种关键词组合方式进行文献搜索之后，发现与互联网隐私存在有效联系的论文总共不到200篇。其中，直接以信息隐私为关键词的25篇，以互联网（网络/网站）+隐私（个人信息）为关键词的加起来150余篇，而提出个人信息社会性的只有1篇，这1篇是笔者于2015年发表的。从数量上看，这个领域的研究并不多，这与互联网的应用和普及时间并不太长有关。

第二，内容上以描述现象和介绍国外的立法经验为主。这部分论文占到总文献的三分之二左右。在对现象的描述中，提及最多的主要是网络诈骗、垃圾短信、情报监听、数据公司泄密以及未成年人的特别保护等。其中，有的对隐私泄露的影响做了类型归纳，有的对具体的案例做了介绍，有的则对国外的立法情况做了简要整理，还有的提供了一些数据来展示网络隐私的现状。这些文献提供的信息和知识对我们的研究是有帮助的，但这些研究鲜少触及信息隐私的实质。大多数文献尚处于问题研究的描述层面。

第三，对策研究以单一学科为主。在对策研究中，剔除一些畅想式建议之后，具有学术意义的文献所体现的学科角度主要是法学和信息工程类学科。对于前者而言，隐私权一直是个人权利中的一项基本内容，所以法学对隐私保护的对策贡献相对多一些，但落脚点多限于增加或调整具体的法律制度，而且常常是从某一个部门法入手，很少看到其与法律体系之间的衔接。对于后者而言，由于信息安全与隐私保护息息相关，信息工程类学科主要从程序开发、机制设计等方面为隐私安全提供方案，多属于技术及管理范畴。但是，学科之间缺少联系，技术方案如何转化为法律条款，以及法律规定是否具有操作条件等问题，都需要更加深入的研究来提供支撑。而这种支撑呼唤多个学科之间的沟通与协调，需要更为广阔的研究视角，也需要付出更多的努力。

① 为避免重复，合计数量是减去了两个数据库中同时存在的文献之后的结果。

二、专著研究情况

关于互联网隐私保护，虽然具有理论价值的学术专著并不算多，主要集中在法学领域，但探讨信息隐私的书籍却比较丰富，为我们的研究提供了有用的信息和多维度的视角。笔者挑选了百余部专著及其他类型的书籍进行研读，做出如下总结。

（一）关于个人信息权利性质的法学理论

对一种事物赋予法律意义，是将其纳入法律保护的必经阶段。个人信息是互联网时代广受关注的热点问题，如何界定它的权利性质，是其保护制度建设中的第一步。

人格权理论认为，互联网隐私仍然属于人格权的范畴。隐私权作为人格权家族的一员，是权利分类上的传统安排。作为人格权的一种，隐私权的内涵主要是“不受打扰”。因为人格权的着眼点主要在于对人格尊严的保护，而通常情况下人格尊严受损多是他人侵犯的结果。比如，同属于人格权的名誉权、姓名权、肖像权等，只要别人不来侵犯，一般情况下就能处于比较安全的状态。隐私权也一样，只要其他人与“我”保持距离，让“我”独自待着便好。尽管在理论上出现过将隐私归于“一般人格权”还是“特殊人格权”的争论，但对于人格权理论来说，互联网并没有改变隐私权的权利性质。

信息财产权理论是互联网时代发展出来的一种新观点。在美国学者提出个人信息财产权的范畴之后，我国学者对这种权利进行了定义：“个人信息财产权是指以个人信息的商业价值为客体的支配权。”[①]信息财产权理论认为，个人信息财产权作为支配权，除了具有一般支配权都具有的消极性权能之外，在内容上还应该包括进入、复制、披露、持有权、使用权、处分权等积极权能。[②]信息财产权理论对传统人格权的突破，对今天的信息隐私问题有一定的启发，也体现出学者们对现实问题的关切，但是将个人信息定性为财产，意味着人们可以像商品一样出售自己的个人信息，无论在理论上或实践中都存在一定的矛盾。比如，信息是无形的，无法满足“财产”对“有形”的要求，在交易中如何确定个人信息作为财产的边界呢？虽然知识产权作为无形财产权被纳入了产权体系，但这是通过对无形物的人为物化实现的。以著作权为例，法律保护的是作品的表达形式而非作为表达内容的信息，这里的表达形式通常是通过出版物来固定，即便到了互联网时代，网络作品也具有固定的版式，体现着作者独创的表达方式。但个人信息显然不包含创造性，不会依附于书本等有形物，也没有固定的版式，其作为财产的边界难以确定。

人格权理论和财产权理论是关于个人信息权利属性的两种基础性理论，笔者认为对个人信息的保护在本质上仍然是对隐私利益的保护，属于人格权范畴。在解决了个人尊严与安全的基础上，才谈得上收益等其他问题。更宏远的权利预设可以等待实践的发展和条件的成熟，但就目前而言，在滥用个人信息违法犯罪率居高的背景下，保护好个人最基本的隐私权，是当务之急。而且，互联网环境中的隐私保护，需要进行许多突破。

---

① 刘德良．论个人信息的财产权保护［M］．北京：人民法院出版社，2008：112.

② 刘德良．论个人信息的财产权保护［M］．北京：人民法院出版社，2008：115.

（二）关于互联网发展规律的创见

在整个历史长河中，互联网隐私保护是一个比较新的论题。除了学术专著之外，还有大量的描述、解释和讨论这个问题的著作。从学科角度上看，既有法学，也有传播学、社会学、政治学以及经济学的著作，还有工程学、信息安全学以及统计学等的著作。如果说法学著作主要是提供了制度建构的历史经验和技术，那么其他学科则为制度建构的方向和路径提供了立体化的指引。互联网环境的复杂性越来越要求我们结合多个学科的知识和方法，以使研究结论更加接近于真实。其中，对于互联网特点及其信息运动规律的探讨，显得尤为重要。在这些研究与探讨中，一些规律性的共识正在形成，归纳如下：

第一，生活在互联网环境中的人们将长期处于一种价值冲突与取舍矛盾之中。丹尼尔·沙勒夫在《隐私不保的年代》中，开篇即表示："互联网上的八卦和谣言四起，事实上，肇事者便是我们自己。我们侵入彼此的隐私，我们甚至借着暴露出我们日后将会感到后悔的信息，侵入我们自己的隐私。"[①]这段话实际上指出了交往需求与隐私保护之间的矛盾。沙勒夫将其归纳为言论自由与隐私保护之间的"紧张关系"，但言论自由更侧重于宪法意义上的公法权利，而我们每天都在社交媒体上晒出的个人信息，实际上是交往需求的反映。不论怎样，隐私保护与其他价值之间的冲突所带来的取舍上的难题，开始为人们所认识。

第二，互联网信息运动的特点对隐私保护提出了空前的挑战。在与线下世界显著不同的一系列特点中，互联网上的信息集中存储和长期滞留是导致隐私泄露的一个重要原因。在线下传统世界里，信息并不会以集中的方式存储和呈现，密室私语会随着新鲜空气化为乌有，而在互联网环境中却有了"潘多拉盒子"，装着无数秘密，一旦被人打开，私人秘密随即暴露。曾几何时，"名垂青史"是多少有识之士的终极追求，而现在，"请将我遗忘"却变成了人们不易实现的愿望。维克托·迈尔－舍恩伯格在《删除：大数据取舍之道》一书中感叹道："数字技术已经让社会丧失了遗忘的能力，取而代之的则是完善的记忆。"[②]应该说，以前的录音机、录像机也在进行着有意记住信息的事情，但这些模拟信息存储技术所提供的"记忆"会随着时间的推移不断混入噪声而逐渐降低记忆的质量。"数字信息则完全不同：噪声能够被避免，所以质量不会随着时间衰减。"[③]数字信息的超越性还体现在其对物质的依赖程度在降低，如果说模拟存储设备还在客观上存在着丢失的可能，那么数字存储方式已经进入了"云"时代，意味着记忆将永存。

对隐私产生重要影响的还有互联网上的信息获取机制。Robert Vamosi在《个人信息保卫战》中指出了"方便性的黑暗面"，逐一介绍了电视遥控器、城市电力系统、海运集装箱等传感装置对隐私的现实威胁。[④]传感器、物联网又一次刷新了互联网的发展进程。除

① 沙勒夫. 隐私不保的年代［M］. 林铮顗，译. 南京：江苏人民出版社，2011：6.

② 舍恩伯格. 删除：大数据取舍之道［M］. 袁杰，译. 杭州：浙江人民出版社，2013：9.

③ 舍恩伯格. 删除：大数据取舍之道［M］. 袁杰，译. 杭州：浙江人民出版社，2013：74.

④ VAMOSI R. 个人信息保卫战［M］. 姚军，等，译. 北京：机械工业出版社，2012：24-48.

了电脑和手机之外，汽车、家电、起搏器、各种穿戴设备以及指纹都会成为隐私泄露的来源。在传感装置逐渐普及的趋势下，个人信息将随时随地被捕捉，信息的生成将更加自动化，有“私”无“隐”的时代真的来了。

第三，大数据就是新石油、新钻石，人们开始感受到数据价值的耀眼光芒。《数据新常态》的作者克里斯托弗·苏达克在2015年提出了“数据赋能”，并指出：“在未来10年，数据分析能力将会是商业成功的决定因素，因此也是事业成功的决定因素。”①舍恩伯格在《大数据时代》里提供了一些关于数据应用的鲜活案例。从沃尔玛发现飓风与蛋挞销量之间的关系，到信用评估公司预测哪些人需要得到用药提醒，再到零售商推断顾客已怀孕并向其推销产品，等等，都向我们展示了数据分析的预测力，这大大提高了决策的效率。所以，大数据在越来越多的场合被誉为新石油、新钻石，它是我们这个时代的新能源、新动力。

然而，细心的人们在欣赏这些大放异彩的数据价值的同时，可能也会发现数据应用直接关系到人们的隐私。用药提醒名单的获得是基于对人们居住时间、婚姻状况以及是否拥有私家车等个人信息的收集和分析，零售商塔吉特推断出顾客怀孕并向其推销产品，更是直接触及个人的隐私。这就是互联网隐私研究需要正视的一个重要问题：数据流动与隐私保护这两种价值能不能并存？使二者达到平衡的标准和方法是什么？

三、面临的问题

从研究现状中可以看到，一方面互联网隐私保护作为一个问题，受到了来自各个领域的专业人士的关注和探索，他们的研究成果为我们理解现象、积累知识提供了有益的帮助；但另一方面，由于互联网一直处于不断发展变化的过程中，既有研究尚未能够对一些关于隐私、关于个人信息的关键问题形成清晰的认识和判断，基础理论上也存在较大争议，这些都是我们要着力突破的问题。

首先，面对个人信息滥用造成的后果，我们要保护的对象是什么？一种观点认为保护对象是个人信息，另一种观点认为保护对象仍然是隐私利益。笔者赞同第二种观点。这里有一个关于法律的基本原理，那就是一种事物只有在获得重要的价值之后，才可能成为法律的保护对象。个人信息本身是一个不带有价值判断的名词，客观地存在于社会生活之中。但隐私不同，它与财产、名誉等一样，能够体现一定的价值性。一种事物如果属于私人领域而受到隐藏，那么这个事物就是有价值的，当这种价值量达到了法律所认可的程度，这个事物就可以上升为法律的保护对象。将个人信息直接作为保护对象，容易忽略个人信息作为个人识别符号帮助社会成员参与社会交往的积极功能与作用，从而导致政策和舆论上的“一刀切”。

其次，如果法律要赋予人们关于信息隐私的权利，那么这种权利的边界是否清晰？定分止争是法律的主要目标之一，如果权利的边界不够清晰，那么人们很难从中获得对行动

① 苏达克．数据新常态［M］．余莉，译．杭州：浙江人民出版社，2015：186.

的指引。大家都在强调隐私保护的重要性，却鲜少有人解释他们所主张的权利的边界在哪里。价值上的多元性是互联网时代的一个重要特点，对个人信息利用活动的限制，并不是越多越好。除了隐私之外，数据分析、社会交往、集体安全等也是正向价值，它们之间的碰撞和冲突使传统隐私权的边界变得模糊，对互联网隐私保护制度的设计提出了更高的要求。

再次，互联网上的信息运动特点和规律对隐私保护的影响是什么？法律和政治是建立在经济基础之上的上层建筑，隐私保护的原则也只能是从“直接生活的生产和再生产”中提炼和总结。这就要求我们分析互联网的特点及运动规律，并解释互联网机制对隐私保护的影响。只有符合互联网信息运动规律的制度设计，才有利于推动社会的发展，而不是反过来设置障碍。

最后，互联网隐私保护需要遵循什么原则？这里的原则应该是从多学科、多角度考虑的结果，既包括法律的，也包括政治的，还包括市场的、社会的以及个人自助的。既有研究要么是在外国法律条款中来回寻找可以称之为原则的内容，要么是用“多管齐下”等词语笼统地表达。站在新时代，我们可能更需要打开眼界，把研究触角伸向更多的学科和领域，借各家之长，以使理论成果更加接近于真实、接近于科学，对实践的指导也更具有效率。

第三节 本书的内容和意义

研究互联网隐私保护问题的想法，是在个人信息滥用乱象频发、人们的切身利益以及社会秩序受到严重威胁的背景下萌发的。近年来因个人信息恶意利用而导致的人身伤亡和财产损失，使互联网隐私保护成为亟待解决的焦点问题。

一、研究内容

（一）结构布局

基于研究中所发现的问题，本书从概念梳理、环境描述和规则构建三个大的方面进行结构布局，以期在“是什么、为什么、怎么办”三个层面对现实问题做出一些有意义的回应，并为这些回应提供必要的理论支撑。

第一个方面，对核心概念进行梳理和矫正。从实践上看，互联网隐私保护的问题，是在个人信息滥用造成严重后果的背景下产生和凸显出来的。所以，长期以来，人们对“个人信息”和“隐私”这两个概念，常常互相借代，混淆使用。实际上，无论是从语义上，还是从它们所对应的实际问题上看，二者是既有区别又相互联系的两个独立概念。“个人信息”主要强调“个体性”，各国法律将其定义为“已识别或可识别某一具体个人的信息”，就是将“已经或能够将个体从集体中识别出来”作为个人信息的核心内涵。在这里，并没有公与私的领域预设。而“隐私”，则直接将“私人性”作为概念中的一个基本要素，从一开始就带有明确的公私领域区分。个人的未必就是私人的，所以并非所有的个人信息都会必然地成为隐私，这要取决于信息本身的公私属性。而隐私的种类除了包括信息之外，还有私人住宅、私人活动等，个人信息只是其中的一个类型。事实上，个人信息与隐私是两个交叉概念，二者的交叉域就是互联网环境中涉及的主要隐私类型，笔者称之为信息隐私，这也是本课题的研究对象。

第二个方面，对互联网隐私保护的环境特点进行剖析。如今社会中隐私保护的难度增加，与隐私所处的互联网环境有着密切的关系。

首先，随着互联网成为现实世界的基础性联通方式，作为社会成员的个人，需要通过互联网参与各种社会交往。在这样一种大背景下，作为识别具体个人的符号，个人信息已经成为个人（用户）参与社会交往的前提条件和主要形式。这种社交需求所承载的“交往”价值，与隐私诉求所承载的“独处”价值之间就形成一种冲突。除此之外，还有大数据开发利用带来的价值，以及政府情报工作所承载的集体安全价值，都与传统的隐私价值产生了一定的竞争和矛盾。这种价值多元化的状态，就是互联网环境的第一个重要特点，在很大程度上对传统规则体系提出了挑战。以限制信息流动为路径的规则设定，会面临多元价值的难题。笔者将这样一种“两难”问题归纳为互联网隐私保护的“价值困境”。

其次，既然互联网环境中的主要隐私类型是信息隐私，那么互联网信息运动的规律也就需要我们进行深入的剖析。从互联网上信息运动的过程来看，信息的自动生成、集中存储、长期滞留、易于复制等特性，都对互联网隐私的泄露和滥用有着重要影响。其中，个人信息在互联网上的集中存储与长期滞留，直接成为个人信息泄露的隐患。这就像是在互联网上放置了许多个“潘多拉盒子”，一旦有人打开，里面的秘密就会展露无遗。个人信息的自动生成，也对数据公司在收集信息时先取得用户同意的义务履行带来了客观上的难度。对于这些难题，许多数据公司的实际做法是在“用户协议”和“隐私政策”中声明，公司会基于开展和优化服务的需要善意地使用用户的数据。如果用户同意收集和使用，则可以注册，从而获得服务；如果不同意，就不能进行注册而获得服务。用户一旦注册，即视为同意。这实际上是对用户数据收集和使用的一次性取得授权，而不可能对不断自动产生的新数据逐一进行授权意见的征询。对于互联网信息运动规律对隐私保护带来的困难，笔者将其归纳为“机制困境”。

第三个方面，尝试着对信息隐私的保护规则进行构建。在进行规则构建之前，笔者对美国、欧洲各国和中国具有代表性的信息隐私制度做了梳理，发现一个国家或地区的信息产业发展程度以及综合竞争力与这个国家或地区对待信息流动的态度有着密切关系。一直鼓励信息流动和行业自由发展的美国，在互联网应用领域一直处于榜首；一贯有着保守传统和成熟法治环境的欧洲各国，在互联网应用排行榜上却迟迟不见踪影；中国在早期立法上主要借鉴欧洲的保护模式，结合自己具体的国情，行业也得到了快速发展，在互联网应用排行榜上占得近半席位。基于制度比较和两个困境研究中的发现，我们找到一些具有针对性的保护原则和标准。针对“价值困境”和“机制困境”，笔者提炼了“价值兼顾”、“去识别”处理、“个人自决与平台管理相结合”以及“消减实际影响力”等原则。这些原则既符合互联网隐私保护所面临的现实环境，也考虑到了制度安排与本国综合竞争力发展良性互动的要求。在此基础上，从群体利用、商业利用和政治利用三个角度，通过案例和动态介绍，具体分析了个人信息（数据）在各种利用场景中的边界。另外，笔者从政治、法律、市场和个人自助等几个方面，提出了互联网隐私保护体系构建的重点。

（二）各章主要内容

本书一共设置了九章。第一章作为绪论，介绍了互联网隐私保护所面临的主要问题、研究现状以及本书的主要内容和意义。首先，从“互联网对隐私的影响”这一角度，对互联网环境中围绕隐私保护所出现的一些重点问题进行了提炼。一直以来，关于如何在新环境中保护隐私的问题，存在着两种绝对化的倾向：一种是基于互联网信息流动的普遍化主张通过限制信息流动来保护隐私，将隐私利益与信息流动对立起来；另一种是在信息流动渐成趋势的形势下感慨隐私消亡，放弃对问题的探索。通过分析互联网对隐私的影响，本书呈现了互联网隐私既未消亡，但也面临难题的现实。其次，从论文和专著的角度，对互联网隐私保护领域的研究文献做了梳理，对研究现状做出了总结，并整理出目前面临的主要问题。最后，介绍了本书的主要内容、研究意义及创新之处。

第二章主要进行了概念矫正。在互联网领域，新名词、新概念的不断涌现已经司空见惯，其在展现行业发展活力的同时，也带来了一些混淆和误解。长期以来，个人信息、隐私、数据、档案、资料等名词常常交叉使用，互相替代，在一定程度上造成了概念不清、目标不明的后果。尤其是在保护对象的确定上，将个人信息与隐私割裂的做法，容易导致理论基础上的悬空，也会给公众一种信息流动是“洪水猛兽”的误解。实际上，社会要保护的是承载着个人尊严与安全价值的隐私利益，而不是个人信息这个不显示价值属性的事物本身，互联网所涉及的隐私类型主要是以个人信息为载体的隐私，笔者称之为信息隐私，在范围上就是个人信息与隐私的交叉域。矫正概念，正本清源，一切问题从此展开。

第三章指出互联网环境中的价值多元性。法律对信息隐私的保护经历了一个从“严格限制”到“适度兼顾”的过程。2012年年末我国出台了《全国人大常委会关于加强网络信息保护的决定》（下简称《决定》），标志着我国全面重视信息隐私保护的开始。但是，《决定》公布后，也引起了一些疑问，比如取得用户同意的成本问题、明示使用目的与创新活动的未知性之间的矛盾问题，等等。它在实践中收到的效果也并不理想。几年之后，作为网络安全领域的重量级法律，《网络安全法》出台了，其设专章对个人信息的处理做了系统的规范。其中的一个亮点就是在取得同意制度中增加了“经过处理无法识别特定个人且不能复原的除外”的规定，可以视为对先前单一价值取向的一次矫正。欧盟新数据条例（《一般数据保护条例》）在第一条明确将个人权利保护与数据自由流动并列放置，也体现出立法态度上的调整。实际上，对互联网上个人信息利用活动的规范和治理，一直存在着多种价值如何平衡的问题。随着信息技术及其应用的进一步发展，这种价值多元性体现得越发明显。本书对几种主要价值进行了分析和提炼，指出了互联网隐私保护的“价值困境”。

第四章揭示了互联网机制特点对隐私保护的影响。对于互联网机制特点的认识，在各种畅销书中并不罕见，但在学术文献中没有受到足够的重视。实际上，互联网机制的运行特点和作用原理，应该是我们研究互联网隐私保护问题的一个最基本的环境参照。由于社会科学的着眼点一般在于社会关系，而畅销书的作者们又对隐私保护这类伦理和法律问题兴趣不足或理论储备不够，所以目前的研究基本上是一种互联网机制研究与隐私保护研究相分离的状态。本书所做的就是在二者之间建立一些联系，对互联网隐私保护所面临的机制环境进行阐释，以揭示互联网机制特点与隐私保护的关系及其影响，以期使这一主题的研究根基深植于互联网运行发展的实践。具体来讲，在互联网环境中，个人信息的生成越来越具有自动性，个人信息的存储有着明显的集中性和长期性，而个人信息的流动又缺乏线下世界里的物理屏障，这些特点导致了隐私有“私”无“隐”的状态，这是互联网隐私保护必须直面的难题，笔者称之为“机制困境”。

第五章分析了平台责任与隐私保护的关系。与线下世界中的“个人——政府”二元结构不同，互联网上是以“用户——平台——政府”为主角的三角结构。平台作为“联通枢纽”的特殊角色和功能就要求其承担相应的管理责任。从第三方到管理者，平台的主体化责任趋势在不断加强。然而，平台在法律上的基础身份是企业法人，并不掌握行政权力，由平台承担信息活动的管理责任，意味着平台的公共权力也会随之增加。那么这种公共权力“分包”的做法，是否正当？同时，管理意味着成本，平台作为企业承担社会管理成本的依据又在哪里？笔者对这些问题做了梳理，传播学上的“守门人”理论与经济学上的“外部性”理论为平台履行管理义务提供了有力的理论支持。而关于公共权力“代理人”的制度安排，笔者认为需要高度重视权力授予的适度性和合法性，避免行政权力过度外移造成的负面后果。

第六章梳理和总结了世界主要国家或地区具有代表性的信息隐私制度。互联网隐私保护是一个具有全球性的问题。笔者在研究中发现，一个国家或地区在信息隐私制度上的成熟程度与这个国家或地区在互联网行业发展上的强弱程度有着直接关系。诚如马克思所言：“无论是政治的立法或市民的立法，都只是表明和记载经济关系的要求而已。”[①]所以本书主要对美国、欧洲和中国的制度做了系统性的整理。三者的信息隐私制度实际上是搭建了三种不同风格的制度模式，世界上其他国家基本上是整体或部分地采用这三种模式的做法。而且，美欧中在信息隐私制度模式上的不同特点，与各自的文化历史传统、经济发

① 马克思，恩格斯．马克思恩格斯全集：第4卷［M］．北京：人民出版社，1958：121-122.

达程度以及国民价值体系有着密切联系。互联网行业发展的实践证明，美国和中国在互联网应用领域里保持领先地位，在连续几年的互联网公司排名中，都没有欧洲公司的身影。我们研究发现，这种行业发展水平与各国的信息隐私政策有着直接关系：美国一直鼓励行业自由发展，并未设置过多的限制制度，其信息隐私制度主要是针对本国政府的权力限制；欧洲有着严格保护个人权利的传统，在支持行业发展方面显得保守，存在较多的限制数据利用的规定，行业发展较慢；而中国最开始是学习欧洲，照搬了一些保护规则，但执行效果不理想，行业的发展势头并未受到太多影响，互联网公司发展较快。

第七章提出了信息隐私保护的几个基本原则及其标准。在前面几章的基础上，结合各个方面的要素，笔者提炼了信息隐私保护的几个基本原则。这些原则包括价值兼顾原则、“去识别”处理原则、个人自决与平台管理相结合原则和消减影响力原则。价值兼顾是互联网隐私保护“价值困境”的直接要求，开始受到各国社会和政府的重视。“去识别”处理是互联网隐私保护“机制困境”的要求，主要包括结构化加工、分散化存储，对数据公司提出了要求。个人自决一直是信息隐私保护制度里的一个基本原则，因为无论是个人信息还是隐私，在多大程度上公开和利用，最好的和首要的决策者只能是作为信息主体的个人；这里强调与平台管理相结合，是贴合互联网生态结构特点的需要，平台在信息管理中的作用需要重视。消减影响力是本书特意强调的一项原则，既然互联网隐私保护在客观上面临着诸多困境，互联网治理的复杂性日益明显，那么隐私保护的方案也需要更加具有针对性，在“出口”上加大力度，消减信息泄露造成的影响后果，为隐私保护增加具有实效的支持。笔者还归纳了两个标准，分别是可识别和公私属性。

第八章是分析具体利用场景中的信息隐私边界。根据不同性质的利用场景，笔者把个人信息的利用活动分为群体利用、商业利用和政治利用。这些不同的场景，有着不同的特点，个人信息的利用形式和性质也有所不同，对应着不同的边界。这一章是以案例分析为主要方法，对具有代表性的个人信息利用实践进行介绍，呈现这些实践所面临的问题焦点，并在此基础上指出各种问题的主要边界。具体而言，首先，在群体利用中，问题焦点主要是“人肉搜索”中的言论自由与个人隐私的边界问题，一方面法律禁止“人肉搜索”从而给予个人隐私坚定的保护，但另一方面言论自由在社会舆论中一直存在，在这里，实际上是二者互为边界，重点是把握好行使的“度”。此外，“公共场合无隐私”以及公众知情权也要求个人在特定情况下让渡部分隐私。其次，在商业利用中，问题焦点主要是作为数据商的平台在数据利用活动中的边界如何把握。由于互联网上的边界模糊化以及网络信息管理的复杂化，一些具有社会责任感、对趋势判断具有前瞻性的互联网企业开始认识到应当秉持“善意”，并开始了实践。此外，设置有效的退出机制，是将个人信息决定权归还于信息主体的要求。而数据库权利则在企业之间确立了一种数据抓取的边界。最后，在政治利用中，问题焦点主要在于政府出于职责进行信息检查的边界和公民通过互联网行使监督权的边界。于前者而言，主要是合法；于后者而言，主要是明确公私边界。

第九章是从政府、法律、市场和个人（社区）四个方面对信息隐私保护体系进行构建。面对互联网的万维特性，对信息隐私的保护也需要集聚多方力量，从多个维度来寻求支撑。随着互联网治理实践的发展，中国政府在信息社会世界峰会上提出的“政府主导，多方参与”的原则，得到了越来越多的认可。其中，政府发挥主导作用是实现公民自由的要求。保护个人隐私，为公民接入互联网提供一个安全有序的环境，是公民真正实现接入自由的题中之义，也是政府的职责所在。政府的主导作用可以体现在基础设施建设、资源投入、组织协调各方主体以及制定具体措施等各个方面，其中，安全措施的制定和落实是一项基础性任务。此外，国外的信息官制度也值得我们借鉴。在政府的主导之下，还需要法律、市场和个人自助层面共同发力。个人信息法律制度，尤其是欧洲的成文法制度，为信息隐私的保护贡献了诸多原则；但法律的原子性在互联网的万维特性面前，也表现出一些局限，体现在频繁修订、效力等级较低的规章激增以及立法滞后性等方面。相较而言，司法判例的灵活性和及时性在互联网治理中正在发挥着日益重要的作用，在信息隐私保护上也释放出一些活力。此外，通过构建数据库权利来明确企业的产权边界，有利于激励他们管理个人信息的积极性；而网络社区中发展出来的治理模式和具体措施，以及公开发声渠道的搭建，公民个人素养的提升，从个人自助的角度也为信息隐私的保护提供了一种路径和办法。

二、研究意义及创新之处

（一）理论意义

本书的理论意义主要体现在以下几个方面。

首先，本书提出了个人信息的社会性，为信息流动的正当性提供了理论基础。长期以来，学界主要是从人格权的角度来解读个人信息所承载的权利性质。关于个人信息是属于一般人格权还是特别人格权，曾经有过热烈的讨论。但是，人格权的封闭性和内生性，无法适应互联网信息运动的规律。事实上，互联网已经成为联通现实世界的基础环境，作为个人的社会成员需要通过使用互联网来参与社会生产与生活，而作为个人识别符号的个人信息，就是个人参与社会交往的前提条件和主要形式。这就是个人信息社会性的内涵，为信息的自由流动提供了理论依据。

其次，解释了信息隐私保护所面临的二元困境。在互联网环境中存在着的诸多矛盾，体现为一系列二元困境。比如，在价值比较上，有个人隐私与交往需求之间的矛盾，有个人隐私与数据流动之间的矛盾，还有个人隐私与集体安全之间的矛盾。这些矛盾构成了信息隐私保护的价值困境。在机制运行上，信息在互联网上的长期滞留，为信息隐私的泄露埋下了隐患。另外，互联网环境中的物理边界逐渐模糊化，信息本身的易复制性以及影响后果难以挽回等特点，导致了互联网信息隐私处于有“私”无“隐”的状态。这些问题构成了信息隐私保护的机制困境。描述和解释这些困境，为信息隐私保护的方向定位和路径选择提供了理论基础。

再次，厘清了个人信息与隐私的概念，提炼出信息隐私的独立概念。一般认为，个人信息成为公共议题是互联网应用得到普及之后的事情；而隐私则是一个古老的话题。这就出现了个人信息与隐私之间如何在概念上进行融合的问题。主张个人信息由隐私全部吸收的观点，将个人信息等同于隐私，无法回应互联网社会中的人际交往以个人信息正常流动为基础的需求。而主张将个人信息与隐私完全分离的观点，又会直接导致个人信息的保护失去价值支撑，因为个人信息只是一种客观存在，是否获得保护取决于其承载的价值，而隐私中的私性正义就是个人信息保护的正当性来源。所以，个人信息与隐私之间是交叉关系，其交叉域就是互联网所涉及的主要隐私类型——信息隐私。概念的厘清，在理论上为整个研究提供了逻辑的起点。

最后，在信息隐私保护问题上，梳理出了世界上具有代表性的三种保护模式，分别是美国模式，欧洲模式和中国模式。欧洲是个人数据保护的先行者，也是对个人数据保护最为严格的地区。在那里，个人的基本权利与自由，尤其是隐私权，是法律要保护的首要价值。无论在详尽的成文法文件中，还是在影响广泛的司法判例中，都能明显看到这里的价值排序。不同的是，美国没有专门针对个人信息的系统立法，常常被作为样本研究的《隐私权法》也主要是对政府权力的限制，要求政府机关在个人档案的处理过程中保障安全，并非针对日常活动中的个人信息处理。对于商业中的个人信息处理，美国更偏向于鼓励行业自律，在实践中自行确立标准，建立自律性规则。法律的干预主要是从保护消费者权益的角度来进行，关注个人信息的处理是否给消费者带来了实际的损害或现实的威胁。中国采取的是先学习欧洲严格保护模式，然后在实践中逐步修改和矫正的路径，有选择地借鉴美国关于行业自律的一些措施。但从总体上看，中国主要是强调信息主体对自己个人信息的决定权。在主要的法律文件中，都是要求各种能够接触到个人信息的主体在收集、使用和转移个人信息时做到取得用户同意，可以称之为“前置同意”制度。这种制度安排与欧洲模式相近，但在具体判例中，中国并未沿袭欧洲的做法，在很多情况下还是能看到对互联网公司自由发展的支持。三种模式的特点和风格，与三个国家或地区的政治文化传统、历史经验以及社会法治环境等因素有着密切关系；更重要的是，不同的模式对各自的互联网产业及其国家竞争力产生了重要影响。从实践中的数据来看，一贯鼓励行业自由发展的美国在互联网技术及其应用上领先，坚持严格保护个人数据的欧洲在排行榜上迟迟不见踪影，而根据自己国情有选择地借鉴各家之长的中国紧随美国之后，在全球互联网公司排行榜上占得近半席位。这些发现对信息隐私保护的方向和路径都具有一定的理论意义。

（二）实践意义

本书的实践意义主要体现在以下几个方面。首先，本书对个人信息在不同场景中的利用边界进行了分析和构建。根据利用主体、活动性质等方面的不同，本书将个人信息的利用活动大致上分为群体利用、商业利用和政治利用。在这些利用活动中，存在着诸多相互竞争或相互冲突的价值因素。比如，在群体利用中，“人肉搜索”是对个人隐私的严重侵犯，受到了法律的明确禁止，但对于一些关涉敏感公共话题的事件，还牵涉到个人情感表达、公众言论自由的价值兼顾问题。“死亡博客案”中的女主人公因配偶不忠而选择结束生命，其配偶遭到“人肉搜索”；日本留学生遇害事件中的幸存者因未能勇敢施救而遭到“人肉搜索”，等等。尽管立法已经禁止，但是互联网作为个人接入公共空间的现实入口，仍然是那些无助之人能够借以疏解情绪、寻求帮助的重要渠道。所以这里存在着利用的边界问题，有一个程度的控制，个人隐私与言论自由在很多时候是互为边界。又如，在商业利用中，商家向消费者推送商业信息，法律要求事先取得消费者同意，但在实践中只有当信息推送之后消费者才知道信息内容从而做出是否继续接受的决定。这就要求商家在推送的同时设置有效的退出机制，保证消费者能够随时选择退出，从而实现消费者对自己个人信息是否可以以这种方式被商家使用的决定权。在这里，退出机制的设置就是一个具体的边界。在政治利用中，政府监听、通信检查是非常敏感的政治议题，因为这些检查意味着公民的私人空间要向政府开放。但是恐怖袭击、网络战争等实际因素又时刻威胁着社会的集体安全，政府检查在一定程度上的实施又是必要的。这里就需要一个边界，即政府检查应该依法进行，包括有法律授权，执法者是法定主体以及程序合法，等等。反过来，公众利用互联网对贪腐官员进行曝光，是一种自下而上的监督方式，这里也要求划清公与私的边界。笔者结合具体案例做出了边界分析和提炼，为个人信息的有序利用提供了一种可行性。

其次，从政府、法律、市场和个人自助等多个方面对信息隐私的保护体系进行构建。互联网的万维特性以及边界的模糊性，对社会规范体系的构建维度和构建方法也产生了深远的影响。在传统线下社会，社会关系的调整主要依赖于政府行政和法律规制。这也是今天的人们仍然将一些互联网问题完全寄希望于法律干预的原因之一。实际上，在互联网环境中，政府的间接干预作用在增大，体现为在整个网络治理中的主导作用。而在具体层面，法律、市场以及个人（社区）自助正在发挥着日益重要的作用。比如，司法判例的灵活性，平台服务商的数据库权利构建，社区治理模式的探索，个人发声渠道的搭建以及公民个人素养的提升等，都是互联网环境中信息隐私保护体系构建的有机组成部分。这些分析和构建实质上是为信息隐私保护体系的构建提出了具体的建议参考。

最后，本书描述并解释了“平台直接管理+政府间接管理”的网络治理模式。区别于传统社会“个人——政府”的二元结构，互联网“用户——平台——政府”的三角生态结构，对包括信息隐私保护在内的整个网络治理模式也提出了更高的要求。一方面，在互联网环境中，政府并不直接接触个人信息的处理，也不直接控制个人信息的流向，所以由政府来直接管理个人信息的利用活动意味着高昂的成本，并不符合效率原则；但另一方面，作为个人信息直接控制者的平台服务商，在法律属性上主要是企业法人，是与用户平等的市场主体，并不掌握行政权，不能直接对用户实施行政措施。在这样一种背景下，我国发展出了一种基于用户协议的多层次治理模式，即平台通过契约约束用户行为，政府依据法律法规监督平台。这种治理模式为用户之间的个人信息滥用行为提供了一种符合效率原则的管理办法。同时，平台自己处理个人信息仍然需要遵循前置同意、合法必要、明示规则等原则。

（三）创新之处

本书的创新之处主要体现在内容创新、角度创新以及方法创新等方面。

在研究内容上，首先，个人信息社会性的提出，突破了长期以来在传统民法体系中为个人信息保护寻找现成制度资源的局面。社会性强调个人信息在个人参与网络社会交往活动中的重要作用，承认个人信息具有开放性、流动性的一面，要求信息隐私保护兼顾个人独处与社会交往两种需求，从而使信息隐私保护的方向和路径更加符合互联网社会运动发展的规律。其次，对平台责任进行专门论述，归纳出我国在网络信息传播活动领域独具特色的管理模式，即“平台直接管理+政府间接监管”的双层立体管理模式，体现了互联网信息传播生态结构发展变化的要求。最后，从政府、法律、市场、社区以及个人等多个方面构建信息隐私保护制度，为问题的解决提供了一种系统性的参考方案。这是互联网环境的客观要求，区别于传统线下社会中相对简单的隐私保护方式。其中关于数据库权利的论证，对企业间数据权属之争等新问题做出了应对，也是信息隐私得到有效保护的一个重要基础。

在研究角度上，首先，从行业发展实践和具体案例中提炼出信息隐私泄露的机制性原因，跳出了单一的价值比较角度，使问题研究更接近于互联网运动发展的实际。一方面，信息在互联网上的长期滞留是信息隐私泄露的机制性隐患；另一方面，互联网上物理边界的弱化使信息隐私变得有“私”无“隐”。这些机制性特点，是信息隐私保护体系构建的重要参考因素。脱离了技术谈保护，容易陷入价值上的循环论证而无法找到解决问题的出口。其次，结合传播学和法学等多个学科的研究视角，尝试着对信息隐私保护问题进行多角度的观察和剖析。这样做的益处在于在学科与学科之间建立某种联通关系，使研究中的发现与结论最后能够经受住多个角度的检验，从而更加符合互联网信息运动的现实情况，也更加具有可行性。

在研究方法上，笔者主要是结合了多个学科和多个层面的研究方法。首先，在信息隐私的概念构建中，既采用了社会学上常用的词源考证的方法，也采用了法学上的价值比价的方法。其次，在描述隐私主观性的过程中，既有质化研究中的访谈法，也有量化研究中的数据分析法。最后，在个人信息利用边界的探索中，既采用了间接经验意义上的案例分析法，也采用了直接经验意义上的体验式研究法，等等。

第二章 信息隐私的基本问题

尊重他人隐私从道德操守发展到法律义务经历了漫长的过程。一百多年前隐私权的诞生与当时信息技术的发展密切相关。在今天的互联网环境中，隐私问题显得尤为突出，在一定程度上也是技术及其应用不断发展的结果。在新的背景下，整个社会关系变得错综复杂，包括经济、政治、社交和文化等各个方面，这大大增加了隐私保护的难度。信息隐私是互联网环境中涉及的主要隐私类型，信息环境的复杂性要求我们理清有关隐私和个人信息的一些基本问题，从而为新环境中的隐私保护研究提供一个清晰的逻辑起点。

第一节 隐私的起源与发展

作为信息隐私的上位概念，隐私的出现要比个人信息早很多。“早在文字出现之前，人类的先民即已认识到某些纯属于私人的、不宜示人的事物——隐私之存在。”①而个人信息受到重视则是计算机和互联网出现之后的事情。对个人信息的保护，从本质上讲还是对隐私利益的保护；对信息隐私的研究仍然需要从隐私的起源及其主要发展过程开始。

一、隐私的起源

（一）遮羞草与人的羞耻心

在考察隐私的起源之时，人们常常会追溯至“以草遮羞”的时代。在一些描述早期人类历史的图画书里，不难看到穿草裙的人类形象。但由于那个遥远的年代所对应的文字记

① 张新宝．隐私权的法律保护［M］．北京：群众出版社，2004：2.

录过于稀少，当时人们的心智状态不可详考。不过，在这些较早的人类历史阶段，先民们使用兽皮、草木以及树叶等自然材料编制成“衣服”，用以包裹或遮掩身体敏感部位的做法，得到公认。在对这种做法的解释中，有一种比较令人信服的解释是：“先民们穿着那些原始的衣服，不仅仅是为了御寒、保护肌肤或者追求美观，而且是为了遮掩身体的某些特定部位（如性器官）。他们已羞于在公开场合将自己身体的某些部位展示给他人（尤其是异性）。”①类似的解释在《圣经》故事里也能找到印证：代表着人类祖先的亚当与夏娃在偷吃了善恶树上的果子之后，眼睛变得明亮，看见自己赤身裸体，便拿无花果树的叶子，为自己编制裙子。从这些资料中，我们可以判断，“羞耻心”是人性的一种本能，如同人能知善恶一样，是人区别于动物的重要表现，用草木编制裙子可以看作人对自身秘密最原始的保护方式。如此，就不难理解为什么现代社会将隐私作为“人的最基本的权利和自由”来保护了。“最基本”，除了强调隐私的重要性之外，还有一种不便言说、不由分说的意味。由此，“人性本能”“人格利益”“基本权利”等词汇便自然地与隐私联系在一起，隐私保护的正当性也被认为是建立在一种无须特意证明的原始需求之上。

（二）隐私的词源考察

人们对事物的命名活动包含着对语言符号及其意义的审慎选择，其本身也是事物发展过程中的一个部分，能够体现事物的初始含义及其对应的具体历史社会环境。

对于我国而言，隐私是一个“舶来词”。在英语体系中，隐私对应的词汇是“privacy”，从其词源考察，“privacy”一词的词根是“priv”，意思是“single”（单独的）“separate”（分离的）。②“privacy”在《牛津高阶英汉双解词典》中被解释为“一种不被他人观看或打扰的独处状态”，以及“不被公众关注的自由状态”。③应该说，这种解释与词根意义“单独的、分离的”是吻合的，它们的共同意义都是希望与他人“分离”，摆脱其他人（尤其是群体）的关注，从而处于“单独的”状态。后来沃伦和布兰代斯在提出“隐私权”之时将其表述为“独处的权利”（the right to be let alone），④仍然遵循了“priv”的原意。

尽管隐私概念引入我国的时间较晚，但汉语词汇为其提供的意义支撑并不在他人之后。如果说对于作为拼音文字的英语而言，词根是词汇意义的源头，那么对于作为象形文字的汉语而言，分析偏旁部首就是解释词汇意义的依据。以“隐”为例，左偏旁为“阝”，其形状像一道道山坡，右部首为“急”，有急入山中藏匿之意。所以“隐”的本义是指因山阜阻隔而看不见，引申为隐蔽、隐藏。再以“私”为例，左偏旁为“禾”，篆书之形像谷类植物，意为禾苗，引申为“资源、财产”，是一种珍贵之物；右部首为“厶”，其形状像人的手臂，这是一条弯曲的手臂，作揽抱状，意为将财产揽在怀中，不让别人靠近。所

① 张新宝．隐私权的法律保护［M］．北京：群众出版社，2004：2.

② 金正基．英语词根词典［M］．北京：群言出版社，2009：422.

③ 霍恩比．牛津高阶英汉双解词典［M］．赵翠莲，等，译．北京：商务印书馆，2014：1626.

④ WARREN S D, BRANDEIS L D. The right to privacy［J/OL］. Harvard law review, 1890, 4（5）［2017-06-03］. http://www.cs.uofs.edu/~plishka/cmps184/TheRighttoPrivacy.pdf.

以“私”的本义是禾苗为私人所拥有，引申为“个人的、私人的”。[①]从词源上看，隐私在汉语中的含义应该是排除他人对自己珍贵之物的侵犯。“隐私”在《现代汉语词典》中的解释是“不愿告诉人的或不愿公开的个人的事”[②]，与词源意义一致。

从对“隐私”的词源考察可以看出，“privacy”强调“独处”的状态，而“隐私”则形象地描述了获得独处自由需要使用类似于躲进山中（“阝”）或揽抱入怀（“厶”）的行为方式。这与东西方社会不同的自然、文化环境有一定关系，比如西方国家地广人稀，个人获得独处自由未必需要刻意隐藏，只要“窥私者”不要刻意侵犯即可；而东方社会的人口居住密集，文化伦常又相对保守，于是自我隐藏便成了保护隐私最重要的方式，是自力保护的体现。不过，无论在哪种文化语境中，隐私的核心诉求都是排除其他人的打扰和侵犯，从而获得“独处”的自由。在这一点上，从远古时期的“遮羞草”，到近现代的隐私权，都是一脉相承的。

二、隐私的发展

（一）朴素的隐私保护阶段

在“以草遮羞”的时代之后，无论是在东方还是西方社会，隐私仍然是人们最珍视的基本价值之一。只不过，在很长一段时间内，由于信息传播技术以及社会交往范围的有限性，隐私的范畴主要局限于身体特征、性生活以及家庭成员之间的亲密行为（如中国古代的丈夫为妻子描眉）等较为朴素的隐私内容。在这些内容上，整个社会的价值认同度具有较高的一致性。

据《汉书·张敞传》中记载京兆张敞为妇画眉，“长安中传‘张京兆眉妩’。有司以奏敞。上问之，对曰‘臣闻闺房之内，夫妇之私，有过于画眉者。’上爱其能，弗备责也。”[③]《醒世恒言》第十五卷中对此事的评价是：“虽为儒者所讥，然夫妇之情，人伦之本，此谓之正色。”[④]可见，即使是当时至高无上的皇权，在夫妻隐私面前也会让步。

这个阶段在隐私的保护方式上也是朴素的，即以个人及其家庭成员的自力保护为主。遮蔽属于私人的事物，通常由隐私的主人以衣物、门窗等物理屏障进行隐藏即可，即便因口耳相传于外，也有“非礼勿视、非礼勿听”的文化约束做保障，并不需要太多的他力救济。以强制力为后盾的国家权力救济是法律意义上的隐私权产生之后的事情。

（二）隐私权在美国诞生

隐私在自力保护中安稳地度过了漫长的岁月，直到19世纪大众媒体的兴起，催生了法律意义上的隐私权。学术研究中的通说认为，隐私权的理论和制度都是首先在美国提出和建立的。1890年年末，美国法学家塞缪尔·D.沃伦与路易斯·D.布兰代斯在《哈佛法

① 顾建平. 汉字图解字典［M］. 北京：东方出版中心，2008：1104，714.

② 中国社会科学院语言研究所词典编辑室. 现代汉语词典［M］. 北京：商务印书馆，2016：1567.

③ 可欣. 论隐私权［D/OL］. 吉林：吉林大学，2007：3［2017-03-19］. http://kreader.cnki.net/Kreader/CatalogViewPage.aspx? dbCode=cdmd&filename=2007107109.nh&tablename=CDFD9908&compose=&first=1&uid=.

④ 冯梦龙. 醒世恒言［M］. 张明高，校注. 北京：中华书局，2014：261.

学评论》上发表了一篇名为《隐私权》的论文，在理论上宣告了隐私权的诞生。此前，无人提出过隐私权的系统理论，也无成规模的立法和判例。诚如张新宝教授所指出的那样："民法的绝大多数概念和制度都可以从罗马法中找到它们的先迹……然而，隐私权的概念和理论首先是由美国学者提出，保护隐私权的法律制度也首先是在美国建立起来的。"①

隐私保护的方式开始体现为法律上的确权，意味着隐私保护已经突破了主要依靠自力救济的形式。《隐私权》一文的问世，就是对当时社会环境中出现的隐私威胁而做出的非常符合时宜的回应。正如文中指陈的那样："立拍即现的照相技术和报刊已经侵入了私人和家庭的神圣领域，不计其数的机器装置使人们可以准确做出预言，'密室私语在屋顶上被公开宣告。'"②

在沃伦和布兰代斯生活的那个年代，被视为隐私的威胁而遭到抨击的主要是报刊等大众媒体。在他们的笔下，新闻报刊对隐私的侵犯被多次提到。他们在论述隐私保护的重要性时这样评论道："如今的新闻报刊和各类发明，侵害个人隐私，使人遭受精神上的痛苦与困扰，较之纯粹身体上的伤害，有过之而无不及。"③在有些段落里我们甚至能够看到作者的愤怒："传播流言蜚语不再是闲散无聊人士的消遣，而成为一种行业，被人们孜孜不倦又厚颜无耻地从事着。为了满足好色之徒的口味，与性有关的细节描写在各种日报版面上广为传播。为了让无所事事者心满意足，报纸连篇累牍地充斥着只有侵入家庭隐私才能获取的流言蜚语。"④客观地讲，传播流言蜚语并不是报刊的主业。但在当时的美国，作为一种信息产业，报刊的功能除了"报道新闻"和"传播知识"之外，确实还包括"提供娱乐"。报刊成为大众传播媒介是19世纪30年代的事情，其代表性的事件是"人人都看的报纸"——廉价"便士报"的出现。⑤这种报纸到19世纪后半叶和20世纪初得到迅速发展和普及，以美国为例，1900年日报总发行量达到1 510万份，平均每户订报量接近1份。⑥报刊迅猛发展的几十年也正是沃伦和布兰代斯生活的年代，报刊的这种能够将"私室密语"展露于全国受众面前的传播能力，在社会上引起广泛的"痛苦与困扰"，最终隐私权被提出也就不足为奇了。

隐私权的诞生，是社会发展到一定阶段，信息技术发展和信息传播方式发生变化带来的结果，同时也标志着隐私保护进入了需要他力救济的时代。这种信息技术影响隐私乃至整个信息传播秩序的现象，在今天仍然表现得很明显。

（三）隐私权在理论与实践中的共同发展

隐私权的发展过程是复杂而缓慢的，表现为理论与实践的互促式发展。在不少法学研究者的著述里，都能看到关于美国隐私权理论发展的三个重要时期，我们不妨将其比作美

---

① 张新宝．隐私权的法律保护［M］．北京：群众出版社，2004：28.
② 沃伦，布兰代斯．隐私权［M］．宦盛奎，译．北京：北京大学出版社，2014：5.
③ 沃伦，布兰代斯．隐私权［M］．宦盛奎，译．北京：北京大学出版社，2014：7.
④ 沃伦，布兰代斯．隐私权［M］．宦盛奎，译．北京：北京大学出版社，2014：6.
⑤ 郭庆光．传播学教程［M］．北京：中国人民大学出版社，2011：104.
⑥ 德弗勒，等．大众传播绪论［M］．北京：新华出版社，1990：68.

国隐私权理论发展的“三次浪潮”。每一次浪潮中出现的理论成果都离不开法学家对既有制度的反思和提炼，反过来这些成果又直接影响着新的司法实践。

第一次浪潮当属沃伦和布兰代斯在《哈佛法律评论》上发表名作《隐私权》，宣告了隐私权的诞生，也是隐私权理论研究的开始。“在《隐私权》发表之后的近半个世纪里，美国法学家对隐私权问题产生了普遍的兴趣，发表了大量文章研究隐私权理论。与此同时，美国法官开始通过判例确认隐私权为一项独立的权利。其中最早的判例为纽约州低等法院于1890年审理的Manola v.Stevens私拍演出图片案。此后，类似判例层出不穷，如1902年Roberson v. Rochester折叠箱公司私自采用照片作广告一案；1940年Sidis v. F-R出版公司案等。”①可以说，隐私权是通过大量的司法判例逐渐被纳入侵权法制度体系的。

第二次浪潮是威廉·L.普洛塞尔教授发起和推动的隐私权侵权类型化运动。他将隐私权的侵权类型归纳为四个：侵入隐私空间；窃用姓名或肖像；公开私生活；公开他人之不实形象。普洛塞尔的这一理论后来为《侵权行为法（第二次）重述》所采纳。美国的各个州法院都采纳了这些理论的全部或部分内容，虽然有部分州对“公开他人之不实形象”作为侵害隐私权的诉因未予以承认，但所有的州都承认以某些方式侵入他人隐私为侵权行为法的一个诉因。这就为隐私权进入侵权制度并能够通过司法诉讼寻求保护打开了一扇门。

有论者将隐私权的宪法化视为美国隐私权发展的第三次浪潮。虽然美国宪法能否直接用来支持隐私权尚存在争议，但1967年在联邦最高法院审理的Charles Katz v. U.S.案突破了长期以来的“物理”标准，也可以算是隐私权在寻找宪法支持过程中的一次突破。与隐私权有关的宪法条文主要是指《宪法第四修正案》。在Charles Katz v. U.S.案之前的1928年，联邦最高法院对Olmstead v. U.S.一案进行了审理，最后以5∶4判决警察在私人住宅外布线监听不构成违宪。多数意见认为警察的行为并未构成“对被告有形财产的侵入”，“搭线是基于整栋办公大楼，监听也是在邻近大楼的街道上进行的”。并且主审法官在最后强调，这里并没有“出现对房屋或庭院在物理上的实质侵入”，“或者造成可触及的物质上的影响”，因此并不构成《宪法第四修正案》中的“搜查和扣押”。联邦最高法院实质上是在《宪法第四修正案》的适用问题上确立了“物理侵入”原则，被视为“美国情报监听案例规则的起源”。而40年后，1967年的Charles Katz v. U.S.案中发展出了“合理隐私期待原则”，将《宪法第四修正案》的保护对象从“处所”延伸至“人”，这是对“物理侵入”原则的一次突破。直到今天，个人隐私与犯罪侦查、国家安全等公共利益之间的价值冲突与平衡仍然是一个重要议题。将政府行为限制在合法，尤其是符合宪法的范围内，对今天的个人隐私保护也具有重要意义。

① 张新宝. 隐私权的法律保护［M］. 北京：群众出版社，2004：29.

第二节　隐私的本质与局限

通过考察隐私的起源和发展过程，我们获得了关于隐私的诸多启示。作为一种新技术、新环境，互联网对隐私的冲击是明显的，隐私保护也变得更加复杂。面对新的问题，认定“隐私已死”或者要求“禁止信息流动”都是片面而不切实际的。信息传播环境的复杂性要求我们对隐私的本质做出分析，同时还要看到隐私内涵的局限性。

一、隐私利益的本质

在提到“隐私”之时，人们习惯于不假思索地用“基本人权”“本能需求”等高度抽象的原则性词汇来概括它的正当性。诚然，“以草遮羞”的历史为隐私正当性的不由分说提供了原始依据。但是，隐私问题发展到今天，其前所未有的复杂性要求我们要像进行解剖实验一样，对这种正当性背后的本质因素做出分析。

（一）隐私关乎人格尊严

虽然隐私从一开始就与人的身体有着紧密联系，但人们对它的关注是出于对自身精神利益的保护。诚如王世渊教授所说：“与自然科学不同，人文社会科学关注的不是人的身体性存在，而是人的精神性存在或者社会性存在。”①

从隐私以及隐私权的产生来看，隐私主要还是属于人格利益的范畴，与精神需求息息相关。一般认为，隐私所关涉的精神需求首先是人格尊严。甘超英教授从社会学、心理学和法学等多个学科对人格尊严进行考察之后，做出了这样的定义：“‘人格尊严’主要指在人类平等感觉基础上形成的对个人社会地位的评价，它既表现（为）个人应在社会生活中受到他人和国家的尊重的价值，又表现为个人作为主体本身的社会自我评价。”②

从这个定义中，我们可以看到人格尊严所追求的是社会及自我对人之社会平等地位的承认与尊重。那么在逻辑上我们可以做这样的推理：隐私的泄露会妨碍这种平等地位的承认与尊重，因为隐私常常涉及一些有损主体形象的内容。

获得这些结论对我们今天的隐私保护来说是重要的。既然隐私保护是为了获得社会对个人平等地位的承认与尊重，那么那些有碍于主体形象的内容就一直需要作为“隐私”受到保护——只要社会还存在，这种需求就会一直存在。而那种由“隐私已死”的慨叹衍生出来的放弃隐私保护的想法是对隐私本质的无视。即便在遭遇困境的互联网时代，隐私所承载的人格尊严仍然是人类社会所珍视的基本价值。

（二）隐私关乎个人安全

如果说隐私在传统社会中主要关涉的利益还是精神层面的人格尊严，那么在互联网环

① 王世渊．Personlichkeit——多学科的考察（代序言）［M］// 王世渊．人格．北京：北京大学出版社，2014：3-4.

② 甘超英．中国宪法人格尊严源流小考［M］// 王世渊．人格．北京：北京大学出版社，2014：2.

境中，隐私对个人安全的影响开始凸显。

“徐玉玉”案在社会上引起了人们对个人信息泄露的高度关注。该案起因是高考名单中的个人信息泄露，被人恶意利用，即将入学的大学生徐玉玉被骗走学费，这一重大打击致其心脏骤停离世。这是一起典型的因个人信息泄露导致当事人人身财产双重损害的案例。与之相似的，还有通过非法获取他人身份证信息、密码信息等个人信息的方式盗走他人银行存款，甚至通过非法获取他人行动轨迹信息劫取财物和伤人性命的情况。

虽然类似的犯罪活动在没有互联网的时代也存在，但由于获取个人信息的条件有限，性质恶劣的案件还是比较少见。到了互联网时代，个人信息的海量收集和集中存储，直接增加了个人信息泄露的风险。隐私的意义不再仅仅是“独处”所追求的精神安宁，还有了对个人切身安全的诉求。这也是在当前这个时代隐私保护的呼声日益高涨的重要原因，隐私保护迫在眉睫。

二、隐私的局限

隐私在本质上对尊严与安全的追求，时刻提醒着人们尽一切力量保护隐私的重要性。但对于隐私的局限性，却很少有人能够或愿意看到。

（一）隐私诉求的消极性

从遮羞草的故事，我们就能体会到隐私是一种排斥他人窥探的诉求。中国古代士大夫“替妇画眉”的典故如此，美国精英沃伦和布兰代斯对报纸的愤怒亦如此。库利法官强调隐私权是一种“独处”的权利，为后世所尊奉，隐私诉求的消极性逐渐稳定下来。

在传统视角下，“独处”或“不被打扰”，是隐私权的核心内容。这项权利的要旨是保护个人处于一种不被他人窥探和打扰的状态。至于达到这种状态的方式，可以是在沐浴时记着拉上窗帘，也可以是在私人聚会中要求无关人等离开，还可以是将莽撞的媒体诉至法庭……这些方式的共同宗旨都是将个人隔离于其他人可接触的范围之外。也就是说，只要别人不来打扰“我”，让“我自己”独自待着就好。这是传统隐私权所追求的主要目标。

这样一套层次分明的保护方式，直到互联网出现之前都是非常有效的。但是当互联网发展成为一种社会运行基础之后，真正的困境开始出现。因为互联网带来的交往上的便利，让人很难以放弃享受高效服务为代价来保护一些尚不明确的隐私利益。事实证明，人们在让步。由中国青年政治学院互联网法治研究中心与封面智库于2016年年末联合发布的《中国个人信息安全和隐私保护报告》的数据显示，当被问及是否“愿意提供个人信息以获得更便利的服务享受”时，更多的受访者（53%）选择了“愿意”。这说明，“信息共享带来的便利是客观存在的，多数人并不赞同为保护隐私而过分限制信息流动”①。这意味着隐私诉求的消极性与网络交往的积极性形成了一对矛盾，单纯依靠原先消极的隐私诉求已经无法完全解决互联网环境中的新问题。

---

① 中国青年政治学院互联网法治研究中心，封面智库. 中国个人信息安全和隐私保护报告［R/OL］.（2016-11-01）［2017-02-01］. http://www.zuinow.com/n3346558.html.

（二）隐私评判的主观性

上述关于提供个人信息意愿的调查结果，还向我们传递了另一个信息，即对隐私的评判标准是因人而异的，隐私评判具有一定的主观性。在被问及是否“愿意提供个人信息以获得更便利的服务享受”时，有53%的人表示“愿意”，还有47%的人表示不愿意，他们认为“即使麻烦（指不能享受网上服务的便利），我也不愿意泄露自己的个人信息”[①]。这说明，同一事物在不同的人那里会有不同的评判标准。在这里，53%的受访者认为，在获得服务面前，电话、地址等个人信息可以用来与他人分享，他们对这些信息隐私的敏感度相对较低；而其余47%的受访者则觉得，这些个人信息对自己来说很重要，即使放弃获得服务的机会，也要保护这些属于自己的隐私，他们对这些信息隐私的敏感度相对较高。

相似地，即便在线下世界里，也同样存在着主观性对隐私评判的影响。比如，某个人的收入，在西方人看来是不能询问的隐私话题，但在中国乡村的饭桌上，却一直可以被亲朋四邻津津有味地讨论。在互联网上，还有“现金花篮”“百万余额”等公开炫富的现象。所以，隐私又具有主观性。还是回到甘超英教授对人格尊严的定义：“‘人格尊严’……既表现（为）个人应在社会生活中受到他人和国家的尊重的价值，又表现为个人作为主体本身的社会自我评价。”[②]既然有自我评价，就必然带有一定的主观性。

主观性意味着可变性。在互联网环境中，以提供个人信息为条件的各种社会交往，为人们带来全新的体验和实实在在的便利，越来越多的人愿意分享原本属于隐私的部分内容，来获得参与社会协作的便利和愉悦。这就对制定隐私保护的标准提出了难题。

归结起来，隐私诉求的消极性和隐私评判的主观性，是隐私局限性的两个主要表现。互联网的开放性和个人信息的社会性，使传统隐私的这些局限变得日益突出。解决互联网环境中的隐私保护问题，需要正视这些局限与新环境之间形成的张力。如果一味主张通过“拒绝信息流动”将隐私“圈养”在固有模式中，那就是没有看到传统隐私内涵的局限性，难以为隐私保护带来切实有效的帮助，而只能使问题流于表面化。

第三节　信息隐私的概念

信息隐私是我们依托互联网环境，从隐私分类中提炼出来的一种隐私类型。关于隐私的分类，理论上或实践中都没有特别统一的标准。梁慧星教授认为隐私的种类可以分为个

① 中国青年政治学院互联网法治研究中心，封面智库．中国个人信息安全和隐私保护报告［R/OL］．（2016-11-01）［2017-02-01］．http://www.zuinow.com/n3346558.html.

② 甘超英．中国宪法人格尊严源流小考［M］// 王世渊．人格．北京：北京大学出版社，2014：2.

人事务、个人信息和个人领域三种。[①]信息隐私就是与个人信息有关的那一类隐私，是互联网语境中所涉及的主要隐私类型。

一、隐私的内涵和外延

互联网对信息运动环境的改变，实质上已经影响到隐私固有内涵中的一些基本条件。应对新环境中的隐私问题，需要从分析隐私的具体内涵和外延开始。

（一）隐私的内涵

从语汇结构来看，“隐私”包括两个构成要件，一为“隐”，一为“私”。在中国台湾出版的一些著作中，常看到“私隐”一词。其实这两种表述在意义上并无本质上的不同，只是在分析隐私概念时，从“私”入手，由“私”及“隐”，在逻辑上更为通顺。“私”和“隐”，构成了隐私的基本内涵。

首先，隐私者，必为私务。能够称作隐私的，一定是属于私人领域的事务。界定公与私的规范，既包括法律，也包括道德，还有民间习俗等社会公共规范。也就是说，只有那些在共同的社会行为规范中被认定为与公共事务无关的私人事务，才可能进入隐私的范畴。比如，官员作为公众人物，其职务行为以及在公共场合展现的信息不能成为隐私。一名官员在视察中穿什么品牌的衣服，佩戴什么档次的手表，就不能排除公众的监督，因为官员所掌握的公共权力来源于人民，其品质作风关系到能否合格地履行公务，属于公共监督的内容。

其次，有私无隐者，无隐私。对于合法合规的私人事务而言，如果本人放弃了隐蔽措施，那么也不能成为隐私。比如，一个人在临街的浴室里洗澡，故意不拉窗帘，被窗外的人看到了裸露的身体，事后主张他人侵犯隐私则不应得到支持。再如，一个人为了求得社会捐助，主动把自己患病的信息放在网络上，也不能要求后续传播者赔偿精神损失。“有私无隐”的问题在网络时代表现得尤为突出，私人事务以信息的形式通过无处不在的网络迅速传播，人与人之间（尤其是陌生人之间）的距离大大拉近，传统的隐藏方式都显得不堪一击。在网络环境中，西方的地广人稀和东方的隐讳文化在保护隐私的过程中都显得优势殆尽。那么，有没有“隐”，能不能“隐”，如何“隐”，以及由谁来“隐”，就成为网络时代隐私保护问题中不能回避的重要问题。

（二）隐私的外延

关于隐私的外延，一直存在着争论。诚如梁慧星教授所言：“信息说认为，隐私是指不愿被窃取和披露的私人信息。持该观点的学者认为人体的隐秘部位是人体这一物质性人身要素的组成部分，不是隐私，人体隐秘部位的信息才是隐私；私人存款不是隐私，存款信息才是隐私。私生活秘密说认为，隐私是不受他人非法干扰的安宁的私生活或不受他人非法收集、刺探公开的保密的私人信息。学界通说认为，隐私是一种与公共利益、群体利

---

① 梁慧星，廖新仲. 隐私的本质与隐私权的概念［J/OL］. 人民司法，2003（4）［2017-05-20］. http://lawdata.com.tw/tw/detail.aspx?no=24133.

益无关，当事人不愿他人知道或他人不便知道的个人信息，当事人不愿他人干涉或他人不便干涉的个人私事，以及当事人不愿他人侵入或他人不便侵入的个人领域。”①

笔者也大致赞同通说的观点，隐私可以包括个人事务、个人信息和个人领域，这三个方面构成了隐私的外延。但在这里需要明确几个问题：第一，在网络环境中，个人信息在法律上已经成为独立概念，隐私与个人信息是交叉关系而非包含关系。第二，构成隐私的三个方面，都应作狭义理解，避免彼此交叉。在这里，构成隐私的个人私事一般是指动态的事务处理活动，比如交友会客、美容就医以及参加某种特殊爱好活动，等等；个人领域一般是指静态的所属物，比如某些身体部位、私人住宅以及家庭成员情况，等等；而个人信息则是专指“已经或能够识别到具体个人的信息、数据以及资料等”，与个人信息在法律上的概念一致。

二、个人信息的内涵和外延

随着互联网及其各种应用的普及，个人信息已经成为一个高频词汇。但在不同的国家或地区，个人信息的概念名称还存在着一些差别。“个人信息”与“隐私”“个人数据”以及“个人资料”等都是近义词，这些概念之间既有联系又相互区别。本书在表述时采用“个人信息”的概念名称，与我国的法律法规的表述保持一致。

（一）个人信息与相近概念

在不同的资料中，“个人信息”也被称作“个人隐私”或“个人数据”。周汉华教授这样描述各种概念在国际立法中的使用情况：“使用个人数据概念的国家或地区最多，主要是欧洲理事会、欧盟、欧盟成员方以及其他受欧盟1995年指令影响而立法的其他大多数国家。在普通法国家（英国作为欧盟成员方除外），如美国、澳大利亚、新西兰、加拿大，以及受美国影响较大的APEC，则大多使用隐私概念。在日本、韩国、俄罗斯等国，则使用个人信息概念。”②虽然这些概念的不同“主要是源于不同的法律传统和使用习惯，实质上并不影响法律的内容”，③但“‘个人数据’与‘隐私’的差别使用，就社会心理层面而言，可能会带有一定的价值判断或路径选择的意义。”④

1. 个人信息与数据

“数据”，在《辞海》里被解释为“进行各种统计、计算、科学研究或技术设计等所依据的数值。”⑤这个解释里面有两个重要信息：一是数据的本质是数值，没有经过加工，所以数据通常是一手的、客观的、原始的；二是数据的用途是计算，数据作为计算活动的依据而存在，是可以用来计算的。虽然单个的、分散的数据并不具有“解释性的意义”，但

① 梁慧星，廖新仲. 隐私的本质与隐私权的概念［J/OL］. 人民司法，2003（4）［2017-05-20］. http://lawdata.com.tw/tw/detail.aspx?no=24133.

② 周汉华. 中华人民共和国个人信息保护法（专家建议稿）及立法研究报告［R］. 北京：法律出版社，2006：28.

③ 周汉华. 中华人民共和国个人信息保护法（专家建议稿）及立法研究报告［R］. 北京：法律出版社，2006：28.

④ 周汉华. 中华人民共和国个人信息保护法（专家建议稿）及立法研究报告［R］. 北京：法律出版社，2006：30.

⑤ 辞海编辑委员会. 辞海［M］. 上海：上海辞书出版社，2010：3634.

多个数据叠加在一起形成的数据集，可以通过算法进行计算，来揭示客观事物之间的诸多关系及其运动发展的规律。

与“数据”不同，“信息”从产生之时起就包含了“解释性的意义”，因为信息是经过人的加工而成的，自然地承载了人的主观意志。《现代汉语词典》对“信息”一词作了两种解释：一种是“音讯”“消息”；另一种是“通信系统传输和处理的对象，泛指消息和信号的具体内容和意义”①。实际上，如果把“音讯”之“音”也看作广义“通信系统”的一种，两种解释可以合并为第二种解释。在这里，信息被解释为消息和信号中的“具体内容和意义”。

在很长一段时间内，人们一直认为信息比数据更重要，因为信息生来就包含着“解释性意义”，可以直接发展为“知识”，而数据却不能。同信息相比，数据似乎与大多数人有着遥远的距离，并不传达意义的数据不会引起人们的太多关注。然而，大数据应用的发展，尤其是在人工智能上的杰出表现，开始颠覆人们固有的认知模式。机器人记者、机器人律师、机器人伴侣……无不在向人们展示数据集合的威力。如果说经加工而成的信息所遵循的是因果关系式的意义赋予模式，那么数据集所追求的目标则是揭示所有事物之间的相关性。虽然这里的相关性在达到一定规模之后也有可能会呈现出一定规律意义上的因果关系，但相关性的发现比规律的寻找在效率上要高得多，并且无须取得因果关系的证明就可以直接将这些相关性应用于指导社会生产生活的各种实践。

欧盟采用个人数据的概念名称，在较大程度上是因为他们对信息隐私的保护制度，是建立在应对互联网公司（尤其是以谷歌等为代表的美国大型互联网公司）滥用个人数据所带来的实际问题之上。能够开发和利用数据“金矿”的，主要是有一定规模的互联网公司。而中、日、韩、俄等东方国家，则采用了“个人信息”的概念名称。这固然与处于不同地理位置的民族国家之间的历史文化传统的差异有关，也与各自的信息技术、产业发展的程度以及由其带来的国与国之间的数据生态关系有着直接关系。

就保护个人的隐私利益而言，采用“个人信息”还是“个人数据”作为概念名称的差别并不大，也不会在实质上影响到法律制度的内容。无论是数据还是信息，只要关涉到个人的隐私利益，就应当成为法律干预的对象。也正因如此，我们说个人信息保护的本质还是对隐私的保护，从而把与个人信息有关的隐私称作“信息隐私”。

2. 个人信息与资料

在《现代汉语词典》中，“资料”一词被解释为“生产、生活中必需的东西”和“用作参考或依据的材料”。可以看出，“资料”首先具有物质性，“资料”之“料”就是指“东西”“材料”，是一种客观存在的物质；同时资料还具有“有用性”，是生产生活中的“必需品”，或是可以“用作参考或依据”之物，这是“资料”之“资”的含义。“物质性”和“有用性”是资料的两个基本特点。“资料”区别于“信息”的地方在于：第一，资料是以

① 中国社会科学院语言研究所词典编辑室．现代汉语词典［M］．北京：商务印书馆，2012：4419.

某种可固定的物质形式存在的，比如一本书、一篇电子版文章，而信息则不具有这样的固定性和物质性；第二，资料是对信息的描述，信息的获得可以基于对资料的分析和提炼。归纳起来，资料具有更明显的“物质性”，而信息则是依存于物质载体之上、具有某种意义的抽象符号及其组合。资料是具体的、可触的、物质的，而信息则是抽象的、不可触的、非物质的。

“资料”是传统线下传播环境中的产物，更多的是指具有有形形式的有用材料，如书本、文件；这种对“有形形式”的强调，还体现在资料的广阔外延上，如生产资料，与信息并无直接关系。在互联网传播环境中，“资料”不再是信息传播领域里的常用概念，与之接近的概念是“电子档案”。这是与互联网传播中电子化信息更容易实现海量汇集和集中相对应的。作为资料在互联网环境中的替代概念，“电子档案”与“个人信息”的关系更为直接。因为档案是针对同一个主体的，不像资料那么散乱和隐蔽。欧洲法院在2014年6月“谷歌诉西班牙数据局”一案的判决中提到，正是因为谷歌公司的搜索服务使关于西班牙公民冈萨雷斯先生的若干个人信息，原来只是散在的片段状态，通过搜索平台聚集成“个人档案”，呈现给用户，所以谷歌公司应承担责任。“个人档案”常常被用在某人的个人信息系统化呈现的情形中。

3. 个人信息与隐私（权）

在互联网带来的冲击之下，个人信息、隐私以及隐私权这几个概念之间也常常发生碰撞和被混淆。

从词汇的感情色彩来看，个人信息是一个中性词，既可以被正当利用，也可能被恶意利用或滥用。个人信息的运动过程中是否需要引入法律的干预，取决于使用个人信息的具体方式和后果。隐私在本质上是个人的一种重要利益，承载着人格尊严和安全等珍贵价值。也就是说，隐私是一个带有价值性的词汇，需要受到保护。而关于具体的保护方法，可以是隐私主体关闭门窗的自力保护，也可以是社会道德体系的自觉维护，还可以是国家强制力保障下的法律救济。当隐私保护的方法进入法律层面，就形成了隐私权，从而赋予个人管理和决定自己隐私的自由，并可以依据此权利来要求其他人不得靠近。

虽然个人信息与隐私、隐私权有着明确的区别，但它们之间的联系也是显而易见的。可以说，对个人信息的滥用是因为侵犯到隐私利益，才有了法律的干预和调整；而对于隐私来说，在互联网环境中，个人信息就是承载隐私利益的主要载体，也是隐私遭受侵犯的重灾区，隐私权也由此显得尤其重要。个人信息在本质上是一种信息，是承载着一定意义的符号，而隐私在本质上是一种利益。从这个意义上说，个人信息是隐私的形式载体，隐私是个人信息的价值意义，二者结合在一起，就是信息隐私。

所以，在立法上对互联网信息隐私问题无论是采用隐私还是个人信息作为概念名称，都是以“信息隐私”这个形式与意义的结合体为保护对象的。

（二）个人信息的内涵

关于“个人信息”的定义在立法上有两种表述：一种是概括型。如在国内法中，《德国联邦数据保护法》第1编第3节规定，个人数据是指“任何关于一个已识别的或者可识别的个人（数据主体）的私人或者具体状况的信息”。《荷兰个人数据保护法》第1条规定，个人数据是指“涉及个人的已被识别或可被识别的任何资料”。美国商务部和国际贸易管理委员会于2000年7月公布的《美国—欧盟的隐私安全港原则与常涉问题（FAQ）》中规定：“个人数据和个人信息是指在指令的覆盖范围内，关于某一确定的人的数据或用于确定某人的数据。”在国际公约中，OECD1980年《关于隐私保护与个人数据跨界流动的指导方针》第1条b）项规定，个人数据是指“与一个已经被识别的或可以被识别的人（数据主体）相关的任何信息”。1981年《有关个人数据自动化处理之个人保护公约》第2条a款也有了相似的规定，个人数据是指“有关识别或者可以识别个人（数据主体）的任何信息”。另一种是概括加列举型。如欧盟95指令第1条（a）款规定，个人数据是指“与已识别或可识别的自然人（数据主体）相关的任何信息”。接着又列举了可据以识别自然人的信息，包括：“身份证号码、一个或多个与个人身体、生理、精神、经济、文化、社会特征有具体联系的因素”。又如，根据我国台湾地区相关规定：“个人信息指自然人的姓名、出生日期、身份证统一编号、特征、指纹、婚姻、家庭、教育、职业、健康、病历、财务情况、社会活动等足以识别该个人的信息。”可以看出，无论是哪种表述方式，主要国家或地区都承认“可识别”是个人信息的核心内涵。

在理论研究中，情况也大致相同。比如，齐爱民教授认为：“‘个人资料’是指个人的姓名、性别、年龄、血型、健康状况、身高、人种、地址、头衔、职业、学位、生日、特征等可以直接或间接识别该个人的资料。”[①]白云教授主张：“个人信息是指直接或与其他信息组合间接能够将某个人与其他人区别开来并作以识别的信息。”[②]当然，较之于立法，理论界对“个人信息”的定义更加多样化，除了识别型定义之外，还有一些其他的观点。比如，“个人信息从字面上看，可以解释成与个人相关的信息。与个人相关的信息其实范围很广，可以包括：个人身份信息……个人金融信息……个人家庭基本情况……个人动态行为……个人观点以及他人对信息主体的相关评价”[③]。这种解释未免过于宽泛。与此相对的，美国教授Parent（帕伦特）则认为：“个人信息系指社会中多数（人）所不愿向外透露者（除了对朋友、家人等之外）；或是个人极敏感而不愿他人知道者（如多数人不在意他人知道自己的身高，但有人则对其身高极为敏感，不欲外人知道）。”[④]这种定义又过窄，以信息主体的主观意愿为标准，无法涵盖隐私之外的那部分个人信息，如某人在社交场所向并不熟悉的人递送名片，名片上面记载了姓名、地址、电话等信息。如果对此加以限制的话，显然是没有考虑到个人信息还有作为个人识别符号帮助个人参与社会活动的功能。所以，可以将个人信息定义为“可用来直接或间接地识别某个具体自然人的信息”。

---

① 齐爱民. 个人资料保护法原理及其跨国流通法律问题研究［M］. 武汉：武汉大学出版社，2004：4.
② 白云. 个人信用信息法律保护研究［M］. 北京：法律出版社，2013：10.
③ 吴苌弘. 个人信息的刑法保护研究［M］. 上海：上海社会科学院出版社，2014：11.
④ 齐爱民. 论个人资料［J］. 法学，2003（8）：81.

可识别性作为个人信息的核心内涵已经基本上在学术研究与立法实践中得到公认。

（三）个人信息的外延

马克思认识论的原理告诉我们：一个概念，内涵中的条件越宽松，外延就越大；反之亦然。个人信息内涵中的“可识别”，既包括直接识别也包括间接识别，这就导致个人信息的外延在理论上可以无限大。

实际上，直接与间接的区别也存在一定的模糊性。严格来讲，只有身份证号码或基因信息等能够与信息主体形成一对一关系的信息，才能叫作“直接可识别”的个人信息；而其他个人信息，只能叫作“间接可识别”的个人信息。比如，一个住址可能对应多个人；一类职业可能对应上万人；一个年龄数可能对应数十万人；一次行动痕迹也可能对应无数人；就连常常被视为敏感性比较高的姓名，也不是一对一的关系，因为存在同名同姓的情况。所以，只有在极少数情况下才存在直接识别的个人信息，而在多数情况下，往往需要几个或者更多的信息放在一起才能准确识别到具体的个人。根据个人信息的通说定义，但凡能识别到具体个人的信息都可以归入个人信息的范畴——不论有多么间接——那么，只要是与具体个人有关系的信息，都有可能成为个人信息。

三、什么是信息隐私？

个人信息虽然在传统线下社会中也一直存在，但其上升为法律概念并受到高度重视却是在计算机和网络产生之后。1970年德国黑森州诞生了世界上第一部数据法。进入20世纪90年代之后，个人信息在各国政策和立法中开始占有越来越重要的地位。在这种背景下，治理路径上出现了两种倾向：一种是主张将个人信息作为独立的保护对象，并在此基础上发展出了信息人格权、信息财产权、信息自决权等；另一种是主张由隐私来吸收个人信息概念，认为个人信息是隐私的一种，发展出了个人信息隐私权。笔者认为，个人信息与隐私是两个独立的概念，既有联系，又有区别；信息隐私就是个人信息与隐私的结合体。

（一）信息隐私的范围

信息隐私是与个人信息有关的隐私，是隐私的一种类型。从信息隐私的范围上看，信息隐私就是个人信息与隐私这两个概念外延的交叉域。

个人信息与隐私是交叉关系，而非包含关系。个人信息以可否识别到具体个人为标准，而隐私则是以“私人性”和“隐藏状态”为标准。个人信息并非必然是隐私，构成隐私的内容也不仅仅是个人信息。一方面，个人信息不一定是隐私。例如，手机号是最常见的个人信息，通常情况下我们都不愿意让陌生人知道，对它采取闭口不谈的隐藏保护，但在一些场合，我们会主动向新认识的客户、新建立的合作伙伴甚至不知道是否会建立朋友关系的陌生人递送名片，来开展社交活动。这时候的手机号码仍然是个人信息，但不再是隐私，因为它的主人自愿将它脱离了“隐藏状态”。再如，网上搜索历史能够反映一个人的需求偏好，也属于个人信息的范畴，这些搜索痕迹常常被平台收集用来预测各种趋势，但是只要这种预测是针对公共事务而并未针对某个具体个人，比如谷歌就由此预测了流感的来临，那么这些搜索痕迹就不能成为隐私，因为这些痕迹在这里不具有“识别性”。另一方面，隐私也不仅仅包括个人信息。例如，美国历史上著名的Olmstead v. US.案中，警察通过在Olmstead的办公室及住宅外搭线，对其电话内容实施监听录音作为犯罪证据的做法，就是对个人事务以及私人住宅的侵犯，属于隐私范畴，但不是个人信息。再如，明星的私生活常常暴露在媒体的摄像机下，记者在未经允许的情况下拍摄明星的家庭活动，尤其是对未成年人肖像的曝光，也是对隐私的一种侵犯，但这里的隐私内容主要涉及个人事务或个人领域，也不是明星本人的个人信息。所以，只有既符合隐私标准，又符合个人信息标准的那些内容，才是信息隐私（如图2-1）。是否构成信息隐私，需要根据具体情况进行具体分析。

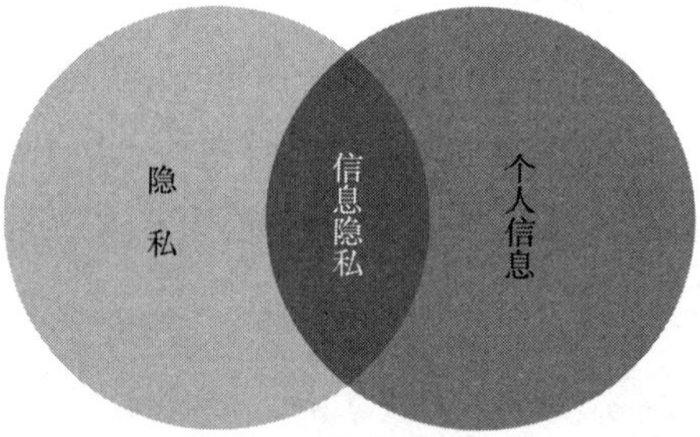

图2-1　信息隐私的范围

（二）信息隐私的特点

信息隐私是我们依托互联网环境提炼出来的一种隐私类型，同其他隐私类型相比，信息隐私具有几个重要特点：

第一，信息隐私的载体是信息。私人住宅、私人场所等属于隐私类型中的个人领域，但它需要依托房屋、门窗等物质载体，具有明显的物理特性。“风能进，雨能进，国王的士兵不能进。”讲的就是对私人住宅的保护，对家的保护。个人事务主要是指进行着的私人活动。比如某位名流正在与恋人约会，某个明星正在医院待产，某个普通人正在与伙伴计划一项投资行动……一般来说，个人事务都是进行着的活动，处于动态之中，这与静态特征明显的个人领域不同。而信息隐私的载体是信息，具有虚拟性、流动性和易复制性。信息既不具有个人领域那样固定的物理特性，也不是个人事务那样虚无缥缈的动态活动，而是有着显著的易留痕、易复制、易转移的特点。这意味着在三类主要的隐私类型中，信息隐私是最容易受到侵犯的一类隐私。

第二，信息隐私的存在是海量的。个人领域、个人事务无论多么广阔或繁杂，由于资源、时空、人的精力等方面的限制，终归还是有限的。但作为个人信息生成场所的互联网，受物理条件的限制很小，个人信息的产生是随时随地的，每一个网上行为背后都是信息，而每一个行为都正在以及将会全部入网——互联网、移动互联网、超级互联网、全息互联网……这意味着信息隐私的存在是海量的，难以测量的，这对隐私保护也是极大的挑战。

第三，信息隐私的性质具有变化性。个人领域有物理屏障作为行为的边界，个人事务有公私属性作为判定的标准，而信息隐私没有固定的界限。比如，当一个人在社交场合主动递上名片时，他的姓名、职业、电话、邮箱等信息就变成了社交活动的媒介，因主人的自愿行为脱离了隐私的范畴；当一个人在使用租车服务时，同意平台和司机使用他的位置信息，具有较高敏感性的定位信息也成为一种公共或准公共的数据，等等。所以，判断一种个人信息是不是隐私，需要结合具体的情境，这使得信息隐私的保护具有了复杂性。

信息隐私的几个主要特点，说明了将其作为一类独立的隐私类型来讨论的重要原因——在互联网环境中，个人信息作为隐私载体的重要性凸显，信息隐私的复杂性大大增加，隐私保护正面临前所未有的挑战。

第三章 信息隐私的价值困境

随着互联网成为现实世界的一种基础性联通方式，信息的传递和流动也成为整个社会运行的重要环节。在这种背景下，个人信息成为社会成员参与社会交往的前提条件和主要形式，同时还构成了公共决策的数据来源。这些日益显现的功能与价值，同个人信息所承载的隐私价值之间，形成了张力和矛盾，使信息隐私面临着多重价值困境。

第一节 个人信息的社会性

在对待信息隐私保护的问题上，个人权利传统保护模式的惯性在一定程度上掩盖了个人信息的社会属性，一度使政策态度和民众情绪偏向通过严格限制信息流动来达到“堵漏”的目的，却忽略了广泛处理个人信息已经不可避免的事实以及这种处理带来的正面价值。个人信息不仅仅是个人隐私的敏感地带，更是社会成员沟通过程中的识别符号，社交内容的变化直接影响着传播内容的改变。正视个人信息的社会性才是“疏导”问题的出口。

一、个人信息的性质

（一）关于个人信息性质的讨论

1. 个人信息的人格属性

个人信息最早与制度产生关系，是在关于人格利益的讨论中。而人类社会的制度，追溯到开端，是以财产保护为内容的。在农业社会之前，人的精神并未受到太多的重视，“仓廪实而知礼节”，在制度发展史中也是如此。到了农业社会，虽然出现了人格利益，但几乎被“神”和“身份”所吸收，也未能独立体现。直到工业社会，人格利益才作为一项比较完整的个人权利被纳入制度。这与工业社会对个人能动性的重视分不开，机器代替土地的变化，使个人得以从传统的宗法关系中脱离出来，进而形成以个人为单位的社会生态系统。正是在这样一个时期，社会结构上出现了去集体化的趋势，个人也产生了对“独处”的需求和期望。于是出现了隐私、安宁、秘密等利益诉求。个人信息也正是在这种背景下上升为人格权制度的保护对象。

人格权是制度对人之精神利益的一项重要关照。“工业化大生产客观要求个体具备支配自我的权利。人们的物质生活也得到了改善，越来越多的人转而注重精神生活的追求和自我价值的实现。这正是现代意义上的人格权法的思想内涵。”① “从根本上说，人格尊严是处于社会中的人们的一种感觉。”②那么，将个人信息作为人格利益来对待，必然导致个人信息概念的主观性。正如有的人对自己的身高、体重很敏感，而有的人却对此毫不在意。还有研究指出，中国人在交往中常常谈及个人收入，并不认为它属于敏感信息，对收入信息的敏感度明显低于外国人。③在这样一种语境中，个人信息的界定是困难的。

将个人信息定性为人格权，是封闭化保护模式的体现。在许多关于个人信息的文献中，都在讨论一个问题：个人信息应当作为像肖像权、名誉权那样的具体人格权还是一般人格权来保护？其实无论是哪种人格权，都难以避免将问题孤立化、封闭化。首先，制度调整的对象是社会关系，个人信息本身只是一种识别符号，从功能上讲，它更接近于一种“工具”，在个人参与社交的过程中起到了应有的作用。所以，将个人信息本身单独作为人格权的内容，是将问题孤立化的表现。个人信息只有被放到具体的利用活动中，在利用活动对现实社会关系产生具体影响的层面上，才谈得上与制度的关系。其次，从保护人格权的角度去定位个人信息制度的宗旨，意味着制度干预的方式是排除干扰，目标是让个人信息处于静止状态。这样的路径设计无法解决现实中的问题，即个人信息正在大规模、高频率地流动，这种流动深深根植于社会成员的日常生活中。

国内也有论者进一步指出，需要从传统人格权中发展出一种“积极人格权”，或称“经济人格权”，即在信息流动中，赋予个人对自己个人信息的控制权。他们认为：“通过控制权模式，不仅可以满足用户对其隐私利益的合理期待，同时还可以使用户和网络服务商都能从个人信息的财产化中获益，从而产生双赢的效果。”④ “法律还应该更进一步地赋予信息主体将个人信息视为个人财富而与欲获取信息者进行谈判的能力。”⑤这类观点在美国和欧洲也有着相应的理论体系。在美国，它叫作“积极隐私权”。“随着信息社会的到来，美国隐私权由消极隐私权向积极隐私权转化，产生了信息隐私权的概念。”⑥ “对本人

① 齐爱民. 拯救信息社会中的人格：个人信息保护法总论［M］. 北京：北京大学出版社，2009：6.
② 甘超英. 中国宪法人格尊严源流小考［M］// 王世洲. 人格. 北京：北京大学出版社，2014：2.
③ 参见王晗，秦克飞. 网络用户个人信息的敏感度研究［J］. 情报杂志，2012（12）：173-174.
④ 蓝蓝. 关于网络隐私权制度的几点思考［J］. 河北法学，2006（3）：88.
⑤ 彭礼堂，饶传平. 网络隐私权的属性：从传统人格权到资讯自决权［J］. 法学评论，2006（1）：60.
⑥ 杨佶. 域外个人信息保护立法模式比较研究——以美、德为例［J］. 图书馆理论与实践，2012（6）：79.

就其个人信息所享有的隐私权，美国学者称之为信息隐私权（Privacy of Information）。信息隐私权是美国信息隐私法上的一个核心概念，指个人针对其信息所享有的权利，强调的是个人对其信息的决定权、支配权和控制权。”[①]在欧洲，它叫作“信息自决权”，在德国宪法法院1983年《人口普查法案》判决中第一次被使用。[②]“作为一项权利的信息自决权，它是指信息主体对自身信息的控制权与选择，即由公民决定自身信息何时、何地、以何种方式被收集、储存、处理以及利用的权利。”[③]总体上说，将个人信息发展为“积极人格权”的保护对象，在突破原来封闭模式的探索上是具有一定积极意义的。但是，这种具有杂糅性质的理论模型违反了人格权与财产权的区分理论，从而无法给予实践以明确的指引。更重要的是，让个人控制信息，在互联网传播环境中只是一种“梦想”，信息一旦进入信息流，个人就在事实上丧失了控制信息的能力。

2. 个人信息的财产属性

同人格权理论不同，财产权理论试图开辟一个全新的领域来解决个人信息上的权利问题，这里没有财产权与人格权的杂糅，而是作为一套独立的理论来建构个人信息保护的基础。《论个人信息的财产权保护》一书，全面论述了个人信息作为财产权内容的问题。作者刘德良教授认为：“个人信息财产权就是指主体对其个人信息中的商业价值所享有的支配权，它能且只能存在于对个人信息的商业性利用环境中。”[④]在这里，信息的商品价值被强调，个人信息的商业利用得到重视。这是对“个人信息商业化现象”的正面应对，在理论界长期以来倾向于用人格权消极看待个人信息的氛围中，注入了一股活力。但是，采取将个人信息定性为财产的路径，与信息控制的实际情况仍然存在着不相符的地方，在理论上也无法解决产权之形态要求与信息之非物理性之间的矛盾。

首先，作为财产权的权利对象，财产以具有物理形态为要件。“财产”（property）一词在牛津词典中被解释为“所有物”（things owned）“占有物”（possessions）；在《麦克米伦高阶英语辞典》中被解释为“为某人所有的物，尤其是有价值的物”（things，especially valuable things，that are owned by someone）。《产权经济学》一书也对财产有所描述：“财产（property）的通常用法是指产品自身，包括有形财产和无形财产。财产是作为产权的“物”的基础而独立存在的，是产权的客观前提。”[⑤]在英国法中，“财产”一词是指一种支配财物的绝对权，凡被法律保证为某人所有的东西就是财产。可见，“财产”一词有两种含义：其一是指作为所有权客体的“物”本身；其二是指对“物”的所有权，即法律所认可的对物所享有的占有、使用、收益和处分的权利。[⑥]

就财产的物理形态而言，房屋、土地、车辆这些传统意义上的“物”，具有有形的物

---

① 齐爱民. 美国信息隐私立法透析［J］. 时代法学，2005（2）：110.
② 杨佶. 论个人信息的法律保护［J］. 吉首大学学报（社会科学版），2009（1）：101.
③ 姚岳绒. 论信息自决权作为一项基本权利在我国的证成［J］. 政治与法律，2012（4）：73.
④ 刘德良. 论个人信息的财产权保护［M］. 北京：人民法院出版社，2008：15.
⑤ 刘凡，刘允斌. 产权经济学［M］. 武汉：湖北人民出版社，2002：21.
⑥ 陈丽君，曾尔恕. 外国法律制度史［M］. 北京：中国政法大学出版社，1997：198.

理形态，自然不必多言；论及著作、商标这些知识产权，虽然其本身并不具有可触的物理形态，但作为载体的纸张、网页，仍然是一种物理形态，理论上将这些知识产权称作“无形物”，只是相对于传统的“有形物”而言，但并未超出“物”的范畴。著作权制度有一项重要的原则，就是“只保护表达，不保护思想”。也就是说，只有当智力成果落实为一种固定的表达形式时，才能够受到法律的保护。这种表达本身必然依附于某种物理形态，比如，著作权制度并不承认口口相传的内容，原因就是这种没有物理形态的东西无法予以界定，也无法进行控制，从而无法在制度上进行确权。而分散的信息作为“通过人的传播而形成的有意义的符号”，不但其本身不具有物理形态，而且因缺乏固定的表达形式并无具体的物理载体。诚然，在互联网传播环境中信息成为有用的资源，但信息本身如果不落实为一种物理形态，如何界定它的存在？又如何实现事实上的控制？在这里，笔者认为，能够被作为确权对象的只能是以某种可固定形态存在的“数据库”（一种信息汇集），而不可能是飘荡在头脑里的“信息”本身。因为制度以“定纷止争”为目标，只有当调整对象具有可确“定”性时，纷争才能“止”于可确定的边界。

其次，财产还必须具有事实上的可控性。法律不鼓励无中生有地创设某种权利。在一种对象尚未获得某种事实上的控制时，寄希望于通过法律来生硬地建立某种权利，也不符合古谚中描述的“正确法的概念应是实证的”这一原则。实践中互联网信息传播管理制度对平台责任安排的变化也反映了用户个人对自己合法权益进行直接保护时的难度。在较早的时期，2010年实施的《侵权责任法》借鉴了国际上的“避风港”原则，即网络服务提供者对用户之间的侵权活动，只履行“接到通知采取措施”的义务，只对“接到通知”后未采取措施或“知道”侵权行为而未采取措施的情况承担连带责任。这里的侵权情形，包括滥用个人信息造成的对个人权利的侵犯。这表明，从一开始，个人对自己的个人信息就没有直接的控制能力，只能通过通知“平台”请求采取措施来保护自己的利益。目前，互联网上用户个人自力救济的可行性进一步弱化。我国新的《互联网新闻信息服务管理规定》于2017年6月实施，在部门规章层面开始出现关于平台与用户签订服务协议的制度安排。接着，这一制度模式很快被应用于对跟帖评论、论坛社区、群组信息以及公众账号等各种互联网信息服务活动的管理中。这些规章中都包含了对个人信息的保护责任，其保护方式就是“平台管用户，政府管平台”。平台责任的加强，意味着在实践中，个人对自己信息的实际控制能力非常有限。

综上所述，个人信息既无物理形态，又无事实上的可控性，所以无法成为制度意义上的“财产”。《论个人信息的财产权保护》一书的作者这样写道：“关于个人信息的权属问题，笔者从伦理、法律和逻辑上论证了个人信息财产权或个人信息的商业价值应该给予个人而非商家。”在这里，为用户个人争取权益的出发点是值得称赞的，但赋予个人以个人信息财产权的构想与实践中的现实情况相距较远，理论上也无法周延。

（二）社会性是个人信息的本质属性

人格属性论因其封闭、静态的天然倾向，只能代表个人信息利用关系中最传统的部分；而财产属性论虽然在对个人信息商业价值的认可上取得了突破，但由个人充当信息控制主体的路径设计，无法在财产权理论和实践中获得支撑。其实，无论哪一种既有制度，都无法容纳互联网环境中个人信息利用活动所产生的全部社会关系。因为新的信息传播方式也改变了在原子维度上界定社会关系的传统制度模式。在互联网环境中，不仅出现了信息的“互联互通”，还实现了人与人的“互联互通”，个人信息流动的过程就是个人参与社会生活的过程，很难再说某条信息绝对地专属于某一个人。所以，放弃以概念解释概念的方式，让个人信息从众多固定的权利概念中解放出来，着眼于个人信息的功能属性，制度的构建才因能够观照现实而具有意义。

在这里，个人信息本质上的功能属性体现为社会性。个人信息作为识别具体个人的符号，是作为社会成员的个人，参与社会交往从而结成各种社会关系的前提条件和主要形式。这是“个人信息社会性”的基本含义。

1. 社会性是人的本质属性

近现代意义上的制度，皆以人的利益为关切。社会性是人的本质属性，代表着人最根本的利益。马克思说过：“人的本质不是单个人所固有的抽象物，在其现实性上，它是一切社会关系的总和。”[①]有学者这样描述马克思主义的唯物主义：“人们的交往方式构成了一定的社会关系，这个社会关系是一切的基础，在社会交往之上方才是经济交换，而在经济交换方式之上才有相应的政治组织形式。”[②]马克思的“社会关系”是一个广义上的概念，对应着广义上的“社会交往”。“一切社会关系”包括狭义社交方式、经济交换方式和政治组织方式等构成的各种社会关系。可以说，社会性是人的本质属性，通过社会交往结成各种社会关系是人的生存本能，承载着人最基本的利益。

在互联网传播环境中，人的社会性得到了更全面的释放。首先是互联网覆盖范围的不断扩大，吸引了越来越多的“互联网移民”。“在30年前，全球互联网只有1 000台接入设备，今天，这个数字已经达到了30亿人和68亿台设备。”[③]接着是移动终端的迅速普及，标志着移动互联网时代的到来，被动接受信息的“网民”演变成具有信息传播影响力的“网众”[④]，即网络化的用户。再进一步，物联网正在成为新的热点，全息社会的到来可以预见。在这个信息传递愈发活跃的“网络”时代，人与人之间以及人与物之间的联系也越来越紧密，每一个人都正在空前广泛且深入地融入这个“信息社会”中，人的社会性也得到了彰显。“如果人在网络上无法建立他们之间的关系，那么，根据人这种社会群居动物的本质，互联网将不会获得更大的发展。”[⑤]这句话反过来说就是，互联网已经获得了如今的发展，是得益于“人这种社会群居动物的本质”能够通过在网络上自由地建立人际关系来实现。“在信息社会，个人可及的信息数量和质量在很大程度上影响他们参与社会活动的

① 马克思．论费尔巴哈［M］// 马克思，恩格斯．马克思恩格斯选集：第一卷．北京：人民出版社，2012：139.
② 韩毓海．重读马克思［M］．北京：中信出版社，2014：98.
③ 腾讯科技频道．跨界［M］．北京：机械工业出版社，2014：2.
④ 何威．网众传播：一种关于数字媒体、网络化用户和中国社会的新范式［M］．北京：清华大学出版社，2011.
⑤ 腾讯科技频道．跨界［M］．北京：机械工业出版社，2014：4-5.

能力。”[①]而这种可及的信息，是个人在社会交往的过程中获得的，交往的过程又必然涉及个人信息的提交和传递。

2. 个人信息是社会成员的身份识别符号

如果说个人作为社会成员参与社会交往、形成社会关系是人的基本需求，那么参与者的身份能够得到识别就是这种需求得以实现的前提条件，而个人信息正是以“身份识别符号”的角色在发挥着作用。比如社交场合常常见到怀有交往意向的人们相互交换名片，上面记载着姓名、工作单位、电话号码、邮箱地址等个人信息，对方通过这些信息形成对信息主体的区别性认识，交往关系由此建立。俗话说“一回生，二回熟”，由“生”到“熟”就是以能够相互识别对方的身份为标志，信息越多，识别能力就越强，彼此之间也就越熟悉。

在互联网传播环境中，人们所参与的交往范围增大，交往场合也逐渐复杂化。不同场合对交往主体身份识别的程度要求不同，个人信息传播的数量和种类也呈现出一定的差别。例如，在电子商务活动中（如网购），需要购买者的姓名、联系地址和手机号码等联系信息以保证货物的准确送达；但是在网络社交中（如微信朋友圈），发布个人照片、家庭生活内容、外出旅游地点等信息，是为了信息分享和情感交流；网络反腐中的个人信息，则混合了姓名、职务和个人生活作风、工作态度等方面的信息，目的在于揭露腐败。由于不同性质的个人信息所承担的功能不尽相同，在对个人权利的威胁方式和程度上也各有不同，所以在制度安排上也应给予区别对待。但无论是哪种场合，个人信息的生成与传递都是信息主体参与社会交往的必然结果。

二、个人信息社会性的表现

“网络社会文化是世界上所有文化之间的一种通信协议文化，在网络权力中的共同信念，以及通过给予别人以及从别人那里获得而形成的协调的基础上进行发展。……这是一种进程……更进一步地：共享多样化的世界，结束对外人产生的由来已久的恐惧。”[②]这段话道出了网络社会中人们对社会交往的需要与渴望。在这种关于“共享”的信念中，个人信息的社会性也就展露无遗。

（一）网络社交中的社会性

“网络社交”就是狭义社交的一种形式，社交网络的繁荣，生动地展现了个人对社会互动和信息分享的渴望，个人信息的社会性也在这里得到释放和彰显。有研究指出，“用户、信息、交流是网络社区的主要组成部分，用户是信息交流的主体；交流是维系社区存在的基础，社区交流是用户联系的纽带；信息则是社区成员之间进行交流的‘黏合

① 于良芝．“个人信息世界”：一个信息不平等概念的发现及阐释［J］．中国图书馆学报，2013（1）：7.

② 卡斯特．信息论、网络和网络社会：理论蓝图［M］//卡斯特．网络社会：跨文化的视角．北京：社会科学文献出版社，2009：45.

剂’”[①]。在这里，个人信息就是一种重要的黏合剂。没有个人信息来识别不同用户的身份，交流与联系都无法实现。如果要讨论信息安全，一份关于个人信息披露意愿的研究表明：“社交网站用户之所以愿意在社交网站上披露带有隐私性的个人信息，首先是因为披露个人信息所带来的收益可能高于潜在的风险。……用户认为社交网站越有用，与社交网站产生的交互体验就越多，对社交网站的熟悉度也相应增加，而熟悉度可以提升用户对社交网站值得信赖这一观点的信心。”[②]显然，作为理性的用户，自然会对个人信息进入互联网的利弊进行比较，结论是社交网站是有用的，这种收益高于潜在的风险。更重要的是，社交网络发展的时间越长，用户关于风险的预期也就越小，因为时间总能帮助人们建立信任。

社会批评家杰里米·里夫金认为：“维基百科和脸谱网这样的网络社交空间对经典经济学人性自私、逐利的基本假设提出了严重的挑战。第三次工业革命的通信模式和新能源带来了一个截然不同的对人性驱动的解释——对社会性的需要和集体性的寻求。”[③]他还进一步指出“确保普遍性的接入……为人类的社会性打开了一道发展之门”[④]。如果把这种“普遍性的接入”发展为“个人的网络接入权”，其意义不应在隐私权或一般人格权之下，因为它承载着人类最基本的社交需求，是人的本质属性得以发挥的重要保障。个人信息贯穿于社交活动的始终，对社会关系的形成和维持起着不可或缺的作用，社会性才是个人信息最本质的属性。只要人的社交需求还存在，个人信息的流动就不会停止。

（二）电子商务中的社会性

个人信息的社会性还体现在新型经济交换方式中。电子商务实现了足不出户就能购买商品，大大降低了交易成本，也丰富了消费者的选择，但消费者必须向商家提供住址、电话号码以及买主称呼等个人信息，以保证所购商品能准确送达。电子化个人信息作为虚拟交易中的必要条件推动了经济交换方式从“面对面”到“点对点”的飞跃。这种飞跃通过连接消费者和生产者动摇了商业资本的垄断性中介地位，影响着经济交换关系的调整。

电商与社交媒体的融合，拓展了个人信息的社会性。电商通过将商品交易延伸至商品评价和售后推广，实现了客户关系的维护和开发，基于客户个人信息的精准营销也蔚然成风。在这里，个人信息又具有了营销资源的价值，交易活动从“线上”延续到“线下”，社会关系也由商店与流水客之间的一面之交发展到公司与VIP之间的长久合作。可见，个人信息既维持着社会关系，又开发着社会关系。网络社交还是一种廉价的人脉积累机制。“亲，扫个微信吧，有优惠。”在今天，这已经成为商店对顾客的标志性问候。商业的本质是促成交换，取得的联系越多，促成交换的机会也就越多，获得报酬的条件也就越充分。“伴随社交媒体营销兴盛，越来越多的‘老板们’愿意在社交媒体上公开其真实身份及联系方式。”[⑤]在这里，个人信息相当于主动传送的名片，承载着信息主体广结人脉的愿望。

① 欧阳剑．社会网络环境下个人信息组织的驱动力及模式特征［J］．情报资料工作，2009（1）：64.
② 聂勇浩，罗景月．感知有用性、信任与社交网站用户的个人信息披露意愿［J］．图书情报知识，2013（5）：91.
③ 里夫金．第三次工业革命［M］．张体伟，孙豫宁，译．北京：中信出版社，2013：245-248.
④ 里夫金．第三次工业革命［M］．张体伟，孙豫宁，译．北京：中信出版社，2013：248.
⑤ 万凯莉，张照余．个人信息视角下社交媒体公开信息保存的可行性研究［J］．档案学研究，2014（4）：19.

随着信息技术及其应用的发展，电子商务还将在更广阔的领域与社会服务相结合。为贯彻落实《中共中央、国务院关于深化医药卫生体制改革的意见》，2014年8月29日，国家卫计委公布了《关于推进医疗机构远程医疗服务的意见》，指出“要将发展远程医疗服务作为优化医疗资源配置、实现优质医疗资源下沉、建立分级诊疗制度和解决群众看病就医问题的重要手段积极推进”。2016年6月29日，《国务院办公厅关于促进和规范健康医疗大数据应用发展的指导意见》实施，明确提出“健康医疗大数据是国家重要的基础性战略资源”。它在基本原则里写道：“将健康医疗大数据应用发展纳入国家大数据战略布局……利用大数据拓展服务渠道，延伸和丰富服务内容，更好地满足人民健康医疗需求。”

这种远程服务、智慧服务的推广，必然带来个人信息在更大范围的使用。目前，具有部分远程医疗服务功能的应用已经出现了，比如“挂号网”提供了一种远程预约挂号服务，“好大夫网”提供了远程转诊服务。有人将这些应用称作“网络预约诊疗服务”，“指医疗机构通过互联网为患者提供的预约挂号、复诊、住院、转诊等诊疗服务”①。在这些应用中，个人信息已经被广泛收集和使用。比如挂号时会用到的姓名和身份证号，复诊时会用到的病案号以及基本病情，办理住院和转诊时会用到的检查报告、诊断结论等个人信息。在将来全面的远程医疗服务中，个人信息的利用只会更加广泛和深入。除了诊疗中需要用到的个人信息外，还会因缴费服务的远程化使用银行卡和交易密码等个人信息。个人信息的社会性，又一次体现在电子商务与社会服务的结合中。

（三）网络反腐与国际反恐中的社会性

从网络反腐中可以看到个人信息社会性对政治组织形式的影响。官员违纪违法及犯罪行为的证据主要集中在个人财产、生活作风、工作态度等方面，这些不利于当事人的信息本来是他们希望隐藏并认为不会泄露的“秘密”，但电子记录设备的普及和互联网的无处不在使这些痕迹信息很难再保密，如涉黄场所电子监控设备捕捉到的不雅视频、正常新闻照片中意外泄露的名表等。如果把贿赂活动看作权力社交的一种异化，那么腐败官员的相貌信息和痕迹信息都是他们进行这种特殊社交活动时必须呈现而又容易留下的。反腐群众能够不断捕捉到确凿的证据，在一定程度上也得益于官员个人信息的社会性。只要腐败还在人与人之间发生，“人过留名、雁过留声”的规律就不会改变。这也是为什么问题官员们害怕、仇视网络反腐的客观原因，信息记录设备和互联网的普及，使个人信息的社会性在反腐领域发挥着更大的作用，它在自上而下的内部监督之外实实在在地铺设了一条自下而上的群众监督路径，从权力监督机制的角度影响着政治组织形式的变革。

国际反恐更是利用了个人信息的社会性。根据我国互联网新闻研究中心编著的报告，美国“多年来一直监控手机应用程序，抓取个人数据”②。众所周知，手机是当前个人接入互联网的主要信息终端，大部分网络交往都通过手机来完成。而美国正是利用了这种现代

① 孙平，李国炜．论网络个人信息保护——以网络预约诊疗服务为例［J］．法学，2013（9）：35.
② 互联网新闻研究中心．美国是如何监视中国的——美国全球监听行动纪录［M］．北京：人民出版社，2014：2.

交往方式，多年来成功实现了高质量的情报收集。这里的信息收集早已超出反恐的必要，进而演变成情报监测。个人信息社会性的一个重要特点，就是个人信息的生成与传播根植于个人的日常社会生活中，难以避免。美国在技术上的优势使自己在互联网领域占尽了先机，同时与他们从一开始就能正视个人信息的社会性也不无联系。

三、信息隐私在社会交往中的价值困境

（一）封闭性与开放性

就隐私概念本身所追求的价值目标而言，隐私诉求是封闭性的。沃伦和布兰代斯当年写作《隐私权》是出于对大众媒体窥探私人生活的愤怒和谴责，库勒法官将隐私权归纳为“独处的权利”，都是对其他人的防范和排斥。说到底，隐私主体期望的就是别人不要来打扰自己，希望他人能离开私人领域，保持足够的距离，以保证个人的安宁和安全。所以，作为隐私类型中的一种，信息隐私同样也是以“不受打扰”“独处”“保持距离”这样的状态为追求目标的。

然而，在互联网环境中，个人信息作为个人参与社会交往的前提条件和主要形式，不可避免地要求个人信息具有一定的开放性。越来越多的个人信息都是由用户主动、自愿提供给别人，甚至放到公共空间的，比如微博、微信朋友圈。这样，隐私保护所追求的封闭性同参与社交所带来的开放性之间就形成了某种矛盾关系，成为信息隐私价值困境的一种表现。

（二）孤立性与社会性

隐私诉求背后所反映的价值实质上是个人的安全与安宁。隐私权的设计遵循着这样一种逻辑：每一个个体，都拥有一些属于自己的秘密，不愿被他人知道，因为一旦将秘密公布于众，就会对隐私主体带来精神上的痛苦或经济上的损失；那么，社会成员之间，应当彼此尊重，远离别人的私人领域，如有侵犯别人的私人领域，法律即可干预。不难看出，隐私诉求本身就带有明显的孤立性，这项利益的实现，不需要借助他人的帮助，恰恰相反，只需要他人远离。隐私主体处于一种宁静的、没有其他人参与的孤立状态中，即为目的。

然而，在互联网环境中，个人信息的识别功能是与个人参与社会交往的基本需求相伴相生的，所以个人信息又具有明显的社会性，为个人信息的传递流动提供了原始动力。在这样一种情况下，信息隐私问题就会产生孤立性与社会性之间的矛盾关系，这也是信息隐私价值困境的一种表现。

第二节　数据的应用价值

人们对数据价值的认识，是一个循序渐进的过程。当数据价值尚未显现的时候，政府和社会都倾向于限制数据流动以保证传统意义上的隐私安全。然而，就在短短几年的时间里，数据的应用价值不断凸显，大数据相继由多国政府上升到国家战略的高度。政策和立法开始调整原来“一刀切”的限制态度，开始分情况、有条件地开放数据流动。数据利用与隐私保护之间形成的矛盾，是信息隐私面临的第二种价值困境。

一、数据价值的表现

随着信息技术及其应用的迅速发展，“数据”在越来越多的场合被誉为“钻石矿”“新石油”。数据价值的核心在于，人们可以从达到一定规模的数据集合中挖掘出若干有效关系。这种关系之所以有效，是因为规模数据所呈现的是人与人、物与物以及人与物之间的“确定性”。这意味着，规模数据为人们认识世界、改造世界提供了一种强大的原动力，其价值堪比钻石，胜过石油。这种核心价值体现在社会运行的各个方面。

（一）提高供需匹配效率

在经济学上供给和需求是构成市场的两个基本要素，所有的生产者都在寻求能够提高商品供需匹配效率的方法和途径，因为供需匹配效率的高低直接决定着劳动和资源投入的回报程度。每一个生产者都希望自己的产品拥有足够多的消费者，并能很快地找到这些消费者把产品卖给他们。在传统线下社会里，不直接进行生产而只是与这种寻找客户的工作相关的业态属于服务业；而在互联网环境中，生产与服务却在悄悄融合，这不仅仅是因为生产者拥有了自行推销产品的空间和渠道，更重要的是规模数据的产生，为“用户画像”的获得提供了条件，推动着供需匹配模式向着“从需求到供给”的模式转变。“信息是一种达到目的的方式。……我们管理（manage）信息是为了在需要时派上用场。”[①]

1. 通过用户画像挖掘潜在需求

所谓用户画像，简而言之就是对用户的信息进行标签化处理。越来越多的互联网平台，已经开始逐渐具备制作用户画像的条件，用户画像的生成大致包括以下几个阶段。首先，在信息收集阶段，用户要想使用平台服务，进行注册是第一步，这时需要主动提交姓名、手机号码等个人信息，接着在使用服务的过程中，用户的行为痕迹还会自动留存在后台服务器中形成行为数据。其次，在信息利用阶段，平台可以设置各种模型标签，将行为数据与这些标签进行比对、验证，从而获得实际标签。最后，在画像成型阶段，将这些实际标签整理在一起，与具体的个人相对应，就可以得到个性化的用户画像。

① Jones P W, Teevan J.Personal Information Management［M］. Washington: University of Washington Press，2007: 19.

以京东为例，在iPhone新款产品推出之后，有100多万人在京东上预订了iPhone 8，为了获知这些用户的特点，平台绘制了用户画像。[①]这里的标签有近30个之多，涉及人口属性、资产特征、营销特性、兴趣爱好、购物爱好、需求特征等多个方面。根据这张画像，商家就能够更加准确地掌握目标用户的潜在需求，形成个性化的产品营销方案，使服务具有个性化。但用户画像的作用不仅仅如此，其更可观的价值在于可以联通全部品类的用户。京东作为一个大型电子商务平台，经营的商品种类是多样化的，用户画像可以帮助各品类间用户的转化。具体来说，挖掘一个品类的潜在用户，首先要找出此品类已有的用户，然后通过这些用户的画像信息对用户进行细分，提炼出特征，然后通过这些特征建立模型定位出该品类的潜在用户。

2. 提炼群体特征深入细分市场

对于供给方来说，获得批量用户的行为习惯，就意味着找到了产品投放的指南。基于海量用户数据，供给方可以看到产品投放的最佳时间、地点、规模、内容以及对象等。

以专注于细分市场的“今日头条”为例，2017年8月，头条算术中心发布了《就你话多——今日头条用户评论数据报告》[②]，该中心收集了过去一年中在今日头条平台上分发的共计66 492 398篇资讯。通过对用户评论数据的分析，发现最容易引发用户评论的资讯具有以下特点：在话题性质上，多是贴近热点话题、严肃风格的观点性资讯；在年龄结构上，31—40岁、41—50岁的用户群体评论率排前两位；在性别比例上，男性比女性高70%；在地域分布上，京桂渝评论率最高、青藏甘最低；在时间段分布上，凌晨、上午、傍晚是评论高峰时段；在文章篇幅上，中长篇（1 000字以上）资讯比短资讯（1—500字）更易引发评论；在评论内容上，有关明星、共享单车、反腐电视剧和AI等内容的较多。这些“发现”都是基于用户发表评论的行为数据，展示出了资讯吸引力与各项特征指标之间的“确定性”关系。根据这些关系，网络运营商就可以有针对性地向用户提供服务，提高信息产品供给的效率。比如，在傍晚向31-50岁的用户提供贴近热点话题的观点性资讯，可以更好地满足用户对资讯的偏好需求。

3. 新闻产品个性化分发

浙江日报报业集团是传统媒体中数据利用的先行者。集团重视大数据布局，打造了“媒立方——融媒体传播服务平台”“互联网传播评价体系”以及“媒体云”等一系列以大数据为基础的媒体融合平台，取得了阶段性的成果。在资讯服务个性化方面，浙江新闻客户端开始对个性化推荐引擎进行内测，引导用户设置他们所关心的新闻标签，抓取用户在客户端内的阅读、点赞、评论等行为数据以及其所在地域数据，通过对这些数据进行分析计算，可以充分了解用户的阅读偏好和兴趣，依据每个用户的关注点、位置等多个维度进行个性化推荐，使用户在获取新闻资讯时可以达到“千人千面”的程度。

---

① “R语言中文社区”微信公众号. 京东用户画像揭秘：原来买iPhone X的是这么些人［EB/OL］.（2017-09-14）［2017-10-03］. https://www.sohu.com/a/191919323_466874.

② RUC新闻坊. 今日头条数据解读哪些用户爱评论，哪些资讯能激活讨论［EB/OL］.（2017-08-18）［2017-10-03］. http://www.sohu.com/a/165568039_649502.

（二）增强公共管理能力

历史学家黄仁宇先生在《万历十五年》一书中专门强调了“数目字管理”对一个社会健康运行的重要性。基于规模数据建立起来的公共事务管理系统，一方面可以依靠计算机强大的计算力实时监测到违法违规行为，另一方面也为人民群众在线上办理各种行政事务提供了快捷和方便。

1. 控制医保费用

在我国，医保基金面临着“筹措困难、支出加剧”和“人手有限、审核工作量大”的双重挑战。审计署2016年发布的《医疗保险基金审计结果》显示：923家定点医疗机构和定点零售药店涉嫌通过虚假就医、分解住院等方式，骗取套取医疗保险基金2.07亿元，作为本单位收入核算，也有少数自然人涉嫌通过虚假异地发票等方式骗取医疗保险基金1 007.11万元。由此可见，推进智能医保控费系统应用尤为重要，事关我国深化医改工作的顺利进行以及医保基金的可持续发展。

自2012年人社部发文明确要求在全国18个地区开展医保智能监控试点以来，国务院及各部委在2012–2017年间发布了12部政策文件，对医疗保险智能监控工作给予政策指导和大力支持。Aura医保控费解决方案提供了四个方面的能力：首先，同时引入医保数据与医疗数据，极大地丰富了数据特征维度，给AI数据模型提供坚实的基础；其次，针对驳杂的医疗数据提供丰富的、标准的信息抽取情景模型，给AI数据模型提供高效的特征工程能力；再次，提供高效的、向导式的建模功能；最后，提供全流程控费，事前以临床路径规则为基础，对医生的用药、处方进行辅助指导及智能提醒，让医生的医疗行为更为合理；在患者医保结算过程中，及时发现违规数据，将违规数据在结算前予以制止；事后针对结算数据和票据进行深度审核，挖掘违规病例。

2. 开展电子政务

在“智慧城市”的建设上，我国一直走在实践前沿。2014年3月，国务院发布了《国家新型城镇化规划（2014—2020年）》，专门论述了如何“推进智慧城市建设”。在随后出台的《关于促进智慧城市健康发展的指导意见》中，智慧城市被定义为“运用物联网、云计算、大数据、空间地理信息集成等新一代信息技术，促进城市规划、建设、管理和服务智慧化的新理念和新模式”。这一切，都离不开数据利用这个基础。2016年，李克强总理在全国“两会”的《政府工作报告》中提出要“大力推进‘互联网+政务服务’，实现部门间数据共享，让居民和企业少跑腿、好办事、不添堵”。

在国家政策的号召和推动下，新浪、阿里、腾讯等互联网企业纷纷进军智慧城市建设。微博、微信以及其他移动应用客户端作为“两微一端”发展迅猛，引领我国的电子政务实践的迅速升级。到2015年，全国政务微博账号数量达到28万，政务微信公号超过10万，迅速成为智慧政务服务的先锋平台。[①]此外，新闻客户端“今日头条”也开通了政务头

① 新华网．我国政务微博认证账号27.7万个，粉丝量总计43.9亿人［EB/OL］.（2015-09-28）［2017-03-02］. http://news.xinhuanet.com/politics/2015-09/28/c_128276413.htm.

条频道，到2016年5月，短短两年时间内已经有9 000多家各级党政机构入驻。[①]

以腾讯为例，2015年提出了“互联网+”，在“互联网+城市服务”上发力。截至2016年4月，全国已有91个城市上线微信“城市服务”窗口，覆盖20个省、直辖市和自治区，包含医疗、交管、交通、公安户政、出入境、缴费、教育、公积金等多项服务。据腾讯工作人员介绍，医疗挂号、查交通违章、缴纳水电燃气费、微信办护照、查询公积金、微信交税、查天气、发票管理、人流密集报警、预约验车等几大领域的政务民生服务为百姓使用最多的领域。相应地，政府相关部门的工作实现能力、创新度和应用度也最高。

从区域角度看，浙江地区的政务服务发展最快。浙江政务服务网推进建设数据集中、管理集成的“智慧政府”。依托“一张网”平台，将“最多跑一次”改革作为省政府深化政府自身改革的第一项重点任务，打通部门信息孤岛，推动公共数据共享开放。全省各级政府部门已梳理公布群众和企业到政府办事“最多跑一次”事项共计40 961项。2017年，“浙江政务服务网投资项目在线审批监管平台”进一步升级。升级后的市县一体化、横向协同化的2.0版本投资项目在线审批监管平台，全面实行企业网上“一口申报”，政府“一网办理”，通过各审批系统与政务服务网的互联互通和数据共享，实现项目从立项、报建、建设到竣工的全流程网上受理、网上办理和网上监察，用“数据跑”代替“企业跑”。在事项申报时更为清晰简便，平台将事项按照投资项目重新分门别类，一改过去按部门分事项的逻辑。企业来办事时，由负责赋码的部门提供一个编码，并为企业筛选出“需办事项清单”，企业拿到编码后，就可以对照清单去办事。

3. 预测趋势

通过群体性行为特征提高公共管理效率的另一个典型案例是谷歌公司成功预测了流感。“谷歌流感趋势”系统是谷歌公司于2008年推出的一款预测流感的产品。2009年，谷歌通过分析5000万条美国人最频繁检索的词汇，将其与美国疾病中心在2003—2008年间季节性流感传播时期的数据进行比较，并建立了一个特定的数学模型。谷歌公司发现流感疫情的发展状态可以和某些关键词被搜索的频率很好地联系起来，因此建立了“谷歌流感趋势”（GFT）模型，GFT将大量关于流感的谷歌搜索数据进行统计汇总，经过分析之后与美国疾病防控中心的监测数据进行比对，最终成功预测了2009年冬季流感的传播，甚至可以具体到特定的地区。

（三）助力人工智能发展

“人工智能”是互联网时代的又一个热词，其依托的基础就是具有足够规模的数据集合。在机器人写稿、治理虚假新闻等方面，数据的价值已经有了明显的体现。

1. 机器人写稿

2017年夏天，四川九寨沟县发生强烈地震。8日21时19分，7.0级地震发生；21时37分15秒中国地震台网机器人自动编写稿件，仅用25秒出稿，540字并配发4张图片。内容

① 中国网. 贵州2000家政府机构入驻今日头条，开通政务头条号［EB/OL］.（2016-05-26）［2017-03-02］. http://qz.china.com.cn/qiye/2016-05-26/71947.html.

包括速报参数、震中地形、热力人口、周边村镇、周边县区、历史地震、震中简介、震中天气8大项。当人类记者还处在惊愕中时，机器人已经迅速完成了数据挖掘、数据分析、自动写稿的全过程。从工作原理上看，写稿机器人实际上是一种数字技术和智能写稿编程系统。据新华社机器人发稿系统研发团队成员、技术局高级工程师熊立波透露，机器人写稿流程分为数据采集、数据加工、自动写稿、编辑签发四个环节。技术上通过根据各业务版块的需求定制发稿模板、数据自动抓取和稿件生成、各业务部门建稿编审签发“三步走”来实现。

早在2014年7月，全球最大通讯社美联社就开始使用机器人新闻记者撰写财报新闻。国内腾讯使用这项技术比较早，2017年6月，腾讯研究院发布了《人工智能时代：新闻业的谢幕与重生》报告，称腾讯的机器人如今已累计生成了3万多篇稿件。新华社紧随其后，推出写稿机器人“快笔小新”，目前主要用于财经、体育等领域，体裁上以快讯和财报为主。今日头条则借助奥运会的举办，推出了自己的“xiaomingbot”，也加入了这场潮流。仔细观察这三家的写作机器人，可以发现机器人所创作出来的稿件多是对海量数据的应用和分析，内容丰富的数据集是机器人快速出稿的一个基础性条件。

2. 创新媒体服务方式

2016年年底，在《钱江晚报》创刊30周年见证大会上，微软（亚洲）互联网工程院与钱江晚报社共同签订合作备忘录，在人工智能及大数据领域展开深度合作。微软人工智能微软小冰正式入职报社，成为钱江晚报的一名特约记者，开创了国内AI记者进入报社的先例。初期的合作模式是将小冰植入《钱江晚报》的微信矩阵，发挥她善于聊天的功能，将订阅号从传统人工回复粉丝留言的模式进化成人工智能回复模式。数据显示，微软小冰入驻钱江晚报官方微信一个月后，用户留言数量就从过去的2 000条左右上升至1万多条，活跃度大大提升。2017年年初，小冰开始从机器人客服向机器人记者转变，并在《钱江晚报》新闻资讯客户端“浙江24小时”上开设专栏。小冰凭借着她的自带搜索引擎和社交网络的大数据，播报国内外发生的热门事件，在发表原创新闻表达自己的观点的同时，还定期更新“小冰新闻卡片”盘点当日热点新闻，保持着高效率、高质量的内容输出能力。自2018年2月8日，《钱江晚报》新闻资讯客户端“浙江24小时”正式上线以来，小冰已在版面和客户端内累计发稿54篇，保持稳定、高品质的内容输出。“人工智能+新闻”的方式不仅解放了人力，同时可对数据进行深度处理，进一步精准化用户画像，重塑从业者与用户、客户之间的关系。

3. 甄别虚假新闻

在人工智能与新闻业的结合上，路透社较早就开始了探索。目前，路透社已经可以做到通过人工智能辨别假新闻、机器自动读取新闻并帮助用户下单，以及利用语义分析建立企业关系图谱。Reuters News Tracer是一个监测社交媒体的工具，最早用于路透社内部，帮助记者和编辑监测社交媒体中出现的新闻信源。后来随着算法的深入，人们发现用机器学习还可以做更多的事情，比如对于社交媒体上发出的信息，可以通过算法区别哪些是新闻，哪些是一般性对话。这个项目经过三四年的不断优化，现在正逐步测试开放给外部用户使用。Reuters News Tracer能够对推特上搜集的所有可能被视为新闻的内容做分析：是谁最先发出消息的；是谁最先转发的；信息的可信度如何。如果分析结果判定消息的真实性存疑，就会在上面标注出范围从0%到100%的可信度数值。这种虚假新闻的甄别方式是建立在对足够多的内容搜集的基础上的，这里的内容就是算法计算过程中的数据。

4. 提高诉讼效率

人工智能的应用也开始体现在诉讼业务领域。2015年，一位名叫约书亚·布劳德（Joshua Browder）的英国小伙，遇到了一个难题：因为"违章停车"漏缴罚款，导致滞纳金"滚雪球式"地急速增长。不过他没有"乖乖受罚"，他觉得自己没有违章停车，决定申诉。在研究了各种申诉条文之后，他惊喜地发现，申述是有规律可循的，并且可以被公式化。于是他决定研发一个应用程序来让自己免遭处罚，没想到真的成功了。申诉成功后，这位18岁的少年开始向朋友炫耀，然后亲朋好友们纷纷找他帮忙，而且成功率很高。一鼓作气，他决定开发一个聊天机器人，让更多人受益，于是，一个名叫DoNotPay的网站出现了。登录DoNotPay后，聊天机器人会列出一系列问题来判断登录者的诉求是否合理。比如，当输入"我不应该收到罚单"之后，机器人会列出很多选项，诸如"我填错了许可日期""停车区域太小""车辆在那之前已经被盗""紧急情况，送人去医院了"，等等。根据交谈，聊天机器人会一步步引导用户进行上诉，无须咨询律师，也不用亲自去公共部门。机器人最后可以直接拟出申诉书，到时候直接递交就好了。如今DoNotPay在英国及美国的50个州投入使用，能够处理的案件远远超出"停车罚单"的范围，达到了1 000种。其实，在这里，机器人列出的诸多申诉理由，就是一个数据集合。机器人能够最后做出申诉策略，正是基于对数据的获取、整合和计算。

二、数据流动是价值发挥的基础

如果说精准的算法是先进的冶炼技术，那么数据本身就是石油；如果说强大的计算机是高大的熔炉，那么数据本身就是金矿。在数据产业中，数据就是最宝贵的原材料。数据流动越畅通，数据共享就越充分，规模数据的聚合效应就越明显，其直接影响着计算结果的准确度和数据应用领域的宽广度。

（一）数据价值的核心

从数据价值在各个方面的表现来看，数据的核心功能就是能够帮助人们挖掘出未曾知晓的有效关系，这也是数据价值的核心。

比如，在精确营销领域，挖掘到的是用户需求与商家供给之间的对应关系。在规模数据不存在之前，生产者寻找消费者的办法是广告宣传，期待潜在用户能够看到这个广告而前来购买产品。这种缺乏针对性的传统方式对于供需双方来说都是被动的、低效的，正在被时代所淘汰。广告界有句流传甚广的名言："有一半的广告不知去了哪里，有一半的广告费都被浪费掉了。"这就是对传统时代撒网式营销的生动写照。

又如，在甄别虚假新闻的时候，挖掘到的是虚假信息与其他正向信息之间的矛盾关系。2017年夏天，中方在洞朗地区进行道路施工，印度边防部队不顾《中英会议藏印条约》进入中国境内阻挠中方的修路活动，引发紧张局势。事件发生后，中国边防部队立即采取紧急应对措施。两个月后，印度从洞朗撤军，中方表示将继续在洞朗地区巡逻驻守，按照历史界约规定行使主权权利，维护领土主权。正在大家为双方和平解决边界争端而松一口气的时候，一个“中国花200亿美元换印度撤军”的谣言不胫而走。一家叫作“沃德社会气象台”的网站通过分析大量的监测数据，挖掘出了这条谣言的肇始地是境外推特上的一个个人账号，及时澄清了事情的真相。

再如，吸引了高额投资和大量注意力的聊天机器人，也是基于对规模数据的挖掘。从本质上看，机器人就是具有“人形”的机器，其工作原理区别于人脑的分析归纳模式，而是一个在海量数据中进行比对的过程。当人们在与智能机器人聊天的时候，会提出很多问题，机器人给出的答案是从众多数据中进行选择的结果，往往会将那些人类交谈中出现频率较高的回答作为答案给出，所以听起来机器人的回答很像人类。在这里，机器人从规模数据里挖掘到的是答案与提问之间的关系，那个在人类聊天中出现频率最高的答案内容与问题之间就形成了有效关系，因为这样的答案能够使交流变得很真实。

（二）开放的数据源是智能社会的基础设施

美国华裔女科学家李飞飞在人工智能的研究上取得了傲人成绩，她在接受媒体采访时说：“人工智能需要从大量数据中进行学习，数据开源对于行业的发展非常重要。”

数据开源之所以重要，主要是因为一切有效关系的建立，都是以规模数据为基础的。大数据之“大”，就是要求数据的规模达到足以覆盖目标问题中所有样本的程度。在人机竞技方面，最具轰动效应的当属Alpha Go（阿尔法围棋）同人类棋王的围棋竞赛事件。由于围棋被视为人类智慧的巅峰，阿尔法围棋战胜人类棋王的新闻，让很多人感到震惊。阿尔法围棋所体现的人工智能，在工作原理上是基于对所有对弈方案（棋谱）的掌握，在对弈中总能找到最佳应对方案，这里的棋谱就是一种数据。这种数据规模越大，棋谱越全面，机器人的获胜率就越高。

数据开源的重要性，也体现在公共管理领域。“多头管理”导致效率低下一直饱受诟病，存在这种局面的一个重要原因就是政府各个部门之间缺乏数据融通机制。遗产继承需要亲子关系互证、异地办理身份证需要回原籍开具“无犯罪记录证明”这些现象，经媒体报道后，在社会上引起了强烈反响。无论是横向上的管理部门之间、还是纵向上的省市县政府之间，如果存在一个数据共享的平台，就可以实现行政手续的简化，为人民群众带来实实在在的好处。浙江政务网在数据开放与共享方面走在了前面，率先实现了居民网上行政事务的一站式办理，具有一定的示范意义。

数据开源的重要性，最后还是要回到大数据价值发挥的原理上来，即大数据能够被人们挖掘、预测和匹配，都是基于把具体的问题放到海量数据中去寻找相同或相似的情况，通过比对来完成目标问题与已知数据之间的匹配，是一个“从已知到未知”的泛化过程。

这一切的基础都是数据规模足够大，这就要求对数据进行开放与共享。

三、信息隐私在数据应用中的价值困境

（一）排他性与社会化协作

如前所述，成规模的个人信息可以用来制作“用户画像”，从而形成对用户的个性化服务。在供需匹配精准度不断提高的过程中，作为个人的用户得到的是时间、精力和资金成本的大幅缩减。随着电子商务、现代物流系统的发展，我们不再需要花大把的时间逛商场、逛超市，也不再需要绞尽脑汁地去对比信息并不丰富的同类商品之间的性价比，更不用大包小包地在商店与住宅之间搬运生活必需品。这一切便利，都离不开海量的数据作为基础，精准匹配的基础设施就是规模数据。

而隐私保护所追求的排除他人干扰，是一种排他性诉求，与这种社会化协作所带来的便利格格不入。排他是要求他人离开，协作则是要求与他人共同合作，这也成为信息隐私在数据流动中的一种价值困境。

（二）停滞与发展

个人信息流动所带来的好处还体现在公共管理、行业统计、灾难预测等公共领域方面。比如，正在大力推广的电子政务，日益丰富的行业报告，以及具有重要医疗价值的疾病预测等，都是基于对规模数据的分析和挖掘。在这些数据中，当然也包含着大量的个人信息，除了姓名、身份证号、手机号码等具有直接识别功能的信息之外，还有更多的痕迹信息，比如，我们的每一个上网行为，都是数据。

如果将信息隐私仍然局限在传统的保护模式和思维路径上，这些堪比“钻石”“石油”“黄金”的数据就无法进入利用环节，其价值就无法发挥。互联网与现实世界的融合越来越深入，线上线下正在融为一体，这种深入融合的桥梁就是数据，离开了对数据的利用，客观上难以谈及社会的发展与进步。这里就涉及隐私诉求的静态性所带来的数据停滞，与互联网社会发展进步所带来的数据流动之间的矛盾，也是信息隐私所面临的价值困境。

第三节　集体安全的危机

“和平与发展”是当今时代的主题，但在总体和平、总体缓和、总体稳定的同时，还存在着局部战争、局部紧张和局部动荡。出现局部不稳定的原因是多方面的，就国际形势而言，恐怖主义是首要原因；就国内社会而言，公共治安也面临着诸多挑战。

一、集体安全面临的挑战

（一）恐怖主义与政府监听

互联网是把“双刃剑”。互联网能够为政府搜集情报、筑建安全保障提供条件，也能为恐怖势力联络人员、转移资金提供便利。在恐怖主义威胁不断升级的形势下，“国家安全”“公共安全”常常成为政府收集个人信息的合理理由。

“9·11”事件恐怖袭击事件的影响是显著的——对美国，也对世界。“9·11”事件之后，“国家安全”在世界范围内上升到一个新的高度。欧洲理事会呼吁成员国批准打击恐怖主义的公约，将警察的权力扩大到“恐怖主义资讯及其破译”；加拿大制定了《反恐法》，允许无证预防性逮捕和调查性听证；美国通过的《爱国者法》加强了政府的监控权，减少了监督与走正当程序的要求，增加了政府机关之间及其与私营部门之间的信息共享；作为个人信息保护先驱的欧盟也在2002年通过的新隐私指令中规定成员国可以通过法律，为国家安全及预防、调查与追究犯罪等目的强制要求截留所有通过移动电话、短信、固定电话、传真、电子邮件、聊天室、因特网或者任何其他电子通信装置传送的信息。①

2013年6月5日，英国《卫报》发表了美国前中情局雇员斯诺登提交的绝密信息：美国国家安全局有一项代号为“棱镜”的秘密项目，要求电信巨头威瑞森公司必须每天上交数百万用户的通话记录。一天之后，美国《华盛顿邮报》披露称，在过去6年间，国安局和联邦调查局通过进入微软、谷歌、苹果、雅虎等九大网络巨头的服务器，监控美国公民的电子邮件、聊天记录、视频及照片等私密信息。美国舆论随之哗然。②该事情远未结束，从2013年10月开始，法国、墨西哥、德国等多国媒体纷纷曝光了美国国安局监视本国政府及领导人邮件和电话的事件。美国“棱镜门”事件再次成为国际舆论关注的焦点。③

就在德国总理的手机被监听10年之久的消息传出之际，欧盟数据立法也发生了一些变化，新版数据保护法在第一轮投票中获得多数支持。根据该法案，在欧盟运营的企业一旦被发现不正当利用所掌握的包括客户、供应商或自己员工在内的个人信息，将面临最严厉的处罚，违反该法规的公司将面临最多相当于其全球营业额5%的罚款。④这与先前允许截留数据的规定形成鲜明对照。

（二）公共秩序与实名制

在信息流动更加自由的时代，人们的言论与行为也更加自由。诈骗、谣言、低俗、恶意煽动的信息在网络上横行，严重干扰了正常的社会公共秩序，也时刻威胁着社会公共安全。比如，谣言的传播会蛊惑人心，造成社会动荡；低俗内容的传播会腐蚀人们的思想，

① 周汉华．中华人民共和国个人信息保护法（专家建议稿）及立法研究报告［R］．北京：法律出版社，2006：92–94.

② 王楷．原中情局职员曝光棱镜项目，监控隐私奥巴马形象受损［EB/OL］．（2013–06–13）［2015–07–03］．http://news.ifeng.com/world/special/sndxiemi/content–3/detail_2013_06/13/26351817_0.shtml.

③ 卫报：斯诺登曝美国曾监听至少35名国际政要电话［EB/OL］．（2013–10–25）［2015–07–03］.http://www.guancha.cn/america/2013_10_25_181049.shtml.

④ 吴琼．欧洲议会司法内政委员会通过新版数据保护法，欧盟数据保护立法取得重大进展［EB/OL］．（2013–10–29）［2015–07–03］．http://www.legaldaily.com.cn/international/content/2013–10/29/content_4969345.htm.

造成集体堕落；网络诈骗会导致人们的财产损失，任其发展还可能威胁到人们的生命与健康，以至于社会秩序的不稳定……

为了防范和打击这些网络上的恶行，各国政府都在不断推出各种方案，“网络实名制”就是互联网治理中的一项重要举措。韩国是网络实名制的先行者，这与韩国较高的网络普及率有着密切关系。在遭遇网络暴力集中爆发的几年之后，韩国政府于2005年10月提出要实行网络实名制，此后，又发布和修改了《促进信息化基本法》和《信息通信基本保护法》等法律法规，为网络实名制提供了法律依据。但是，在接下来的几年里，网络实名制也遭到了诟病。2010年，韩国互联网用户孙某等人以实名制条款侵犯了个人权利为由向韩国宪法法院提起宪法诉讼。2012年8月23日，韩国宪法法院做出裁决，9名法官中有8名法官认定网络实名制违宪。据此判决，韩国的网络实名制将在5年后废除。①

在我国，2012年年末出台的《全国人大常委会关于加强网络信息保护的决定》（下简称《决定》）引起了公众对网络实名制的关注。《决定》第六条规定：“网络服务提供者为用户办理网站接入服务，办理固定电话、移动电话等入网手续，或者为用户提供信息发布服务，应当在与用户签订协议或者确认提供服务时，要求用户提供真实的身份信息。”这个《决定》本来是在个人信息滥用、隐私泄露的网络乱象背景下为保护信息隐私安全而制定的，而网络实名制在法律中的出现引发了一些争论。但不久之后，国家互联网信息办公室于2015年年初公布了《互联网用户账号名称管理规定》，这意味着我国网络实名制的全面确立。

实际上，我国网络实名制早已有实践。比如，以支付宝为代表的金融平台，以百合网为代表的婚恋网站，在建网之初就实行了实名制。这与网络服务的性质有关，作为连接服务提供方与服务接受方的平台中介，验证用户的真实身份是为了约束个人的行为，提高参与者的可信度，保证服务过程的安全性。但是将这样一种个人身份登记制度扩展至所有的“互联网信息服务”，也势必会引起人们对“言论自由”“网络监督权”的担忧。韩国是第一个施行网络实名制的国家，“按照韩国的统计，实名制之后，网络侵权行为从原来的13.9%降到了12.2%”②。有学者指出：“顶着如此大的批评和争议推行网络实名制，结果侵权数仅降了1.7%，是不是有点得不偿失。”③

为了降低网络实名制带来的负面影响，我国网络实名制采用“后台实名、前台自愿”的原则。这意味着有个人信息接触机会的只有平台商和政府，其他的网络用户无法看到别人的个人信息。

二、集体安全与个人自由的关系

集体与个人的关系，是政治学中的一个重要问题。一方面，在什么情况下，个人自由需要为集体让步，关系到政府权力的正当性；另一方面，个人自由的行使需要受到何种限

① 周永坤. 网络实名制立法评析［J］. 暨南学报（哲学社会科学版），2013：2.

②③ 朱巍. 网络实名制相关争议问题研究（二）——网络实名制有益于建立诚信社会［J］. 中国广播，2013（3）：39.

制，则关系到个人自由的界限。

洛克在论述政治社会的起源时说道："人类天生都是自由、平等和独立的……任何人放弃其自然自由并受制于公民社会的种种限制的唯一的方法，是同其他人协议联合组成为一个共同体，以谋他们彼此间的舒适、安全和和平的生活，以便安稳地享受他们的财产并且有更大的保障来防止共同体以外任何人的侵犯。……当某些人这样地同意建立一个共同体或政府时，他们因此就立刻结合起来并组成一个国家……"①防止外来侵犯是国家存在的意义的一个重要内容。

恩格斯在考察国家的起源时发现，国家取代氏族制度是社会发展到一定历史阶段的产物。他指出："国家是表示：这个社会陷入了不可解决的自我矛盾，分裂为不可调和的对立面而又无力摆脱这些对立面。而为了使这些对立面，这些经济利益互相冲突的阶级，不致在无谓的斗争中把自己和社会消灭，就需要一种表面上驾于社会之上的力量，这种力量应当缓和冲突，把冲突保持在'秩序'的范围之内；这种从社会中产生但又自居于社会之上并且日益同社会脱离的力量，就是国家。"②这又说明，缓和内部冲突、维持社会秩序是国家存在的意义的另一个重要内容。

如果说恐怖袭击是外来侵犯的表现形式，那么网络乱象则可以看作是对内部秩序的破坏和威胁。而国家职能当然包括对这些侵犯和威胁进行防范与打击，以保证其社会成员获得安全、和平、有序的生活，这是个人自由的题中之义。但国家权力的过度使用又会造成对个人自由的侵犯。所以公共权力与个人自由之间也是矛盾统一的关系。

三、信息隐私在集体安全中的价值困境

密尔在《论自由》一书中划定了两条关于个人与社会之间的权力界限：一是个人行为只要不涉及他人的利害，个人就有完全的行动自由，不必向社会负责；二是只有当个人的行为危害到他人利益时，个人才应当接受社会或法律的惩罚。他在"引论"中说道："任何人的行为，只有涉及他人的那部分才须对社会负责。在仅只涉及本人的那部分，他的独立性在权利上则是绝对的。"接着，他笔锋一转又写道："在对付野蛮人时，专制政府正是一个合法的型式，只要目的是为着使他们有所改善，而所用手段又因这个目的之得以实现而显为正当。"③可见，个人自由的界限在于"不涉及他人""未危害他人"，而公共权力的正当性也只是来源于"对付野蛮人""惩罚危害他人的人"。所以，信息隐私所承载的个人自由与信息控制所维护的集体安全在逻辑上存在一定的矛盾，形成了信息隐私保护中的价值困境。

"棱镜门"事件在舆论上掀起巨浪时，美国在曝光和声讨面前却没有立即道歉，更多

① 洛克. 政府论（下篇）[M]. 叶启芳，瞿菊农，译. 北京：商务印书馆，1964：59.

② 恩格斯. 家庭、私有制和国家的起源［M］//马克思，恩格斯. 马克思恩格斯选集. 北京：人民出版社，2012：186-187.

③ 密尔. 论自由［M］. 许宝骙，译. 北京：商务印书馆，1959：11.

的只是沉默。除了在监听盟国领导人问题上出于外交与情报合作的原因做出了一些策略性的“道歉”之外，美国坚称自己没有错，并试图解释斯诺登带来的“误解”。美国前中情局局长迈克尔·海登在接受德国媒体《明镜》的采访时表示：“虽然我不准备为我们窃听另一个国家的行为道歉，但我准备为了让一个好朋友陷入窘境而道歉。无论如何，我们行事不够细密，导致事情曝光，让我们的朋友陷入非常尴尬的境地。这是我们的错，我以此为耻。”《明镜》对此解读为：“窃听没有错，错在让你们知道了。”海登的理由在于美国情报工作的自律性很高，“美国国家安全局并没有监控每一个美国人在网上干什么，美国国家安全局不会去检查你都上过什么网站，但现在，人们认为这正是美国国家安全局的所作所为”。海登是在强调“收集”信息不等于“检查”个人生活。但是这种自证清白式的辩解难以取得多数人的信任。就像海登自己所说的，“我担心斯诺登的爆料将会让我们忽视真正威胁互联网生存和发展的东西”①。这个东西就是信任的缺失，这反映出在互联网环境中日益暴露的价值冲突。

① 美国前中情局局长：窃听没错，我们不会为此道歉［EB/OL］.（2014-03-30）［2015-07-17］. http://news.ifeng.com/world/special/sndxiemi/content-3/detail_2014_03/30/35275926_0.shtml.

第四章 信息隐私的机制困境

信息隐私保护成为难题，与互联网传播环境中的信息运动机制也有着密切的联系。个人信息的产生、存储和输出都越来越深刻地融入社会生产生活的过程中。在互联网传播环境中，个人信息作为社会交往的前提和形式，不仅是人们要竭力保护的隐私，还有了向外生长的动力。其运动过程逐渐体现出自动生成、长期存储以及影响不易消除等特点。这些特点意味着信息隐私将长期面临有“私”无“隐”的困境。

第一节 信息隐私所处的环境特点

个人信息作为识别个人的符号，帮助个人参与社会交往。在互联网传播环境中，这意味着个人信息在网上的存储和利用时时刻刻都在发生。新的信息产生了，旧的信息并未删除，导致越来越多的个人信息在互联网上长期滞留。

一、全息时代的信息收集呈现常态化

“全息”原本是物理学上的概念，它特指一种技术，可以使从物体发射的衍射光重现，其位置和大小同之前一模一样。从不同的位置观测此物体，其显示的像也会变化。全息影像技术拍摄下来的照片是三维的，就是因为这种技术能够全面收集来自物体上面的光线。“全息时代”可以简单地解释为全面收集信息的时代，在信息传播领域借用这个概念非常贴切。

（一）传感器让信息收集变得无处不在

传感器技术的发展为全息时代的到来提供了技术支撑。“从2005年起，美国国务院就

开始颁发带有射频识别（RFID）标识的护照，以打击假护照，方便出入境管理。如果仅仅从数据量上来看，通过传感器自动采集的数据，已经取代了人工收集的业务数据，成为其最大的数据来源。”[①]为了展现传感器的无处不在,《个人信息保卫战》的作者罗伯特·瓦莫西（Robert Vamosi），将那些被自动装置秘密收集到的个人生活习惯叫作“电子面包屑”[②]：在我们驾驶的汽车里有可能存在记录驾驶习惯的黑匣子；在我们的数码相机、复印机甚至高速公路上方便收费的ETC设备里，都有可能藏有这种信息记录装置。这些信息记录就像面包屑一样散落在各个角落的存储器中，记录着人们生活中的点点滴滴。

2015年伊始，微软公司发布了全息眼镜（HoloLens）的原型。这是一种既能够看真实世界又能够叠加虚拟信息的设备。这种从真实到虚拟的信息传递过程，也是一个信息收集过程。目前的数据计算技术和建模水平已经能够实现这种应用。根据《2014智能可穿戴市场白皮书》[③]中公布的数据，网民对智能可穿戴设备的认知率为54.6%，这些设备包括智能手表、手环、眼镜、耳机、戒指，甚至智能鞋、服装等。除了户外运动、音乐影像这些娱乐性项目以外，48%的用户期待可穿戴设备在医疗健康、安全定位领域发挥更大作用。这些设备就像是一个个设计精美的传感器，自动收集着穿戴者的个体特征和行为习惯。这些收集数据的行为表明，全面收集信息的时代已经到来了。

（二）物联网扩展了信息收集和传送的范围

物联网是支撑全息时代的另一种重要技术。作为互联网的延伸，物联网是指“通过射频识别、红外感应器、全球定位系统、激光扫描器等信息传感设备，按约定的协议，把物品与互联网相连接，进行信息交换和通信，以实现智能化识别、定位、跟踪、监控和管理的一种网络概念”[④]。简单地说，物联网就是能够从物体上收集信息并使之进入网络传播的系统，这里的网络包括互联网。至此，广义网络中记录和传送的个人信息，在数量上将更加庞大。

2017年是物联网“产业化”概念提出的第九年。物联网产业正式成为全球群雄逐鹿的主战场，由此也真正开启了物联网“产业化”的新征程。2017年3月，华为与深圳水务集团、中国电信联合发布了全球首个NB-IoT（基于蜂窝的窄带物联网）智慧水务商用项目。无独有偶，2017年4月，中国移动首个NB-IoT智慧水表项目在江西鹰潭盛世华庭小区正式投入使用。一时间，基于NB-IoT的以智慧水务、智能抄表、智能开关为代表的工业能源物联网应用如雨后春笋般出现。物联网也被应用于无人驾驶。目前，汽车厂商奔驰、宝马等，芯片厂商英特尔、高通等，互联网厂商谷歌、百度等都在积极布局车联网市场。数据显示，预计到2025年，全球无人驾驶汽车市场规模将达到420亿美元。到2030年，将有1.2亿辆无人驾驶汽车上路。到2035年，无人驾驶汽车将占全球汽车销量的四分之一。

---

① 涂子沛. 大数据［M］. 桂林：广西师范大学出版社，2013：53.

② VAMOSI R. 个人信息保卫战［M］. 姚军，等，译. 北京：机械工业出版社，2012：75-76.

③ 腾讯. 2014智能可穿戴市场白皮书［R/OL］.（2014-12-31）［2015-03-02］. http://tech.huanqiu.com/news/2014-12/5325978_24.html.

④ 李光斗. 拆墙：全网革命［M］. 北京：电子工业出版社，2014：178.

美国汽车厂商特斯拉在2016年10月以后生产的车型中，全部搭载了自动驾驶的硬件，通过软件升级来实现特斯拉每一辆车的“眼观八路，耳听十二方”的理想。[①]

智慧水务、无人驾驶汽车等应用领域的发展，为我们描绘出了智慧城市的诸多场景。这些发展的基础环境被归纳为物联网，而物联网的运行又离不开数据分析和数据流通以及在此基础上实现的人工智能。对于不断涌现的工业能源物联网应用，中国工程院院士邬贺铨先生认为：“物联网是将具有感知、监控能力的各类采集或控制传感或者控制器以及泛在技术，如移动通信、智能分析等技术不断融入工业生产过程各个环节，从而大幅提高制造效率，改善产品质量，降低产品成本和资源消耗，最终实现将传统工业提升到智能化的新阶段。”[②]

不过，这些物联网应用的安全性和可靠性也成为与技术应用的发展同等重要的问题。比如，智慧水务的实现，意味着某个人的用水习惯、家庭成员的数量等都可能以数据的形式被获知。又如，无人驾驶汽车上许许多多的信息收集端口和网络，可能在不知不觉中捕捉乘车人的谈话内容。再如，家电行业的广告中不断展示着智能家电的概念：在回家路上就能预先打开家中的热水器，在办公室就能为忘带钥匙的家人打开家中车库的灯，甚至在俱乐部就能指挥家中机器人把地板打扫干净……在这里，被收集的个人信息不仅包括为收货而提供的地址和电话号码，为设定遥控器服务范围而提供的办公室位置，为获得保修服务而提供的真实姓名等，还包括个人使用家电的行为习惯所产生的痕迹信息：某个人用热水的习惯、车库的位置以及不在家的时间等。享受智能服务的过程，不但离不开大量的社会协作，而且不可避免地生成和传送许多个人信息。

（三）技术正在改变人们的隐私观念

传感器和物联网技术的发展，将使得个人信息的收集走向常态化。“信息社会不应拒斥信息收集处理，而只能防止被滥用。”[③]技术上的便利也正在改变着人们的隐私观念。无论是否愿意承认，我们每个人都已经不可避免地将自己的工作、生活根植到互联网这个大环境中。在互联网环境中，人的社交环境得到延伸，人际交往也突破了原来的地域局限、行业局限甚至阶层局限，社会合作的效率得到提高。比如，当相距千里的亲朋好友们在社交媒体上互晒照片或语音通话时，他们得到的是远距离分享信息和交流情感的便利与愉悦；当家庭主妇们绕过中间商从网络工厂店花费二分之一的价格和三分之一的时间买到全家人的生活必需品时，她们得到的是购物成本的大幅缩减；当“表叔”“房婶”们在互联网舆论中被依法查处的时候，群众得到的是舆论监督的另一种路径；当夜归族一进家门就能用上提前烧好的热水时，他们得到的是生活的便利……这些便利体现了社会合作与个人自由的进步。尽管需要承担个人信息泄露的风险，但在继续享受这些便利与停止个人信息传播之间，大多数人选择了前者——社交媒体仍然活跃，电子购物仍然繁荣，网络反腐仍然激动

---

①② 郝勇志．物联网万千垂直应用落地在即，万亿市场蓄势待发［EB/OL］．（2017-11-21）［2017-11-22］．https://www.sohu.com/a/205661828_123496.

③ 郭明龙．论个人信息之商品化［J］．法学论坛，2012（6）：111.

人心，智能家电正在悄悄掀起一场生活“革命”。更多的人正在用实际行动，对个人信息的收集逐渐投以宽容的目光，制度构建也应当正视个人信息社会性带来的正面价值。

二、定制经济要求对个人信息进行广泛处理

定制经济的发展趋势日益明显，将实现真正的个性化生产和服务。生产过程将从供给到需求转变为从需求到供给。从用户的有效需求出发来设计产品和计划生产，将形成供需双方的精准对接，从而节约可观的成本。但这种精准对接的实现，恰恰是建立在对个人信息的广泛收集和深入挖掘上。

（一）定制经济的由来及表现

“定制”一词起源于萨维尔街，意思是为个别客户量身剪裁。萨维尔街（Savile Row）是位于伦敦中央梅费尔（Mayfair）的购物街区，以定制传统的男士服装行业而闻名。随着时代的发展，“定制”一词的意义也逐渐被丰富起来，比如，定制服装、礼品，甚至出现了定制肤色、蔬菜等，迎合了人们追求品质和个性的心理，定制是真正的个性化消费。美国预测的“改变未来的十大技术”中，“个性定制”被排在首位，其市场地位越来越被人们认可。

新一轮定制经济的先行者要数德国。“工业4.0”是德国联邦教研部与联邦经济技术部在2013年汉诺威工业博览会上率先提出的概念，作为其高科技战略的核心部分，旨在确保德国未来的工业生产基地的地位。“工业4.0”概念描绘了制造业的未来愿景，提出了继蒸汽机的应用、规模化生产和电子信息技术等三次工业革命后，人类将迎来以信息物理融合系统（CPS）为基础，以生产高度数字化、网络化、机器自组织为标志的第四次工业革命。西门子作为德国最具代表性的工业企业，也是“工业4.0”概念的积极推动者和实践者。

美国辛辛那提大学教授李杰（Jay Lee）指出，“工业4.0与前三次工业革命最大的区别就在于：不再以制造端的生产力需求为起点，而是将用户端的价值需求作为整个产业链的出发点；改变以往的工业价值链从生产端向消费端、从上游向下游推动的模式，而是从用户端的价值需求出发提供定制化的产品和服务，并以此作为整个产业链的共同目标，使整个产业链的各个环节实现协同优化”[①]。

以汽车制造业为例，通过对社会化媒体的分析，制造商可以看见哪些话题在哪一天以什么样的强度被人们讨论。被谈论的话题可能是汽车部件，如轮胎、座椅、制动器和车门，也可能包括汽车的样式、牌子和使用者。通过分析可以看清舆论，辨别哪些话题是新兴的哪些是过时的，也可以建立话题之间的关联。这些分析不仅是更好地了解市场状况的基础，还是更快更好的决策基础。[②]这种通过数据分析获得更好决策的方法也同样适用于售后阶段。如果制造商已经通过汽车与售后系统之间的连接，和车辆用户一起得知了关于汽

---

① 李杰．工业大数据：工业4.0时代的工业转型与价值创造［M］．邱伯华，等，译．北京：机械工业出版社，2015：前言4.

② 森德勒．工业4.0：即将来袭的第四次工业革命［M］．邓敏，李现民，译．北京：机械工业出版社，2015：66.

车磨损状况的信息，那么制造商就可以在问题发生之前，即需要修理之前——向用户发送有针对性的信息，这有助于汽车保值。同时，用户根据制造商的提示去修理厂检车，这也加强了两者之间的联系。①除此之外，定制经济还体现在旅游、餐饮以及内容分发等多个方面。

（二）定制经济对信息隐私的影响

从功能上来看，定制经济的实质是个性化的供需匹配。这种个性化的供需匹配至少在两个环节可能对信息隐私产生影响。第一个环节是产品的设计和制作阶段，需要对用户信息进行收集和分析。诚如李杰教授所言，工业4.0的特点在于“将用户端的价值需求作为整个产业链的出发点”。要了解用户端的价值需求，就需要收集和分析大量的用户数据。比如，美国的Dr.Scholl’s公司在卖鞋垫给用户之前会先让用户站在一个连接传感器的踏板上，系统会记录用户站立时足底的压力分布，随即用户就可以获得一款个性化定制的鞋垫。但是，随着传感器的应用，被收集的数据还可能包括用户的脚形、体重、站姿以及走路习惯等。这些数据对于男性用户来说，可能不一定被认为是隐私信息，但对于女性用户来说，却是不愿意被别人知道并记录的“私人信息”。如果把买鞋垫的场景换成买衣服，人们的三围数据则更加具有私密性。第二个环节是营销阶段，需要向具体的用户推送商业信息。商业信息的准确推送，必然会使用地址、电话号码以及邮箱等个人信息。人们几乎每天都会收到各种各样的推送消息，如短信、邮件、电话以及寄到办公室的宣传单等。商家通过行为数据分析确定了自己的目标客户之后，就会利用所掌握的个人信息向这些客户推销商品。掌握的个人信息越丰富，消息的推送就越精准。定制经济在逻辑上本身就包含着对个人信息的广泛处理。

三、信息流动正在形成普遍加速之势

继美德两国提出“再工业化”战略和“工业4.0”计划之后，2015年5月我国国务院印发了《中国制造2025》，这是我国实施制造强国战略第一个十年行动纲领。互联网作为一种基础环境，已经从生活领域延展至生产领域。这意味着个人信息将在更广泛的范围内流动，个人信息的社会性也将得到进一步的释放和彰显。

（一）互联网正在成为社会运行的基础环境

在2015年全国“两会”上，李克强总理将互联网作为一项战略性新兴产业，首次提出“制定‘互联网+’行动计划”。“这意味着，互联网将成为国家战略，迎来新的发展机遇。”②百度百科这样解释“互联网+”：“（它）代表一种新的经济形态，即充分发挥互联网在生产要素配置中的优化和集成作用，将互联网的创新成果深度融合于经济社会各领域中，提升实体经济的创新力和生产力，形成更广泛的以互联网为基础设施和实现工具的经济发展新形态。”在这里，互联网将成为一切社会生产和生活的基础性环境，将开创万众

① 森德勒．工业4.0：即将来袭的第四次工业革命［M］．邓敏，李现民，译．北京：机械工业出版社，2015：183.

② 给力互联网，总理蛮拼的［EB/OL］.（2017-04-27）［2017-06-20］.http://gb.cri.cn/42071/2015/03/06/8011s4891595.htm.

参与、万众创新的新局面。

在这种从生活到生产的环境延展过程中，伴随着交往活动而产生的个人信息在数量上将更加庞大，在传播范围上将更加广泛，在利用程度上也将越来越深入——个人信息本身正在成为这种新环境的基本要素，它的自由流动如同生活本身一样平常。

（二）信息流动的常态化要求制度上的转变

当信息的流动成为一种常态，人们对隐私保护的期待也不可避免地发生一些改变。隐私评判本身具有较为明显的主观性。正如媒介理论家麦克卢汉所说的那样：“因为媒介作为我们身体和神经系统的延伸，构成了一个生物化学性的、相互作用的世界；因为新的延伸在不断发生，这个世界必然要永不停息地谋求新的平衡。在美国，人们能容忍自己在镜子或照片中的形象，可是他们听见自己录下的声音却会感到很不自在。”①这种差异性使一些传统的制度概念遭遇挑战。

人们还常说，用户对互联网个人信息的最大担忧是在自己不知道的情况下，个人信息就被收集了。可是普适计算之父马克·韦泽却说：“最高深的技术是那些令人无法察觉的技术，这些技术不停地把它们自己编织进日常生活，直到你无从发现为止。”②这是对技术发展规律的揭示，也是对信息流动常态化的暗示。

信息流动的常态化使制度资源的贫乏日益彰显，一边是信息利用活动的大量增加，另一边是制度建设上的困难重重。在这样一个复杂且多变的社会环境中，制度的眼光需要从片面强调个人信息保护向兼顾信息流动的价值做适当的转移；制度的构建方式也需要从主要依靠设立概念的原子模式中摆脱出来，把重点放在标准的制定上，这种标准的选择以确立行为的边界为目的。如果说互联网对传统的制度模式也产生了影响，那就是从“管理”到“治理”的转变。

第二节　互联网个人信息运动的特点

在互联网环境中，保护信息隐私必然需要对信息，尤其是个人信息的运动特点进行分析。因为隐私保护问题本身就是产生于信息的运动过程中，人们在探索如何保护隐私的过程中表现出来的盲目和焦虑，在一定程度上与他们对互联网个人信息运动发展的特点尚未形成全面认识有着一定关系。

---

① 麦克卢汉．理解媒介：论人的延伸［M］．何道宽，译．南京：译林出版社，2011：273.

② “互联网+”研究报告［R/OL］.（2015-03-12）［2015-05-06］．http://www.aliresearch.com/.

一、个人信息自动生成

作为一种新事物，个人信息在某些机构手中迅速集中被用来谋取各种利益，这是一件能够立即引起社会高度警觉和防备的事情。在各种关于信息隐私保护的法律性文件中，个人信息的生成基本上被定位为个人信息的“收集”。实际上，“收集”与“生成”是两个不同的概念。前者是指有目的、有意识地去获取别人的个人信息，并把这些信息集合在一起，带有明显的目的性；而后者则是指个人信息在客观上产生了，是一种自动出现的现象或结果，通常不带有明显的目的性。

（一）个人信息的提交具有主动性

在互联网上开展的服务活动，都存在一个注册制度。用户在获取某种服务之前，需要先提交姓名、手机号码、身份证号码等个人信息进行注册，以获得一个与自己一一对应的专有账户作为使用服务的基础性条件。用户在注册过程中主动提交个人信息，属于申请某种服务的自愿行为。

在现代社会里，这种注册行为在线下也经常发生。比如，资金融通需要向银行申请注册资金账户；进入学校后学生拥有的学籍就是学生账户；在航空公司办理会员卡就会获得一个消费账户；等等。简而言之，通过提交必要的个人信息建立自己的专有账户是人们在现代社会里获取使用服务的基本前提——无论线上还是线下。这些信息提交活动本身具有明显的主动性、自愿性，一经提交，个人信息即自动生成。

（二）个人信息的生成具有实时性

与线下注册生成个人信息不同的是，在互联网上，用户的每一个线上行为都会成为个人信息。这里的个人信息不仅包括姓名、身份证号码这样的具有直接识别功能的信息，还包括大量的行为痕迹。比如，我们在商务网站上浏览过哪些商品，浏览的频率；利用租车软件租车到过哪些地方，到达的时间；甚至在键盘上敲击的顺序，都可以通过与其他信息综合分析来识别到具体的个人。这些行为痕迹具有间接识别功能，随时随地生成。只要用户打开各种信息终端，开始进行线上行为，这些个人信息就会实时产生，其数量可以达到无限大。

行为痕迹伴随着线上行为而产生，意味着个人信息的生成已经成为一个高度自动化的过程。规则或技术都难以阻止这种实时生成活动的进行。

二、个人信息永久存储

在互联网环境中，信息的生成与存储时时刻刻都在发生。从用户打开电脑、手机上的信息终端的那一刻起，所有的线上行为可能都被自动记录下来了。这些信息一旦形成，就成为用户的行为痕迹，并且长久地滞留在网上不被删除，成为调取个人信息的来源。信息的存储与滞留，成为隐私泄露的隐患。

（一）信息滞留成为常态

信息的自动存储直接带来了信息的长期滞留。舍恩伯格教授在《删除》一书中指出：

“数字技术已经让社会丧失了遗忘的能力，取而代之的则是完善的记忆。”他把人们现在所处的数字化环境比喻成“数字圆形监狱”，认为“圆形监狱能够随时随地监视我们”。的确，发达的存储系统能够将用户在网络上的所有行为都记录下来，不仅包括那些主动提交的地址和电话号码，还包括不知不觉中被记录下来的购物清单、浏览历史甚至敲击键盘的顺序……这些记录，使每一个使用互联网的人都有可能被评判、被观看、被攻击……这些被自动存储的个人信息在互联网上长期滞留，已经成为一种常态，时刻威胁着用户的信息隐私安全。

（二）集中存储成为隐患

信息在互联网上的集中存储和长期滞留，为数据加工提供了用之不竭的原材料，同时也为隐私泄露埋下了隐患。在线下世界里，互相信任的人之间交流隐私通常是在有围墙、有窗帘的密室里，交流完了打开门窗又是新鲜的空气，不会留下任何痕迹。但在线上世界里，上网行为的痕迹每时每刻都在形成，并自动存储在某处的存储器里长久不会消失。这就像是个“潘多拉盒子”，一旦有人打开它，曾经的秘密就会展现无遗，很快进入信息流，就再也无法重新关进盒子，秘密就会被公开。原本属于私人领域的那些事务，一经公开，谁都可以看到，谁都可以评论。端口的普及和存储技术的发展实现了海量信息的集中存放。在这些信息中，有些是直接以档案形式集中存储的，一旦被窃取可以直接定位到具体的个人，如“徐玉玉案”中的高考名单；有些则是以单条信息的方式分开存储的，但通过搜索工具仍然有相当一部分的信息可以被集中到一起，形成对具体个人的识别。所以，防止个人信息泄露的根本在于通过分散化存储方式来瓦解信息的集中存放。

（三）搜索引擎与删除责任

在信息自动存储与长期滞留的环境中，搜索引擎的作用不容忽视。由于存储在互联网上的信息是海量的，通过搜索引擎，任何人都能够轻易地获得关于某人的详细档案。2014年5月，欧洲法院对“谷歌诉西班牙数据保护局”一案（以下简称谷歌案）做出判决，判令谷歌公司直接承担对个人数据的删除责任。此案在司法判决中首次使用了“被遗忘权”（the right to be forgotten）一词，该案也因此被称作“被遗忘权第一案”。被遗忘权的确立，意味着用户可以直接要求搜索引擎公司履行删除个人数据的义务。

然而，这项权利在实行过程中也遇到了难题。首先，删除海量数据造成巨大的成本。谷歌在执行判决的过程中，短时间内就接收到数万条删除申请，需要花费内部审查小组大量的人力与时间。在删除申请中，除了真正有需求的申请之外，还充斥着大量出于其他目的的申请。[①]当删除数据的成本累积到企业所能承受的上限时，企业就会设法敷衍塞责，或者选择退出某个市场。此案判决也因此引起广泛争议。其次，行使被遗忘权有着严格的条件。例如，上述谷歌案的判决指出，欧洲居民可以向搜索引擎申请在搜索结果中删除有关个人的“不恰当的、不相关的、过时多余”的网页链接。但是这里只有符合“不恰当、不

① 石静霞，张舵. 从欧洲法院承认“被遗忘权”的判决看个人信息保护[J]. 中国信息安全，2014（11）：114.

相关、过时多余”的条件，才能获得删除数据的请求权。而且，由于该案引起争议，宣判后欧盟相关机构又专门制定了执行判决的具体指南，进一步明确了行使被遗忘权的各种条件。在我国有着“全国首例被遗忘权案例”之称的“任某诉百度名誉权案”，法院也因为个人信息并未“过时”而没有支持原告关于删除数据的请求。

当人们在搜索页面发现自己那些不愿为人所知的个人信息时，本能地将希望寄托于搜索引擎让其来承担删除责任，欧洲法院将谷歌公司定性为“信息控制者”，更是将搜索引擎运营商放在了直接责任者的位置。但是，在判决执行中所产生的风波表明，在信息滞留成为常态的环境中，依靠人力删除信息的成本是不可想象的，“被遗忘权”也一度被束之高阁。在一个以自动存储为特点的信息环境中，“删除”不是隐私保护的理想方法。通过“假名化”处理，将这种集中式存储转变为分散式存储，可能更加符合互联网传播环境的特点和信息运动的规律。

三、个人信息滥用的影响难以消除

人们对事物性质的判定常常是基于这个事物对人的影响。在没有互联网的时代，个人信息滥用之所以没有成为“洪水猛兽”，是因为没有条件产生“人肉搜索”“密码盗窃”“垃圾邮件”，等现象。而在互联网环境中，个人信息的滥用已经给人们的安全和切身利益造成了严重的威胁。

（一）已公开的信息难以控制

速度快、易复制是互联网信息传播的一个特点。个人信息一旦进入信息流就很难停止，控制信息的难度也随之增加。

在互联网领域，美国的大多数司法管辖区已经发展出一条法律原则，称为“自担风险”原则。该原则明确规定：如果某人自愿让他人获得自己的个人信息，或者将个人信息放在商业信息流上，那么他就放弃了对于这些个人信息的隐私权。[①]如果允许个人不断对已经进入公共信息流上的信息主张权利，那么一方面会导致操作成本的增加，另一方面也因影响难以消除而无法提供真正的救济。

同样，我国在2014年6月出台了《最高人民法院关于审理利用信息网络侵害人身权益民事纠纷案件适用法律若干问题的规定》（以下简称《规定》），这是针对“人肉搜索”的一项重要的司法解释。《规定》对各种公开他人个人信息的行为进行了规制，但同时，也列举了五种例外情况，其中就包括“已公开原则”。由于信息的可复制性，信息的公开意味着信息从静止状态进入运动状态，被放入公共信息流的信息如同进入河道的水，流动成为自然的状态，很难再收回，可谓“覆水难收”。所以，个人信息一旦合法地进入了公共信息流，那么就难以再要求它受到保护。

然而，这些看似考虑周详的规则，在欧洲看来，仍然不足以保护个人信息。欧盟在

① 彭伯. 大众传媒法［M］. 张金玺，赵刚，译. 北京：中国人民大学出版社，2005：252.

2016年通过的《一般数据保护条例》（*General Data Protection Regulation*，GDPR）中明确规定，如果控制者已将个人数据公开，而数据主体要求删除，控制者基于删除义务，则应当在考虑现有技术及实施成本后，采取合理步骤，包括技术措施，通知正在处理个人数据的控制者，删除关于该个人数据的任何链接、副本或复制件。这实质上是突破了先前的“进入公共信息流无隐私”的规则，将“被遗忘权”延伸到信息公开之后的环节。但这里的处理难度是显而易见的，这条规定中包含了“考虑现有技术及实施成本”等条件，同时还规定了“言论自由”“公共利益”“统计目的”等例外。可以说，保护措施同问题本身一样纷繁复杂。

（二）已产生的影响难以消除

精神性损失是隐私被侵犯同财产性权利被损害在后果上的不同之处。虽然隐私被侵犯所造成的损失既包括精神性损失也包括财产性损失，但从隐私的产生与发展过程来看首先是精神性损失。而信息带来的影响恰好也首先是精神上的，至少可以说是意识上的。前几年“人肉搜索”的风行，在一定程度上与这种挖掘、展示他人个人信息的方式能够对“目标”形成直接的打击有关。因为信息一旦被公布，即在受众头脑里形成了对某个人的印象，同时也就在公众的意识里形成了对某个具体个人的形象评判，而受害人遭受的是直接的精神损害。

2013年，广东一名高中生因被服装店老板怀疑偷衣服而遭到了“人肉搜索”，因不堪其辱而投河自尽。[①]网上公开的信息除了受害者的照片、就读学校等具有高度可识别性的个人信息之外，还有指责她偷盗的侮辱性言论。在这个过程中，这名高中生受到了身边同学、朋友的指责和排斥。尽管肇事者在事发后被公安机关逮捕，但是受害者的生命已经无法挽回。信息在网上发布之后，人们并不能立即察觉到其危险性，当相关部门能够察觉时，往往影响已经形成了。这时候即便能够删除这些信息，但是信息所传达的内容已经对公众产生了影响，要想澄清事实，还当事人清白，需要人力和时间的投入，而且很多时候还要取决于当事人自证清白的条件和能力。所以，信息隐私的保护，在互联网环境中面临着更大的难度。

第三节　机制性困境：有“私”无“隐”

有“私”无“隐”，是信息隐私保护需要面对的机制性困境。“机制”是指有机体的构造、功能及其相互关系。在互联网环境中，隐私保护所缺少的正是这样一种隐藏机制。

---

① 遭人肉搜索18岁女生自杀身亡［N］. 北京晚报，2013-12-16.

一、物理屏障的弱化

在互联网时代，有关于“透明人”的感叹，也有关于“隐私已死”的惊呼，莫不在提醒着人们，隐私保护正在变得越来越困难。这固然与法律制度的滞后有关，但更为直接的原因在于，隐私保护的物理屏障发生了明显的弱化。

在传统线下世界里，保护私人空间的物理屏障是可以依赖的。比如，一场具有私密性质的谈话，人们会选择在比较隐蔽的房间里，关上门、锁上窗就能阻断声波和光线的传播，从而起到隔绝外界的效果。但在互联网环境中，信息的传递形式不再是声波和光线，而是电子符号，其传播过程所依赖的物理介质是一张“网”。在这张网上，分布着若干个节点，每一个节点之间都是互相联通的。在没有任何干预机制的情况下，信息在网上的传播是畅通无阻的。

基于互联网的特点，人们意识到需要在网上修“墙”装“门”，来控制有害信息的传播，比如，线上有“防火墙”“保护盾”等。但这些方式主要是比喻意义上的，并不能彻底阻断有害信息的传播。“漏洞”常常出现，出现一个补上一个……而在线下世界里要想破门推墙，成本与风险都是很高的。且不论找到破坏工具本身就不太容易，仅仅是行为后果就难以承受——因破坏财物、擅闯民宅而被追究法律责任。而线上的攻击行为却不像线下蛮干这样容易被发现，即便能发现也不那么容易立即就能锁定行为人。所以线上的破坏行为具有隐蔽性，也进一步弱化了防护效果。

二、信息的获取与移动得到强化

在互联网环境中，如果说物理屏障的弱化体现了防守上的不足，那么信息的获取与移动得到强化则意味着信息内在的传播性、动态性得到了释放，这是对信息“隐藏”需求的挑战。

首先，信息变得易于获取。在线下世界里，“听墙根”能获得的最多是只言片语，偷窥能看到的也常常只是整个事情的某些片段。虽然照相机、录音机等早期信息捕捉设备在一定程度上弥补了人类感官的局限，但这些信息获取活动仍然受限于时间和空间，仍然依赖于人的操作。在互联网时代，传感技术能够实现信息的自动获取，这意味着人与人、物与物以及人与物之间的普遍联系将可能成为一种常态。因为自动获取信息的过程极大地减少了对其他条件的依赖，而且这些传感器大多都与日常设备融合在一起。比如，智能家电，可以实现自动监控环境，用户可以在遥远的办公室对家里的空调发出指令，调节空气质量；用户也可以提前对冰箱发出指令，到家时食物已完成解冻……在这里，时空的局限似乎正在被打破。在这些自动获取信息的过程中，必然会生成许多个人信息。比如，到家时间、温度偏好、家里有没有需要照顾的人，等等。

其次，信息的存储能力增强，长期滞留信息成为隐私泄露的隐患。互联网环境中的存储能力已经实现了若干倍的增长，数据计量单位继“MB、GB、TB”之后，已经出现了

“PB（拍字节）、EB（艾字节）、ZB（泽字节）、YB（尧字节）”，最大的尧字节相当于2^{80}个字节，其含义超出想象。强大的存储能力直接导致信息在网络上的长期滞留。这无异于为信息掘取者提供了一个资源库，使其取之不尽，用之不竭。旧的信息被取走了，新的信息又生成了，一直存储在那里，不被删除。一旦出现漏洞，就是大量信息的成批量泄露。在关于个人信息不当使用的民事案例中，不乏将搜索引擎服务商作为被告的情况。我们动一动手指，就能够以某个人的姓名为关键词搜索到关于这个人的一系列信息，足以构成一整套档案。这里面有新近产生的信息，也有许多年前的新闻报道。也许信息主体早已忘记了自己在多年前犯过一些小错误，但互联网却一再“往事重提”，“被遗忘权”应时而生。

最后，信息具有易复制性。同有形财产相比，信息是无形的。信息在本质上是一种符号，其呈现和转移只需要借助较少的物质载体，易于复制。这就产生了信息转移的隐蔽性，信息泄露与信息盗取都不那么容易被发现。丢失一辆汽车与泄露一份数据，在监管能力上，无论是对于失主还是对于管理者来说都是极为不同的。就前者而言，汽车丢失了，车库就空了，失主或管理者很快就发现了；就后者而言，数据泄露了，数据还在那里，直到收到银行的短信提醒，或者发现推销电话越来越多，推销者也越来越了解自己，人们才开始意识到个人数据可能泄露了。所以，信息自身的可复制性也对信息泄露带来了一定的迷惑性和隐蔽性。

三、各种界限的模糊化

界限的模糊化也是互联网的一个重要特点。在线下生活中，我们常常可以看到一些“指示牌”。比如，草坪前面有“爱护生命”的木牌，餐馆里总有一些地方拉着“非请勿入”的门帘，公园里也有“游客止步”的告示……这些指示牌的后面通常都是主人或管理者不愿意其他人进入的区域，有的是需要爱护的东西，有的是工作人员的办公区……各种各样的指示牌，实质上就是一种界限划分的标识。这些标识有时候还会以更委婉的形式出现，比如，去别人家里做客，有些房间始终是锁着门的。在这里，无论是什么形式的指示牌，都能够有效地起到告知他人“这里是界限，请止步”的作用，因为线下世界里的界限是明确的、稳定的。

然而，在互联网环境中，通过指示牌标识界限的机制遇到了困难，主要体现在界限本身的模糊化。比如，一个医生与几个患者建立了一个微信群以便交流，最初进群的几个患者之间也彼此熟悉，大家都不介意在这样一个人数有限的群里讨论自己的病情和生活。但在一段时间之后，群主和部分成员开始拉群外的人入群，这里面有患者，也有家属，还有医学院的学生。这个微信群的成员数量在不断增加，但并不是每个人都意识到了这里的变化。他们中有些最初进群的成员，尤其是那些没拉人入群的成员，还在肆意地谈论着自己的病情以及家庭情况等比较敏感的信息。直到有陌生人在群里说话，这些最初进群的成员才意识到已经有很多新人加入群聊。他们本能地感觉到不舒服，觉得这样一个原本自带私密性的空间变成了公共空间。但是，微信群是私人空间还是公共空间？在多少人的群里传播信息算是公开传播？曾经讨论过的内容算不算已经公开？这里的界限在事实上很难被界定。如果借用“指示牌”机制，这块牌子要立在哪里呢？

界限的模糊还表现在对“个人信息”概念的界定上。目前的通用概念是把“个人信息”定义为“可直接或间接识别到具体个人的信息”。按照这样的定义，个人信息的范围就应当包括所有信息。因为信息与信息之间具有互证的作用，即便是那些看起来跟识别某人毫无关系的信息，只要放在一起，并达到足够的数量，就能够最终指向具体的个人。这个时候，是不是个人信息，就变成了其所依赖的数据量有多大、识别时间需要多长的问题。那么，这里的“个人信息”的界限又在哪里？虽然法律文件将“无法再复原”作为一种信息被排除在个人信息之外的一个条件，但是无法再复原本身的标准又在哪里？

各种界限的模糊化，也是互联网空间去物理化的一种表现。没有有形的物体作为各种领域的界限标识，人们就失去了保护信息隐私的有力工具。隐私之“隐”失去了所依赖的“山坡”，这不仅弱化了保护屏障，也淡化了界限标识，使互联网上的信息传播伦理问题面临挑战。

第五章 隐私保护与平台责任

信息隐私所遭遇的各种困境，要求有新的力量和机制来参与互联网环境中的隐私保护。平台，作为互联网生态体系中的“联通枢纽”，在功能与角色上都有着明显的特殊性。平台作为一种重要的角色和力量，承担起应有的责任就显得格外重要了。在实践中，围绕平台责任所进行的制度探索和机制建构也受到了政府与社会的高度重视，平台责任的主体化趋势正在形成，隐私保护一直是其中的一项重要内容。

第一节　平台的内涵与功能

一、平台的内涵

平台最早是用来描述某种建筑物。根据《辞海》的解释，平台的基本含义是指“晒台”，即休憩、眺望用的露台。[①]在我国历史上，也有不少提到“平台”的诗词佳句。如南朝萧子隆的《山居序》：“西园多士，平台盛宾。”又如唐朝杜甫的《重过何氏》：“落日平台上，春风啜茗时。”这里的“平台”都是指一种特殊的建筑平面，高于附近区域，有一定的承载功能。我们今天把具有多边联结功能的互联网应用称作“平台”，是一种借鉴和比喻。

从法律法规的表述上来看，媒介意义上的平台还较少被直接当作一个法律概念来使

① 辞海编辑委员会. 辞海（缩印本）[M]. 上海：上海辞书出版社，2010：1443.

用，其对应的法律概念多以“信息服务提供者”① “平台提供者”②以及“网络运营者”③等出现。2016年12月27日公布的《中华人民共和国电子商务法（草案）》直接使用“平台”一词作为一种法律主体，并对其概念做出了规定：“本法所称电子商务第三方平台，是指在电子商务活动中为交易双方或者多方提供网页空间、虚拟经营场所、交易撮合、信息发布等服务，供交易双方或者多方独立开展交易活动的法人或者其他组织。”但在将近一年之后公布的《中华人民共和国电子商务法（草案二次审议稿）》中，“第三方平台”的称谓被取消，改为“电子商务平台经营者”，其概念中也加入了提供“交易规则”的功能内容。这个变化至少解释了两个信息：一是能够承担法律权利义务的主体在实质上是“平台经营者”而非“平台”这个实体本身，作为平台经营者的“法人或者非法人组织”才是法律意义上的主体，才具备享有权利和履行义务的资格与能力。所以，通常所说的“平台责任”实际上指的是平台经营者（平台服务提供者）所承担的责任，制度安排需要考虑平台经营者的民事主体身份，不同于行使公权力的政府。二是平台的功能是为交易双方或多方之间独立开展交易活动提供一系列第三方服务，平台并不直接参与交易。这是“电子商务平台经营者”与“平台内电子商务经营者”的区别，也是“电子商务平台经营者”与“自建网站经营的电子商务经营者”的区别。尽管三者同属于经营主体，但只有“自建网站经营的电子商务经营者”和“平台内电子商务经营者”直接参与具体交易，而平台经营者专指第三方中介意义上的平台服务提供者。

从平台的功能上来看，前后两个版本的“电子商务法草案”中关于电子商务平台经营者（第三方平台）的定义，通过适当变通之后，同样可以适用于提供内容传播服务的平台，即平台服务提供者是为双方或者多方用户提供网页空间、虚拟场所以及活动规则等服务，供双方或者多方用户独立开展交往活动的法人或者其他组织。这些平台服务都具有两个基本特点：第一，在平台之外，存在着双方或多方交往主体，他们之间的交往活动是整个关系结构的基础。比如，商务活动中的各方交易主体，社交活动中的信息传播者和信息接收者，搜索活动中的搜索申请者和信息来源提供者，等等。第二，平台为这些基础活动提供第三方服务。提供网页空间和虚拟交往场所几乎是所有类型平台所具有的共同功能，针对不同类型的基础业务，不同的平台还提供各自特殊的服务，比如，交易平台提供交易撮合服务，社交平台提供交流互动服务，搜索平台提供信息检索服务，等等。

那些由基础活动中的直接参与者自己开办的网站，并不属于规范意义上的平台，这些网站实质上是线下活动在互联网上的一个端口，只是线下活动的一个简单延伸，并不具有匹配连接的作用，不具有“联通枢纽”的功能。由于只是线下模式与互联网的简单相加，法律要求这些网站管理自己的信息处理活动符合一贯的“行责一致”原则，并无太多争议。而作为“联通枢纽”的第三方平台，则因为常常不参与具体的交往活动，其角色似乎

① 互联网信息服务管理办法［Z］. 2011：第十一条。
② 消费者权益保护法［Z］. 2013：第四十四条。
③ 网络安全法［Z］. 2016：第七十六条。

只是一个中介，对它们进行责任安排在理论上需要充足的依据。本章所指的“平台”专指为基础交往活动提供第三方服务的“第三方平台”。

二、互联网上的生态结构

与线下传统社会中的“用户—政府”二元结构不同，互联网上的生态结构已经转变为“用户—平台—政府”的三角关系。在互联网所承载的整个社会运行系统中，用户、平台和政府是主要的活动主体，它们各自有着不同的功能和角色，共同构成了互联网独特的生态结构。其中，平台的功能和作用显得尤为特殊且重要。

（一）用户：基本单元

“用户”（user）是互联网语境里的一个高频词汇，通常是指互联网服务的使用者。我国现行法律法规虽然没有对用户的概念进行专门说明，但也在多个文件里间接解释了用户的含义。根据《互联网用户账号名称管理规定》中关于互联网用户账号名称的解释，可以将用户理解为通过注册账号而获取互联网服务的机构或个人。具体而言，互联网用户的角色内容主要包括以下两个方面：

一方面，相对于经营主体来说，用户是消费者，从而也是法律法规要保护的对象。这里的经营主体，既包括平台服务提供者，也包括商务交易中的经营者。作为消费者，用户可以受到《中华人民共和国消费者权益保护法》《中华人民共和国产品质量法》《中华人民共和国合同法》等多部法律的保护，正在审议中的《中华人民共和国电子商务法（草案）》还设置专节对用户的个人信息保护做了规定，电子商务经营主体有一系列义务和责任。无论是在接受平台服务的过程中，还是在进行商务交易的过程中，用户作为消费者的正当权益都受到了法律法规的保护。而在实践中，接受平台服务与进行商务交易往往是融合在同一个过程中的。

另一方面，用户还是网络活动的参与者，从而也是法律法规要规制的对象。比如，在电子商务活动中，除了消费者之外，经营者相对于平台服务提供者来说也是一种用户，也是电子商务平台服务的使用者，受到多部法律的规制。又如，“互联网用户公众账号”中的“用户”就是指信息发布者，即通常所说的“号主”，《互联网用户公众账号信息服务管理规定》将其定义为“互联网用户公众账号信息服务使用者”，其使用“互联网用户公众账号信息服务”的方式就是通过网站、应用程序等网络平台以注册用户公众账号形式，向社会公众发布文字、图片、音视频等信息。在这里，作为用户的“号主”也受到了法律法规的约束。所以，作为网络活动参与者的用户，其活动必然会受到法律法规的规范与约束。

在互联网生态体系中，用户就是指所有的互联网服务使用者，无论他们在具体的法律关系中是消费者还是经营者，是信息发布者还是信息接收者，只要通过账户注册使用了互联网服务，都应当属于互联网用户。由此，用户就是互联网生态体系中的基本单元。

（二）平台：联通枢纽

第三方平台是互联网环境中出现的一个新元素，其功能上的特殊性集中体现在对多方交往主体的连接与匹配。如果把互联网比作一个道路系统，那么信息就是车辆，用户就是驾驶员，而平台就是设在这些道路上的各个枢纽站。平台的功能不仅仅在于充当信息公告板，更重要的是对潜在供需关系的匹配。*Matchmakers*一书这样描述平台："匹配者被称为多边平台，因为它们通常运营着物理的或虚拟的场所，来帮助不同类型的客户聚到一起。"①这个描述揭示出平台的核心功能就是匹配用户。平台功能包含着两个层面的含义：

首先，平台的首要任务是聚集用户并黏住用户。在这里，平台为用户的社交活动提供场所，这是平台功能中的初级层面。平台提供场所的功能与线下传统的集贸市场相似，都是为多方参与主体提供交往场所，只不过前者是提供虚拟场所，而后者是提供物理场所。但是在角色性质上都属于多方交往中的"搭台者""第三方"。在平台发展的早期，平台的功能主要体现在为用户提供交往场所，比如，有着"公告板"性质的论坛、充当"作品集贸市场"的观影平台等。早期的平台对信息传播活动的介入程度有限，对应的平台责任也比较轻微，当出现泄露隐私、盗版侵权等情况时，一般以"接到通知进行删除"为原则。但随着互联网逐渐成为整个现实世界的联通基础，平台的影响力也越来越大，其在互联网治理中承担的责任日益受到关注。

其次，平台的最终目标是在不同用户之间完成匹配，即在多对多的陌生关系中找到潜在的供需关系，并依托搭建的场所完成向现实供需关系的转变。这是平台功能中的高级层面，也是平台价值的核心所在。比如，有的消费者在淘宝上挑选电器时，会看到由平台推送的吸尘器信息，这是因为这个消费者最近曾多次浏览吸尘器的信息，这种浏览痕迹以数据形式进入了平台的后台计算程序，平台由此推定某品牌的吸尘器能够更好地满足这个消费者当前的需求。在这里，平台所做的就是吸尘器商家与消费者之间的匹配工作。这是一种深度介入的行为，这时候平台的角色就不再仅仅是"搭台者"和"第三方"，而是具备了某种主体属性，相应的平台责任也随之增加，立法上也呈现出要求平台承担主体责任的趋势。

平台功能的两个层面之间是紧密联系的，聚集用户是匹配用户的基础，反过来，用户匹配能够实现服务效率的提高，从而产生新的聚集力和用户黏性。但无论是聚集用户还是匹配用户，随着平台在社会生产生活中的影响越来越大，平台责任的主体化趋势都越来越明显。平台在功能上的特殊性决定了平台责任的发展走向。

（三）政府：国家行政机关

相较于用户和平台，政府并不是一个新词汇。在大众的一般性认识中，政府通常是一个社会最重要的公权力机关之一。我国《宪法》规定："国务院，即中央人民政府，是最高国家权力机关的执行机关，是最高国家行政机关。""地方各级人民政府是地方各级国家权力机关的执行机关，是地方各级国家行政机关。"在我国，政府是国家权力机关的执行机关，是国家行政机关。按照政府的职能和角色定位，政府应该是互联网治理中公共事务

① EVANS D S, SCHMALENSEE R.Matchmakers: The New Economics of Multisided Platforms [M]. Boston: Harvard Business Review Press, 2016: 11.

的管理者，是具体规则的制定者，也是法律法规执行过程中的主要监督者。

然而，互联网问题的复杂性在一定程度上也影响着该职能的实现方式。魏则西事件之后，《互联网信息搜索服务管理规定》出台，其明确规定互联网信息搜索服务提供者应当落实主体责任。《电信和互联网用户个人信息保护规定》要求电信业务经营者、互联网信息服务提供者对其在提供服务过程中收集、使用的用户个人信息的安全负责。《网络食品安全违法行为查处办法》则要求网络食品交易平台对网络食品安全信息的真实性负责。在这些制度安排下，用户资格审查、信息真实性管理以及个人信息的安全等责任都落到了平台身上，这表明平台开始承接一部分本属于政府的公共管理职能。

部分公共管理职能向平台转移的原因主要是互联网的虚拟性带来的信息不对称。在互联网这个虚拟场所中，各种信息传递和交往活动随时随地都在发生着，由政府进行直接而全面的监管意味着政府要承担巨大的成本。相比较而言，由控制着场所和数据的平台商对一些重要信息进行审查和管理，似乎更符合效率原则，这是由互联网的机制特性决定的。但这并不意味着平台能够完全替代政府在互联网治理中的作用。平台并没有执法权，而政府仍然是规则制定者和行政权力的执行者，用户和平台都是政府的管理对象（见图5–1）。

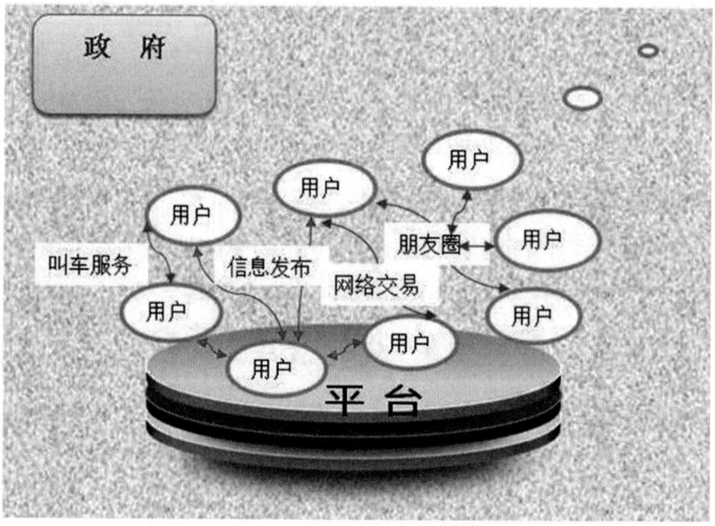

图5–1 “用户—平台—政府”结构图

三、我国平台责任发展的三个阶段

平台责任的承担方式和责任内容，与平台经济的发展过程息息相关。从制度安排上来看，我国的平台责任大致经历了渠道管理、第三方责任和主体责任制度化三个阶段。这也是我国平台经济从酝酿到形成再到繁荣的发展过程。

（一）渠道管理阶段

1994年4月20日，中国通过一条国际专线全功能接入国际互联网，互联网监管同步引入。在此后的5年间，我国进入了对互联网的渠道管理阶段。1994年，《中华人民共和国计算机信息系统安全保护条例》(国务院令第147号)是我国第一部关于互联网管理的行政法规。两年后《中华人民共和国计算机信息网络国际联网管理暂行规定》出台，并在不久后修订。至此，我国的计算机信息系统安全管理、国际联网接入许可以及国际出入口信道专营等主要制度得以建立。这个时期的互联网管理部门主要由当时的国务院信息化工作领导小组牵头，由邮电部、电子工业部、国家教育委员会和中国科学院参与管理，公安部主管全国计算机信息系统安全保护工作。这些制度保证了国际联网渠道的可管可控。

作为行政法规的具体执行安排，同时期还出台了一系列相应的部门规章。其中，国内贸易部于1997年发布的《全国食品流通电子网络管理试行办法》(以下简称《办法》)，首次以法律性文件的形式对重点食品、副食品的电子流通做了规定。该《办法》将“全国食品流通电子网”定义为“由全国重点食品、副食品批发、零售企业以及食品类批发市场和重点食品、副食品生产、加工企业组成，以信息及电子商务服务为目的的系统网络”。这个电子网可以看作是第三方平台的雏形，只不过当时的电子网只针对生产加工、销售或市场类企业提供服务，由于没有网络支付平台，电子网的服务内容也主要是以提供信息为主，即使在促成“产销见面”方面，也主要是扮演信息中介的角色。其功能中有较大部分是提供政策法规信息以维护正常的市场秩序，以及为政府监控市场、稳定重点食品、副食品供应提供信息服务。这里的电子网实行的是“网员制”，由国内贸易部商业信息中心市场指导部承担电子网的具体管理和运行。

在1994—1999年这第一个阶段，国家通过对网道出入口以及电子平台这些重要渠道的控制和管理，为信息产业的发展提供了安全可靠的网络环境，其中一些奠基性制度沿用至今，在实践中发挥着重要作用。这一时期的平台主要由政府机关直接掌控和具体管理，尚未正式出现民事意义上的平台责任制度。

(二)第三方责任阶段

进入21世纪，互联网治理话题进入国际视野。在21世纪之初召开的信息社会世界高峰会议，常常被看作是当今国际互联网治理的基础。在峰会第二阶段形成的“突尼斯议程”将互联网治理作为落实与跟进的一个重点问题。该议程表示，要消除网络犯罪、垃圾邮件等影响互联网安全稳定的隐患和风险，并声明互联网的国际管理必须是有政府、私营部门、民间团体和国际组织的充分参与的。我国积极参与了峰会的整个进程，并提出互联网治理应当“政府主导，各方参与”的主张。

2000年,《互联网信息服务管理办法》(国务院令第292号)的出台，标志着我国的互联网监管从渠道管理拓展至应用管理层面。其明确了“互联网信息服务”的许可和备案制度，未取得许可或者未履行备案手续的，不得从事互联网信息服务。这意味着国家政策法规开始重视对由互联网公司创建的互联网信息传播服务平台进行调整和规范。监管主体涉及电信、新闻出版、教育卫生、药品监督、工商和安全等多个部门。其规定的“双重许可”制度实质上是建立了一种纵横交错的立体监管体系，成为各个部门规章的上位法依据。在接下来的十余年中，新闻信息、电子公告、新闻出版、视听节目以及药品信息、医疗保健信息等互联网信息服务领域都出台了多个部门规章。这些规章随着互联网经济的发展或修订或重新制定，作为核心部分的许可制度得到保留和发展，成为这一时期平台管理的一个主要特点。从平台义务上来看，主要包括记录信息、停止传输以及向主管部门报告等。

2009年，《侵权责任法》第36条长期以来被视作网络平台责任在民事领域的一种基本承担方式。虽然网络用户和网络服务提供者在侵害他人民事权益时都要承担侵权责任，但二者的责任构成要件及其责任后果都有着不同。对于作为网络服务提供者的平台而言，只是在接到侵权通知后有义务采取删除、屏蔽、断开链接等必要措施；在接到通知后未及时采取必要措施的，也只对损害的扩大部分与被侵权的用户承担连带责任。这实际上是一种“第三方责任”，责任机制是“通知—处理”，体现出“技术中立”的价值取向。

同一时期，个人信息滥用列入《刑法》。《刑法修正案（七）》于2009年发布，在《刑法》原第253条后增加一条，作为第253条之一，半年之后“两高”将这里的新罪名确定为“出售、非法提供公民个人信息罪”和“非法获取公民个人信息罪”。但是当时的新罪主体只是局限于“国家机关或者金融、电信、交通、教育、医疗等单位的工作人员”，尚不涉及互联网企业。

2000—2011年第二个阶段期间，我国政策法规对平台角色的定位基本上属于“第三方”，平台在信息服务过程中所要履行的管理义务主要是记录信息、及时报告等辅助性内容，虽然一些法律性文件规定了删除信息、停止传输等义务，但也是以接到侵权通知或应当知道违法信息出现为前提。从总体上来看，这一时期的“第三方责任”模式体现着政策法规对“技术中立”的价值认可。

（三）主体责任制度化阶段

2014年，中央网络安全和信息化领导小组成立，同年，国务院对国家互联网信息办公室（以下简称国家网信办）做出职能授权，标志着我国网络监管的升级，也拉开了平台责任主体化的序幕。在2015年由国家网信办发布的《互联网用户账号名称管理规定》中，同时出现了关于用户实名制和用户协议的制度安排。这种以用户实名制为基础、由平台与用户签订协议进行民事约束的管理形式，开始体现出平台责任的主体化趋势。在2016年出台的《互联网信息搜索服务管理规定》中，明确出现了“互联网信息搜索服务提供者应当落实主体责任”的表述，要求作为服务提供者的平台“建立健全信息审核、公共信息实时巡查、应急处置及个人信息保护等信息安全管理制度，具有安全可控的防范措施，为有关部门依法履行职责提供必要的技术支持”。这标志着平台的主体责任开始制度化。

进入2017年，“用户协议+行政监管”的平台责任模式在互联网信息传播服务管理中得到广泛应用。新修订的《互联网新闻信息服务管理规定》要求，“互联网新闻信息服务提供者提供互联网新闻信息传播平台服务，应当与在其平台上注册的用户签订协议，明确双方权利义务”。新出台的《互联网跟帖评论服务管理规定》要求，“跟帖评论服务提供者应当与注册用户签订服务协议，明确跟帖评论的服务与管理细则，履行互联网相关法律法规告知义务，有针对性地开展文明上网教育”。紧接其后的《互联网论坛社区服务管理规定》《互联网群组信息服务管理规定》以及《互联网用户公众账号信息服务管理规定》等规章都沿袭了这种新模式，这意味着平台主体责任的制度化达到了一个新高度。

在新模式下，平台的义务已经突破了原来的记录、报告等辅助性内容，增加了信息认证、内容审核、分级分类等直接管理性的内容，更重要的是，平台还被赋予了“警示整改、限制功能、暂停更新、关闭账号”等处置权，从而在实际上逐渐开始具备政府行政权力的“代理人”功能。

第二节　隐私保护中的平台责任

随着互联网治理的规模扩大和复杂性与日俱增，平台责任的重要性也日益受到重视。按照隐私自决原则，信息隐私是否公开的选择权属于作为信息主体的个人用户，但实践中用户并不直接掌握自己的个人信息，所以需要平台在合理范围内承担起应有的信息隐私保护责任。

一、信息隐私保护责任的共性内容

关于信息隐私的保护，平台责任可以分为三个层次。

（一）自我管理

第一个层次是自我管理，即平台对自己的个人信息处理活动进行管理，管理标准主要是合法处理。就平台自己处理个人信息而言，大致上可以分为三个阶段，分别是信息收集、信息使用和信息输出。

在信息收集阶段，法律法规的要求主要是收集者要遵守前置同意制度。即“应当遵循合法、正当、必要的原则，明示收集、使用信息的目的、方式和范围，并经被收集者同意，不得违反法律法规的规定和双方的约定收集、使用信息……收集、使用公民个人电子信息，应当公开其收集、使用规则”。[①]在这里，制度安排的核心是要通过前置同意程序，来实现用户对自己个人信息的决定权。

在信息使用阶段，法律法规的要求因具体使用方式而有所不同。使用个人信息的方式包括将个人信息作为数据分析的资源，也包括利用个人信息向具体用户进行信息推送。就前者而言，将个人信息作为数据资源进行统计和预测，法律没有明确禁止。这一方面是因为这种

① 《全国人民代表大会常务委员会关于加强网络信息保护的决定》[Z]. 2012：第二条。

内部利用并不会对具体的个人产生直接的影响，另一方面更重要的是数据利用对于提高生产效率的作用已经不断被证明，国家战略层面鼓励数据挖掘和合理利用。但就后者而言，平台对用户进行信息推送，仍然要受到用户同意制度的约束。即“任何组织和个人未经电子信息接收者同意或者请求，或者电子信息接收者明确表示拒绝的，不得向其固定电话、移动电话或者个人电子邮箱发送商业性电子信息。”[①]这也是信息隐私自决原则的体现。

在信息输出阶段，个人信息输出的方式既包括出售个人信息，也包括以其他方式向他人提供个人信息。与个人信息收集和商业信息推送一样，这里的核心合规要件仍然是“取得用户同意”。但不同的是，在个人信息的输出阶段，法律的态度呈现出“一紧一松”的特点。“一紧”是指刑法制度将出售或非法提供个人信息作为打击的重点；“一松”是指在个人信息的输出环节，《网络安全法》将经过“去识别化”处理的个人信息作为限制提供的例外，并得到刑事司法解释的响应。《网络安全法》在“网络信息安全”一章里明确规定，“经过处理无法识别特定个人且不能复原的”个人信息，不受“对外提供个人信息须先取得同意”规则的约束。紧接着，《关于办理侵犯公民个人信息刑事案件适用法律若干问题的解释》也明确规定，在“非法提供个人信息罪”这一条上，“经过处理无法识别特定个人且不能复原的”除外。这是一个重要的变化，体现了法律开始注意到个人信息在社会交往中的功能和作用，也为数据的融合贯通打开了一条出口。

如果不遵守这些要求，作为数据处理者的平台，可能承担的责任后果既包括主管部门的行政处罚，也包括侵害他人民事权益时的民事责任，还包括构成犯罪时的刑事责任。

（二）第三方管理

第二个层次是第三方管理，即平台对“平台内数据处理者”的个人信息处理活动进行管理。这里的平台内数据处理者，主要是指通过注册成为平台用户，并直接与消费者用户进行交易，或直接面向公众用户提供信息发布及传播服务的活动主体，如淘宝平台上的商家、微信平台上的公众号管理者以及打车平台上的司机等，他们也会接触和使用其他用户的个人信息。从法律法规的要求来看，平台“自我管理”中的制度安排，即以“用户同意”为核心，以明示目的范围和规则为基础的个人信息保护制度，对于平台内数据处理者也同样适用。

但是，与平台的自我管理不同的是，对于“平台内数据处理者”而言，除了需要自我管理之外，法律法规还要求平台对这些数据处理者进行二次管理。比如，《网络安全法》第47条规定：“网络运营者应当加强对其用户发布的信息的管理，发现法律、行政法规禁止发布或者传输的信息的，应当立即停止传输该信息，采取消除等处置措施，防止信息扩散，保存有关记录，并向有关主管部门报告。”这实际上是安排了平台对用户的管理义务，这里的用户包括平台内的数据处理者。作为不履行管理义务的责任后果，平台将受到主管部门责令改正、警告、没收违法所得、罚款、暂停相关业务、停业整顿、关闭网站以及吊

①《全国人民代表大会常务委员会关于加强网络信息保护的决定》[Z]. 2012：第七条。

销相关业务许可证或者吊销营业执照等行政处罚。

（三）防范外泄

第三个层次是防范外泄，即平台通过设置技术机制和管理机制来防范个人信息的对外泄露。除了自我管理、第三方管理之外，平台还需要对外部因素的威胁做出应对。这里的外部威胁主要包括盗取数据、篡改数据以及攻击系统等，管理责任的重点是采取必要且足够的技术措施以及必要的安全管理措施。《网络安全法》在“网络运行安全”的“一般规定”里要求：“网络运营者应当按照网络安全等级保护制度的要求，履行下列安全保护的义务，保障网络免受干扰、破坏或者未经授权的访问，防止网络数据泄露或者被窃取、篡改：（一）制定内部安全管理制度和操作规程，确定网络安全负责人，落实网络安全保护责任；（二）采取防范计算机病毒和网络攻击、网络侵入等危害网络安全行为的技术措施；（三）采取监测、记录网络运行状态、网络安全事件的技术措施，并按照规定留存相关的网络日志不少于六个月；（四）采取数据分类、重要数据备份和加密等措施；（五）法律、行政法规规定的其他义务。”网络运营者还应当“制定网络安全事件应急预案，及时处置系统漏洞、计算机病毒、网络攻击、网络侵入等安全风险；在发生危害网络安全的事件时，立即启动应急预案，采取相应的补救措施，并按照规定向有关主管部门报告。”①

《电信和互联网用户个人信息保护规定》（工业和信息化部令第24号）也在“安全保障措施”一章里规定：“互联网信息服务提供者应当对其工作人员进行用户个人信息保护相关知识、技能和安全责任培训。互联网信息服务提供者应当对用户个人信息保护情况每年至少进行一次自查，记录自查情况，及时消除自查中发现的安全隐患。”②这些都是关于防范数据泄露的应对要求。

二、平台类型及其责任

根据不同的主业，可以将互联网平台分成三大类，即以腾讯微信为代表的社交平台、以阿里等为代表的电子商务平台以及以百度为代表的搜索平台。法律法规对这些平台在责任内容上的安排，除了上面的共性内容之外，也存在着一些差异，需要具体分析。

（一）信息搜索类平台

以百度为代表的搜索平台，其主要功能是为用户提供定向信息搜索服务。在各类平台中，搜索平台在用户活动中的参与性最强。因此，当信息搜索带来问题时，由搜索平台直接承担不利后果的可能性比较大。这类平台的问题主要表现为两种：一种是由于呈现个人信息而侵犯公民隐私；另一种是在公共信息的搜索中以客观呈现之名掩盖竞价排名之实，侵犯公民的知情权。

1. 关于个人信息的两个案例

因搜索服务呈现个人档案而侵犯公民隐私的问题，在作为个人数据保护先行者的欧

---

①《网络安全法》[Z]. 2016：第二十一条，第二十五条。

②《电信和互联网用户个人信息保护规定》（工业和信息化部令第24号）[Z]. 2013：第十五条，第十六条。

洲，其司法判例最具代表性。2014年5月，有着“被遗忘权诞生标志”之称的“谷歌诉西班牙数据保护局案”在欧洲法院审理。案情主要是一名西班牙公民在谷歌平台键入自己的姓名后，获得了某个媒体网页的链接，而这些网页上刊登着若干年前自己因债务问题导致房产被拍卖的信息。于是，这位当事人向西班牙数据保护局投诉发表这则新闻的媒体和谷歌。按照当事人的本意，媒体是他追究责任的主要对象，但西班牙数据保护局却裁定让谷歌承担责任，而判媒体无责。这就引起了谷歌的强烈不满，遂将西班牙数据保护局诉至法院。最终，欧洲法院支持了数据保护局的裁定，判令谷歌承担删除数据的责任，并且确立了“被遗忘权”，据此，任何人都有权要求谷歌删除有关自己的个人信息。该判决做出后，也引起了广泛的争论。从该案例的实际影响来看，其主要意义在于否定了平台责任中的“技术中立论”，认定了平台作为“实际控制者”的主体定位，确立了信息隐私领域中的平台直接责任原则。

然而，类似的案情发生在中国，法院却给出了完全相反的判决结果。在有着“全国首例‘被遗忘权’案例”之称的“任某某诉百度人格权纠纷案”[①]中，当事人任某某称自己是享有极高声誉的高级专业人才，但是从2015年2月初开始陆续在百度网站上发现“无锡陶氏教育任某某”等字样的侵权内容及链接。任某某表示自己从未在陶氏教育上过班，也从未在网上上传过上述信息，由于陶氏教育在外界颇受争议，这些信息给任某某的名誉造成极大损害，并因此遭受了严重的经济损失。任某某称自己多次要求百度删除相关内容，但百度一直没有采取任何停止侵权的措施。遂将百度诉至法院，提出由百度立即停止侵权行为等要求。百度则主要以“技术中立”和任某某确实与陶氏教育有过业务合作为由提出抗辩，强调在服务过程中百度未做任何人为的调整和干预。

经法院查明，任某某于2014年7月1日起在无锡陶氏生物科技有限公司从事过相关的教育工作，2014年11月由该公司向其发出《自动离职通知书》解除劳动关系。判决书里并未明确无锡陶氏生物科技有限公司与“陶氏教育”之间的具体关系，但从判决书的内容来看，因任某某与无锡陶氏生物科技有限公司有过劳动关系而被认为是网上出现“陶氏教育任某某”“无锡陶氏教育任某某”等字样的正当理由。法院认为，搜索引擎的“相关搜索”功能是为用户当前搜索的检索词提供特定相关性的检索词推荐，这些相关检索词是根据过去其他用户的搜索习惯和与当前检索词之间的关联度计算而产生的，是随着网民输入检索词的内容和频率变化而实时自动更新变化的，而百度并未针对任某某的个人信息在相关检索词推荐服务中进行特定的人为干预。在审理中，任某某也提出了其已经结束了陶氏相关企业的教育工作，其不再与该企业有任何关系，此段经历不应仍在网络上广为传播，而应被网络用户所“遗忘”。法院却明确指出，我国现行法律中并无法定称谓为“被遗忘权”的权利类型，“被遗忘权”只是在国外有关法律及判例中有所涉及，但其不能成为我国此类权利保护的法律渊源。一审法院驳回了原告任某某的全部诉讼请求，任某某不服

① 案情参见北大法宝案例数据库。

提起上诉。2015年12月9日，北京市第一中级人民法院做出终审判决，驳回上诉，维持原判。

从这两个案件的具体情况来看，在客观上似乎也存在着是否达到“过时”标准的差别，西班牙公民冈萨雷斯的债务活动已经过去十几年，而中国公民任某某的离职活动距离终审仅过去一年而已，有论者据此认为，任某某的任职信息尚不足以达到“过时”，仍属于公众知情权的范围。但是十几年前的债务信息与十几个月前的任职信息对当事人造成的影响并未与信息存在时间的长短形成正比例关系，判断一个人的主张是否具有正当性时，其所遭受的现实境况无疑需要得到足够的考虑。

2. 公共事件对平台责任的影响

关于平台行为能否因“技术中立”免责，还处于长期的争论中。就在“任某某诉百度人格权纠纷案”终审判决做出的几个月后，一起公共事件引发了社会的关注。2016年4月，大学生魏则西因病去世。他去世前在知乎网站上撰写了自己的治疗经过，他在上大二时体检出滑膜肉瘤晚期，并开始四处求医。后来在百度上搜索出武警某医院的生物免疫疗法能治疗其疾病，随后来到该医院治疗。医生介绍说该项治疗方法成功率较高，但当家里花费20多万元给自己治疗之后，癌症却很快发生转移，病情并未得到控制。此后他才了解到，该技术因成功率太低在美国已被淘汰，他因在这个武警某医院受到了欺骗，病情被耽误。这则经历叙述在魏则西去世后引发了网络热议。[①]2016年5月2日，国家网信办会同国家工商总局、国家卫生计生委成立联合调查组进驻百度公司，对此事件及互联网企业依法经营事项进行调查。2016年5月9日，调查组公布调查结果，调查组认为，百度搜索相关检索词竞价排名结果客观上对魏则西选择就医产生了影响，百度竞价排名机制存在付费竞价权重过高、商业推广标识不清等问题，影响了搜索结果的公正性和客观性，容易误导网民，必须立即整改。[②]

与个人信息侵权案例不同，魏则西事件反映的是平台在公共信息传播中对公众知情权的侵犯和威胁。平台在提供信息检索服务时没有做到客观、公正，这也可以看作是对公众知情权的侵犯。广义上的知情权不仅包括针对政府行为的知政权，还包括对社会公共信息以及个人民事信息的知情权。在这个事件中，由于当时的《广告法》和《侵权责任法》都没有对百度应该承担的法律后果做出明确的规定，导致在法律上难以追究百度的责任。但是这个事件却直接推动了两部重要法律性文件的出台，即《互联网信息搜索服务管理规定》和《互联网广告管理暂行办法》。其中，《互联网信息搜索服务管理规定》中明确规定：“互联网信息搜索服务提供者应当落实主体责任。”这实际上是对“技术中立绝对论”的否定。搜索平台主体责任在规章中的明确，在较大程度上是因为重大社会事件推动的结果。

① 魏则西整个事件过程［EB/OL］.（2016-05-03）［2017-03-09］. http://www.sohu.com/a/73038639_393515.

② 国家网信办联合调查组公布进驻百度调查结果［EB/OL］.（2016-05-09）［2017-03-09］. http://news.xinhuanet.com/2016-05/09/c_1118833546.htm.

（二）电子商务类平台

以阿里、亚马逊以及交通工具服务公司等为代表的电子商务类平台，在电子商务中为交易双方或者多方提供网页空间、虚拟经营场所、交易规则、交易撮合、信息发布等服务，供交易双方或者多方独立开展交易活动。这里的电子商务既包括通过信息网络进行商品交易的活动，又包括通过信息网络进行服务交易的活动。

2016年《网络安全法》、2012年《全国人民代表大会常务委员会关于加强网络信息保护的决定》以及2013年《电信和互联网用户个人信息保护规定》等涉及信息隐私保护的主要法律法规，都对个人信息的处理活动做出了明确的要求。其中，贯穿整个个人信息处理阶段始终的核心是前置用户同意制度。这种制度安排固然是为了保护个人的信息隐私自决权，但从平台履行个人信息保护责任的方式来看，也表现出一些矛盾。

首先，在信息收集阶段要求平台须在收集前先取得用户同意，反映出制度设计者将信息生成视为主动“收集”行为的性质评价。收集行为带有主动性和目的性，这也是法律要求平台在收集个人信息时必须事先征得用户同意的逻辑前提之一。个人信息的生成更多地被默认为平台的单方获利行为，而个人信息生成的自动性和互利性却尚未得到足够的正视。在这种情况下，平台在实践中的做法就是以格式合同的形式将用户的同意程序形式化。当我们打开各种移动应用，在注册成为用户前，大多会出现一份长长的合同，或名为“用户协议”，或名为“注册须知”，等等，里面会有关于“一经注册，视为同意收集、使用个人信息”的条款（见图5-2、图5-3）。用户为了获得服务，无论愿意与否，都只能点击“同意”按钮，提交申请。

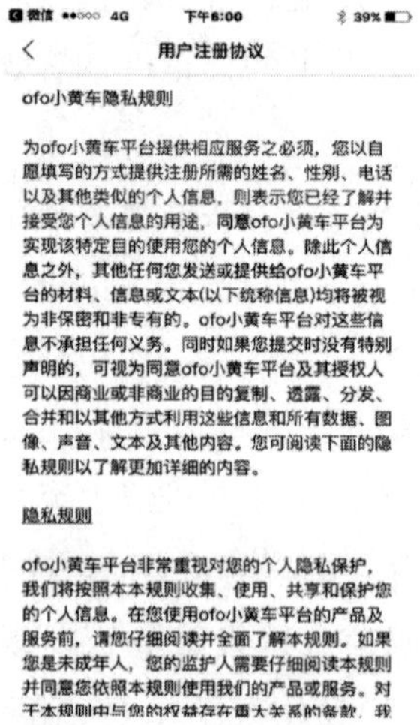

图5-2 “小黄车隐私规则”

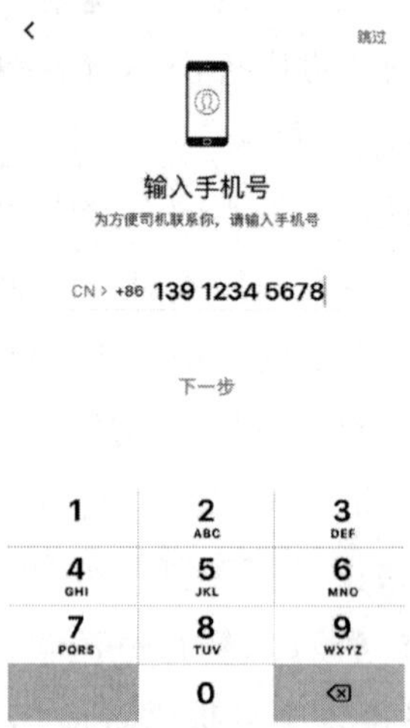

图5-3 “滴滴出行”注册页面

其次，平台在对用户进行信息推送前也须取得用户同意。但与个人信息收集不同的是，信息推送不可能在推送前取得用户同意，因为只有先进行了信息推送，用户才知道推送的信息内容是什么，也才知道这些信息对自己有没有用处。所以在实践中，平台的做法通常是直接推送，同时提供退出机制。比如，当平台获知用户在近期浏览购房的信息后就会向其推送装修广告，当平台获知用户经常浏览母婴产品后就会向其推送早教广告，还有的平台向客户推送汽车保险、理财产品、旅游购物等各种商业信息。与以前的“垃圾短信”乱象相比较，现在的信息推送活动更加注重合规化，大多都同时带有退出机制，即“如需退订请回复TD”（如图5-4、图5-5）。这种将“事前同意”转化为“事后选择”的变通做法由于更具有可操作性，也似乎得到了有关部门的默许。相较于手机而言，电子邮件的信息推送主要是通过在标题标注“推广邮件”等字样标明邮件性质，用户可以选择是否打开，或者直接拉入黑名单。无论是哪种信息终端，实质上平台都是在以一定的方式赋予用户自由选择是否继续接收信息推送的权利，以保证行为活动的合法合规。同收集阶段的格式化合同相比，在每一次信息推送时附带简单明了的退出机制，看起来更加有利于消费者真正行使自己的决定权。但值得注意的是，在实践中仍然有一些平台在消费者发送了“TD”之后继续进行商业信息推送（此处与图片中平台无关）。这就需要相关部门提供投诉渠道，加强执法力度，让退出机制发挥实效。

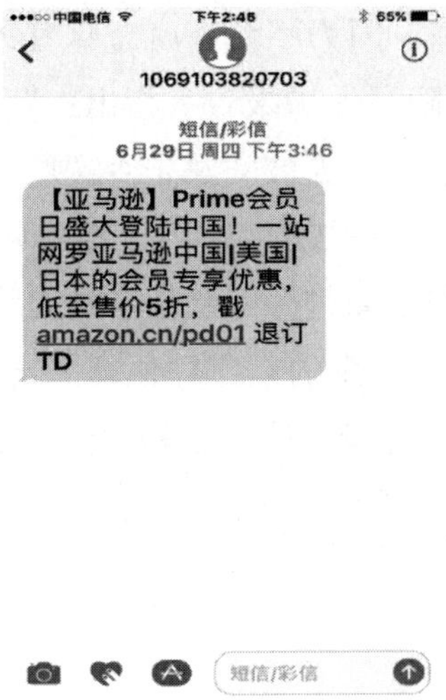

图5-4　亚马逊广告推送页面

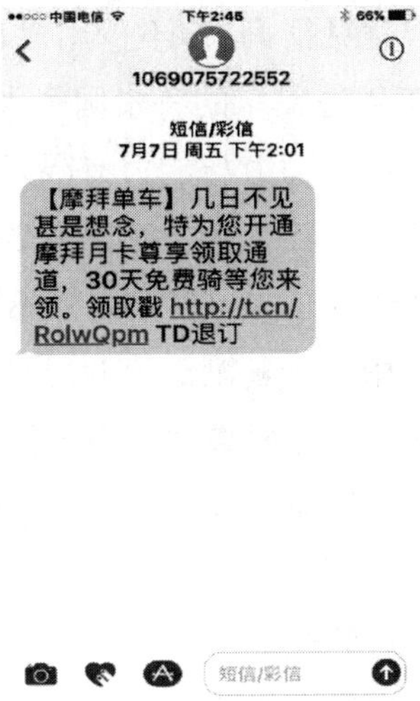

图5-5　摩拜单车广告推送页面

最后，在信息输出阶段，同样体现了前置同意制度的要求。随着“出售、非法提供公民个人信息罪”被列入《刑法》，社会对犯罪的构成要件及其标准的关注度也显著提高。由于《刑法修正案（九）》将刑法第253条之一修改为：“违反国家有关规定，向他人出售或者提供公民个人信息，情节严重的，处三年以下有期徒刑或者拘役，并处或者单处罚金；情节特别严重的，处三年以上七年以下有期徒刑，并处罚金。”“情节严重”就成为这里定罪量刑的重要因素，需要予以明确。对此，2017年6月出台的《关于办理侵犯公民个人信息刑事案件适用法律若干问题的解释》明确了属于“情节严重”的各种情形，其中，行踪轨迹信息、通信内容、征信信息、财产信息五十条以上，以及住宿信息、通信记录、健康生理信息、交易信息等可能影响人身、财产安全的个人信息五百条以上的，被单独列明，所以越来越多的平台在提供服务时，将位置定位、麦克风录音等作为敏感个人信息在平台提供服务前专门向用户取得授权（见图5–6、图5–7），以避免触犯法律。

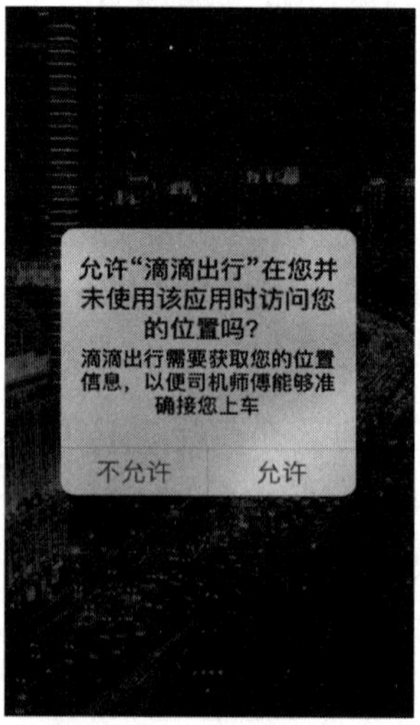

图5–6　定位信息征询同意页面

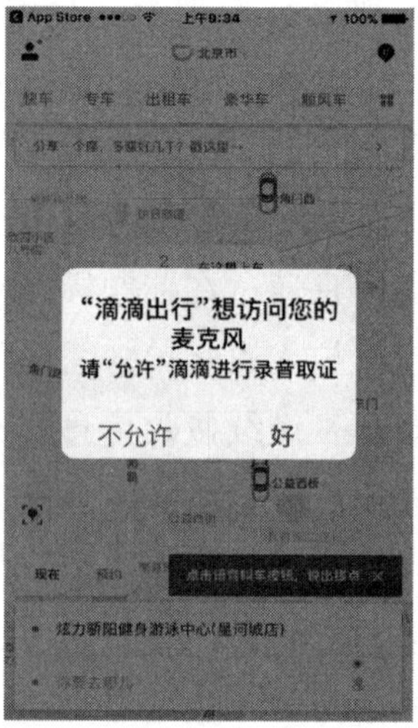

图5–7　录音内容征询同意页面

对于这些“意见征询”，不少用户也会点击允许，因为不允许就意味着无法获得服务的便利。2016年年底发布的《中国个人信息安全和隐私保护报告》指出：“公民个人信息安全意识强，但维权动力与能力有限。”从数据上来看，当被问及是否“愿意提供个人信息以获得更便利的服务享受”时，更多的人（53%）选择了“愿意”。这说明，“信息共享带来的便利是客观存在的，多数人并不赞同为保护隐私而过分限制信息流动”①。据此，有论者认为，将来用户会逐渐放弃自己的隐私。但值得注意的是，即便真的出现这种情况，这种“放弃”也只是在两难困境中不得不做出的被动选择，信息隐私的保护工作仍然需要继续推进。而且，目前还有47%的受访者并未选择“愿意”为了享受服务而向陌生人提供自己的个人信息。

（三）社交类平台

以腾讯微信为代表的社交平台，主要为用户的信息发布活动以及用户之间的互动交流提供服务。这类平台容易出现的问题主要是公共传播过程中的信息内容违法违规问题。所以法律法规要求平台承担主体责任的倾向在不断加强。但在互联网环境中，由于个人信息滥用已经危害到生命、财产安全等公民的重大利益，个人信息保护也已经成为一个公共话题，平台责任在这一领域也有所体现。

1. 平台责任在信息隐私保护中的表现

在“人肉搜索”造成越来越多的当事人自杀、离职等恶劣后果之后，2014年8月21日，《最高人民法院关于审理利用信息网络侵害人身权益民事纠纷案件适用法律若干问题的规定》（法释［2014］11号）发布，规定“网络用户或者网络服务提供者利用网络公开自然人基因信息、病历资料、健康检查资料、犯罪记录、家庭住址、私人活动等个人隐私

① 中国青年政治学院互联网法治研究中心，封面智库．中国个人信息安全和隐私保护报告［R/OL］.（2016–11–23）［2017–08–09］. http://www.zuinow.com/n3346558.html.

和其他个人信息，造成他人损害，被侵权人请求其承担侵权责任的，人民法院应予支持”。这对信息隐私的保护产生了至少三个方面的影响：其一，这是宣告了对“人肉搜索”的禁止。不仅是“利用网络公开”他人信息隐私的用户或平台被追究侵权责任，而且“雇佣、组织、教唆或者帮助他人发布、转发网络信息侵害他人人身权益”的行为人也要承担连带责任。其二，为遭受网络暴力的人提供了一条现实的救济途径，即当自己的信息隐私被他人在网络上非法公开时，可以向法院起诉要求对方承担侵权责任。其三，为后来平台的用户管理责任埋下了伏笔。

这个司法解释发布两年之后，《网络安全法》即规定“网络运营者应当加强对其用户发布的信息的管理，发现法律、行政法规禁止发布或者传输的信息的，应当立即停止传输该信息，采取消除等处置措施，防止信息扩散，保存有关记录，并向有关主管部门报告”。这里的网络运营者就是指平台，其需要对用户在平台上发布的信息进行管理，发现属于法律法规禁止发布或传输的信息（包括个人信息），要立即采取处置措施。这样就形成了一种“平台管用户+政府管平台”的立体管理模式。

2. 平台主体责任的制度化

实际上，这种立体管理模式在对公共信息传播的管理中体现得更为明显。比如，在网络出版领域，2016年《网络出版服务管理规定》公布之后，国家新闻出版广电总局相关负责人接受记者采访时表示：“开设微博、微信公众号等所谓‘自媒体’的个人或者机构，按照现行标准，属于信息内容的创作者或生产者，而纳入管理的，主要是微博、微信等网络平台服务单位，即上述信息内容的提供者。”亦即是说，微博、微信等网络平台服务单位，作为出版内容的“提供者”，是政府的管理对象；而开设微博、微信公众号等所谓“自媒体”的个人或者机构，作为出版内容的“创作者”或“生产者”，不由政府直接管理。那么这些用户的信息生产行为由谁管理？从实践的做法来看，由平台对这些用户进行直接管理。

到了2017年，平台主体责任模式在多部部门规章中集中出现。《互联网新闻信息服务管理规定》《互联网论坛社区服务管理规定》《互联网群组信息服务管理规定》《互联网用户公众账号信息服务管理规定》等一系列关于内容传播的规章密集出台，都采用了“平台管用户+政府管平台”的管理模式。具体表现为，要求平台与用户签订协议，明确双方权利义务。平台的主体责任已经制度化。

3. 平台主体责任的模式

随着平台经济的不断发展，平台责任的主体化已经成为互联网治理的一个重要趋势。在越来越多的情形下，平台角色已经从以前间接的“第三方”发展到直接的责任主体，这就要求平台直接参与对用户行为的管理。然而，平台在法律上的对应主体是平台服务提供商，其在身份性质上是企业法人，与用户之间是平等主体的关系，并不具有行政权。那么，平台管理用户的方式应当也只能是通过民事契约来引导和约束。这就形成了互联网治理过程中独特的平台责任承担方式。具体而言，法律责任包含两个密切联系的含义：“第一，相当于义务。第二，指有违法行为或违约行为，或仅因法律规定而承受某种不利的法律后果。”①对于平台来说，履行管理义务是其基本责任，而不利责任后果的承担则是督促其履行管理义务的一种保障方式。

从横向上来看，这是实现平台管理义务的基本模式（见图5-8）。这里包含了两个层次：第一个层次是平台与用户之间的民事约束。平台通过与用户签订平等的服务协议，将法律法规的要求细化为双方的权利义务，从而实现对用户的管理。比如，在协议中要求用户遵守平台规则，不得传播损害国家利益、危害民族团结的信息，不得公开他人隐私，不得发布虚假广告等。第二个层次是政府对平台的行政监管。如果说平台是通过契约约定直接管理用户行为，那么政府则是通过监管平台行为，督促平台认真履行管理义务来间接管理互联网上的行为与活动。比如，政府可以在政策法规中明确平台的义务内容（如提供技术措施和管理措施），提供评判信息内容是否合法合规的标准以及设置平台可能承担的惩罚性后果（如罚款、停业整顿），等等。

图5-8 “契约约束+行政监管”的管理模式图

从纵向上来看，“民事责任+行政责任+刑事责任”是平台承担管理不利责任后果的基本方式。如果平台没有按照法律法规的要求履行管理义务，那么在不同的情形下可能被追究相应的法律责任。比如，用户发现某社交平台上载有侵犯自己隐私的信息，通知平台要求删除而平台未及时删除造成损害扩大，根据《侵权责任法》规定，该用户可以要求平台对损害的扩大部分进行赔偿。在这里，平台所承担的是民事上的侵权连带责任。又如，如果交易平台没有对进入平台的经营主体身份进行审查和登记，并在经营主页面醒目位置公开营业执照登载的信息或电子链接标识，根据《网络交易管理办法》规定，由工商行政管理部门予以警告，责令改正，拒不改正的，处以一万元以上三万元以下的罚款。在这里，平台所承担的是行政责任中的行政处罚。再如，《刑法修正案（九）》增加了“编造、故意传播虚假信息罪”，还扩大了“侵犯公民个人信息罪”的主体范围，作为与刑法的衔接。在《互联网信息服务管理办法》等行政法规的相关规章中，也都有关于“构成犯罪依法追究刑事责任”的规定。

互联网的虚拟性加大了政府与个人之间的距离。法国社会学家埃米尔·涂尔干指出：

① 沈宗灵．法理学［M］．北京：高等教育出版社，1994：404.

"国家的功能是规划社会环境，从而使个人能够更加充分地实现自我。但是，这一功能不能由国家来直接实现，因为它过于遥远。这些功能应当由群体——比如职业群体和其他工作群体——来履行，这些群体充当着个人与国家之间的中介。"[①]对于互联网而言，这个"中介"的最佳扮演者无疑就是对信息流动有着实际控制能力的各大平台。作为"联通枢纽"的互联网平台，不仅是信息传播的中介，还是社会管理的中介。

平台功能的特殊性决定了平台责任对于互联网治理的重要性，平台责任主体化趋势日益明显。然而，平台毕竟不同于政府，在法律身份上对应的是作为运营商的企业法人，这就要求平台的管理责任只能以契约形式来实现，从而形成了"契约约束+行政监管"的分层次管理模式。在这里，平台是直接管理者，而政府通过监督平台依法履行管理义务来实现间接管理。

三、平台责任的正当性

平台是互联网生态中比较特殊的一类信息传播实体。就其功能与角色而言，一方面平台作为企业，具有提供信息服务的功能，扮演着市场主体的角色；另一方面平台又在信息的公共传播过程中发挥着信息分发功能，有能力扮演"控制者""守门人"的角色。这种特殊性要求平台承担与其功能、角色相对应的社会责任。

（一）"守门人"理论与平台责任

"守门人"理论是传播学的基础理论之一，由卢因在1947年提出。"守门人"理论认为，信息总是沿着包含有"门区"的某些渠道流动，在那里，或是根据公正无私的规定，或是根据"守门人"的个人意见，对信息或是商品是否被允许进入渠道或是继续在渠道里流动做出决定。从平台的功能来看，平台是信息传播的枢纽，对信息流动有着事实上的管理能力，掌握着各个关键节点上的"门区"，能够扮演"守门人"的角色。

著名的网络法专家莱斯格教授将"代码"视作网络空间的法律。"如果能够拥有网络空间的代码，就能够控制网络空间；如果无法拥有代码，就很难控制。"[②]互联网是建立在一个TCP/IP协议组之上，信息传递的过程就是数据在这些协议地址之间来来往往。网络本身"就像是一个工作重复单调的邮递员，只是负责传输数据，而将数据的解释工作留给电脑终端的应用程序"。[③]平台正是应用程序的拥有者和管理者。

虽然平台在事实上具备扮演"守门人"角色的能力，但法律目前对平台责任内容的安排还是审慎的。因为在平台责任正当性的论证上，功能进路只能支撑起"平台参与责任承担"，而不具有"平台责任主体化"的说服力。所以在用户隐私保护问题上，我国立法目前对平台责任的定性主要还是"第三方责任"。《侵权责任法》第36条规定："网络用户利用网络服务实施侵权行为的，被侵权人有权通知网络服务提供者采取删除、屏蔽、断开链

---

① 洛克林．公法与政治理论［M］．郑戈，译．北京：商务印书馆，2013：151.
② 莱斯格．代码［M］．李旭，姜丽楼，王文英，译．北京：中信出版社，2004：8.
③ 莱斯格．代码［M］．李旭，姜丽楼，王文英，译．北京：中信出版社，2004：42.

接等必要措施。"之后，《最高人民法院关于审理利用信息网络侵害人身权益民事纠纷案件适用法律若干问题的规定》也指出："原告依据侵权责任法……的规定起诉网络用户或者网络服务提供者的，人民法院应予受理。原告起诉网络服务提供者，网络服务提供者以涉嫌侵权的信息系网络用户发布为由抗辩的，人民法院可以根据原告的请求及案件的具体情况，责令网络服务提供者向人民法院提供能够确定涉嫌侵权的网络用户的姓名（名称）、联系方式、网络地址等信息。"这意味着平台只有在接到权利人通知时才承担采取必要措施的义务，法律并不要求平台进行内容上的事前审查。需要说明的是，这种"第三方"责任的安排主要体现在法律层面，而在政府部门的规章层面已经开始出现平台主体责任制度的趋势。

（二）外部性与平台责任

如果说平台的"守门人"角色只是为平台责任提供了功能意义上的正当性，那么作为企业的平台所应负担的经济外部性则能够从规范意义上进一步补证。外部性理论最早由英国经济学家马歇尔提出，是指一个人或一个企业的活动对其他人或其他企业的外部影响。外部性分为正外部性和负外部性，其中负外部性是指某个经济主体的活动使他人或社会受损，使之支付了额外的费用，而造成这一现象的人却没有为此承担成本。

在平台责任正当性基础的论证过程中，面临着互联网信息平台的技术性能否成为平台免责依据的问题。诚然，相较于线下传统中介机构，互联网平台具有明显的技术特性，信息传播的过程也更具有自动性，似乎平台并没有直接参与各种侵权事件，"自动运行无控制"常常出现在"技术中立"论的抗辩词里。但是，外部性理论最初所关心的环境污染问题，同样也不以生产企业能否控制污染后果作为承担责任的依据。可以说，外部性理论正是为了弥补市场机制在资源配置中的缺陷而产生的，同样，也可以用来弥补互联网时代"技术中立"的局限。外部性理论的精髓在于，当市场机制或技术体系无法实现资源的最优配置或社会福利的最大化时，应当由政府加以干预，要求受益的企业承担一定的责任来维护社会运行的公平性。平台责任正当性论证的规范进路，为平台在包括隐私保护在内的整个互联网治理中发挥更大的作用提供了理论支撑。

四、对平台权力的约束

正如所有权力都需要约束一样，平台在互联网治理过程中获得的管理用户的权力也不例外。责任的加强意味着权力的增加。平台被赋予通过用户协议管理用户的权力，也引起了一些质疑。其中，内容审查权向平台的转移曾引起激烈的声讨。比如，平台成为管理者是否具有正当性？如何对互联网平台的管理权进行监督？下面以东方网徐世平先生公开信事件为例进行分析。

2016年11月，东方网总编辑徐世平先生发表公开信，向腾讯公司表达不满，认为腾讯借助公司资源挤压媒体人，起因是东方网旗下的微信公众号《新闻早餐》因被人举报而遭封号7天。徐世平先生在公开信中表示，自己向广东网信办以及北京网信办求助未果，最终无奈发表公开信维权。这封公开信的内容，至少反映了两个方面的问题：

一是互联网平台作为行业管理者是否具有正当性？从功能主义的进路来看，平台是距离网络信息传播最近的人，由平台进行内容审查符合效率原则；同时，平台又是传播渠道的控制者，具有管理和控制信息流动的事实性能力，符合实效性原则。所以平台充当管理者在功能意义上具有正当性。质疑可能更多来自规范意义上的正当性。如同公开信中所说，“互联网公司的资本结构不能代表全民的利益”。问题是真实存在的，但这并不意味着互联网平台就不能参与行业管理。应对的关键在于如何对平台的这种管理权力进行规范和约束。

二是如何对互联网平台的管理权进行监督？管理权的正当性问题直接引出了权力监督的问题。就像政府权力也需要监督一样，平台行使公共管理权也应当受到必要的监督。公开信里反复提到，在公众号《新闻早餐》被封号之后，东方网不断通过腾讯的反馈渠道进行申诉，但未得到回复，这引起了当事人的不满。并且，公开信还表示，“自己联系广东网信办以及北京网信办求助未果，最终无奈发表公开信维权”。这反映出，不论是平台内部管理层面，还是政府监管层面，目前还缺乏对平台权力的有效监督机制。这也应该是平台权力正当性在规范意义上亟待补足的一个重要方面。

其实，对平台权力的约束对于信息隐私问题来说也同样重要。由于个人信息的利用需要把握好平衡关系，平台对用户的管理也就需要接受合法性审查。根据平台主体责任制度的安排，平台需要与用户签订协议，明确双方的权利义务，这必然涉及用户发布和传播信息的权利范围及内容。而一般情况下，协议制作者是平台，那么协议内容是否合法就是协议是否具有法律效力的前提。尤其是公民的知情权，属于《宪法》规定的基本权利，需要建立相应机制对用户协议的内容和实施进行必要的监督及约束，保证平台权力的正当行使。

第三节 谷歌案中的平台责任

与搜索引擎相关的信息隐私纠纷，大都是源于个人信息在互联网上的长期滞留。这种滞留就像是一枚定时炸弹，随时可能引发个人信息的泄露。也正是这种滞留，为其他有意识的信息利用提供了充足的信息源，是各种信息利用活动的基础。于是，谁来删除这些信息，按照什么样的标准来删除，就成为追求“被遗忘权”的人们迫切想要找到的答案。在发生于2014年的“谷歌诉西班牙数据保护局案”中，欧洲法院揭示了谷歌服务中的信息编辑活动和广告运营模式，指出搜索引擎在信息控制中的权力，并针对这种权力的限制确立了“直接责任原则”，在一定程度上构建了互联网信息平台的权力界限。

一、谷歌案确立了“直接责任原则”

2014年5月13日，位于卢森堡的欧洲法院对“谷歌诉西班牙数据保护局案”（以下简称谷歌案）做出判决①，认定谷歌作为“数据控制者”在事实上实施了“数据处理”活动，要求由谷歌直接承担删除所涉个人数据的责任。尽管谷歌方面提出了诸如“转载无责”“自动操作无控制”以及总公司设立地不在欧盟范围内等抗辩，但欧洲法院对此逐一进行了驳斥，并判令谷歌独立承担信息删除责任。

（一）谷歌案始末

在键盘上敲入某人的姓名便可得到一连串档案清单的现象已不陌生。在搜索引擎被广泛利用的时代，对个人隐私的保护正变得越来越脆弱，如果说无数存储器中保存的海量信息是一个无边无际的信息库，那么搜索引擎就是指引人们精准定位某一个人的有效工具。长期遭受这种隐私侵犯的人们，正在愤怒与不安中寻求出路，西班牙公民冈萨雷斯就是将这种寻求付诸行动的代表。

1. 信息主体向行政机关投诉媒体和搜索引擎

2010年3月5日，冈萨雷斯向西班牙数据保护局（简称AEPD）投诉了当地一家发行量较大的新闻媒体（西班牙文：La Vanguardia Ediciones SL，以下称《先锋报》）和谷歌的西班牙公司（以下简称谷歌西班牙）及其位于美国的母公司谷歌公司。投诉事件是当互联网用户在谷歌的搜索引擎中键入冈萨雷斯的名字后，将获得《先锋报》网页的链接，而这些网页上刊登着若干年前冈萨雷斯因债务问题导致房产被拍卖的信息。他首先要求媒体删除或变更那些网页以使自己的个人信息不再出现，或者采用针对搜索引擎的技术手段来保护个人信息；接着他要求谷歌西班牙及谷歌公司删除或隐藏相关个人信息以保证它们不再出现在搜索结果中，也不再出现在通向那家媒体的链接中。冈萨雷斯认为那份拍卖公告已经过去很多年了，这件事情现在与他“不再相关”。

作为信息主体的冈萨雷斯在一开始并没有把握让谷歌公司承担主要责任，而是根据既有经验沿袭了传统的做法，即把媒体放在主要侵权者的位置，从他的投诉中可以看出这位受害者认为媒体的信息刊发及保存行为是其遭受侵犯的根源。然而，在西班牙数据保护局于2010年7月30日做出的决定中，出现了对各方来说皆有些意外的变化。这一次，西班牙数据保护局驳回了冈萨雷斯对《先锋报》网站的投诉请求，因为西班牙数据保护局认为该媒体当时的新闻信息刊发行为是基于该国劳动与社会事务部的规定做出的，刊发是为了对尽可能多的投标者提供最大化的信息披露，所以媒体的行为是合法的，所以媒体在此无须承担责任。但谷歌的情况并不乐观，西班牙数据保护局支持了冈萨雷斯对谷歌西班牙以及谷歌公司的投诉请求。西班牙数据保护局认为谷歌公司作为信息社会中的“中介商”对个人数据进行了“处理”，而且谷歌公司因定位和传播个人数据而确有撤回个人数据以及

① Judgement of Case C-131/12［Z/OL］.（2014-05-13）［2014-06-05］. http://curia.europa.eu/juris/document/document.jsf;jsessionid=9ea7d2dc30d5eaee0505a98a44268719aa0ff2e2d7df.e34KaxiLc3qMb40Rch0SaxuNbhj0?text=&docid=152065&pageIndex=0&doclang=en&mode=req&dir=&occ=first&part=1&cid=157645.

保护接触特定数据之渠道的责任，所以谷歌公司应该负有保护那些数据和个人尊严的责任。西班牙数据保护局还进一步指出，如果刊发在第三者网站上的相关信息是于法有据的，那么引擎服务商（以下简称引擎商）的责任与第三方是否在其网站上删除信息无关。

责任顺序的重置立刻激起谷歌方面的强烈反应，他们将西班牙数据保护局和冈萨雷斯一起诉至西班牙国家高等法院（National High Court，以下简称西班牙法院），反对西班牙数据保护局的上述决定。这的确是一件颇有争议的案件，西班牙法院并没有独自审理此案，而是向欧洲法院提交了一系列尚待确定的问题，从而把引擎商在个人数据之诉中的责任认定问题摆在了欧盟最高司法机关的面前。

2. 西班牙法院提请欧洲法院先行审理

西班牙法院指出："当发表在第三方网站上的信息包含个人数据，而信息主体不愿这些信息被任意链接、定位、指引和呈现给互联网用户时，引擎商对保护相关个人数据负有何种责任这一问题，取决于如何在新技术背景下解释欧盟95指令的内容。"这是对案件审理之关键问题的准确归纳，围绕这一问题，西班牙法院提请欧洲法院针对几个具体问题做出先行审理，包括：

第一，关于（欧盟）成员国法律的适用问题。如何解释欧盟95指令中的"建立地"（establishment）、"控制者（controller）""设备所在地"标准以及特殊信息条款？

第二，关于谷歌行为的法律性质问题。如谷歌的行为是否构成指令中的"处理"（processing）？谷歌是不是指令中的数据"控制者"？西班牙数据保护局可否依据指令中的权利条款直接要求谷歌从引擎中撤回已经在第三方网站上发表的信息而不用提前或同时联系存有信息的网站？当包含个人数据的信息在第三方网站上合法发表并保存于这些原始网站时，可否免除搜索引擎关于保护个人基本权利的责任？

第三，关于个人是否拥有"被遗忘权"的问题。当个人在认为互联网用户通过搜索引擎获知那些个人信息有失公正或仅仅希望那些信息被遗忘时，即使争议信息已经在第三方合法发表，是否仍然应当对指令中的权利条款做延伸性解释，使个人有权直接要求引擎商禁止他人通过搜索引擎获得那些发表在第三方网站上的个人信息？

欧洲法院并没有完全按照西班牙法院"先程序后实体"的提问顺序进行解答，而是将重点放在如何在搜索引擎这一新技术背景下对欧盟95指令进行解释的问题上，他们把数据"处理"和"控制者"这个实体问题提至第一位，而把程序上的管辖权问题移至第二位，搜索引擎的责任规则以及数据主体的权利范围问题则以更多的篇幅置于之后。这意味着欧洲法院非常重视对引擎服务性质的界定，并做出了"数据处理—控制者"的认定，这实际上是否定了谷歌自称的"转载者"身份，明确其作为"处理者"和"控制者"的角色，从而顺利地将20年前制定的欧盟95指令应用于新技术条件下的新型服务。迈出这坚实的第一步之后，欧洲法院又尖锐地指出谷歌搜索服务免费性背后的广告运营模式，揭示出搜索服务与广告业务的真实联系，从而宣告了"关联业务发生地管辖权"，巧妙地绕开了母公司——谷歌公司远在美国所造成的管辖障碍。

时空上的两个障碍得到解决之后，欧洲法院一鼓作气又对责任主体和个人具体权利的范围进行了全面论证，形成了对欧盟95指令的权威解释。“搜索引擎直接责任原则”的确立彻底否定了谷歌方面关于“转载无责”和“原始发表者首责”的辩护，开辟了引擎商作为独立责任主体的先例。对“个人基本权利优先”的认定进一步从价值比较的角度厘清了个人基本权利与服务商经济利益以及公众知情权之间的关系，在承认言论自由的基础上明确了个人基本权利优先于商业利益和公众兴趣的价值排序。谷歌最终以直接承担个人数据删除责任败诉。

（二）欧洲法院确立的原则及结论

在审理过程中，欧洲法院组织原告、被告，部分成员国政府以及欧盟委员会各方就争议问题逐一发表意见，然后由欧洲法院做总结论述，针对搜索引擎的法律原则和重要结论也由此确立。其中，“搜索引擎直接责任原则”是核心，对“数据处理—控制者”的性质认定和“一般情况下个人基本权利优先”的价值排序是基础，宣告“关联业务发生地管辖权”则为以上实体问题的审理扫清了程序上的障碍。着眼于判决的一般性影响，本章主要围绕三个实体问题展开。

1. 对“数据处理—控制者”的性质认定

欧洲法院首先提出的是“（数据）处理”和“（数据）控制者”的认定问题。谷歌认为他们提供已在第三方发表的信息的行为不构成欧盟95指令中关于个人数据的“处理”。因为引擎服务针对所有存在于互联网上的信息，并没有对个人信息和其他信息进行选择性对待。退一步说，即便被归为“数据处理”活动，引擎商也不能被称作指令中的“控制者”，因为他们根本不知道那些个人数据在哪里，也无从控制。在这里，谷歌抛出了第一组抗辩理由，即“转载无责”和“自动搜索无控制”。

与之针锋相对的是，由冈萨雷斯、西班牙政府、意大利政府、奥地利政府、波兰政府以及欧盟委员会组成的一方认为，引擎服务明显归于“数据处理”的范畴，这种“处理”不同于网站发行者的处理，他们追求着自己的不同目的。同时，引擎商也应该是“控制者”，因为信息处理活动的确由他们实施，并由他们决定这些活动的目的和方法。显而易见，反对意见认为引擎商的行为和责任都是独立的，不能与第三方网站捆绑讨论，引擎商对其服务存在事实上的决定权和控制权，这是一种权力。

作为相对中立的观点方，希腊政府支持谷歌行为属于“处理”活动的意见，但它认为引擎商不构成“控制者”。因为他们只是提供了信息的中介服务，难以根据这种活动将他们认定为“控制者”，除非引擎商在“中介存储器”或“缓存”中存放这些信息超过了技术上的必要。

充满争议的观点等待欧洲法院的裁决。根据欧盟95指令第2（b）条关于“数据处理”的规定，欧洲法院提出了三点意见：其一，搜索引擎使个人数据能够被寻找、指引、存储并呈现在互联网用户面前，这是一个无可辩驳的事实。其二，引擎商对信息进行收集、记录、编辑、存储以及披露和呈现的行为在该指令第2（b）条中有明确规定，其行为构成

"数据处理"。其三，即使引擎商对所有信息未加区别地对待，并且对象信息已经在互联网上发表而引擎服务并没有改变这些信息，也并不影响上述结论的成立，法律规定的操作形式并不要求个人信息必须被改变才构成"处理"。

针对"控制者"问题，法院态度也没有丝毫缓和，其根据欧盟95指令第2（d）条的规定提出了四点意见：其一，引擎商决定着引擎使用的目的和方式，所以属于"控制者"。其二，反对以未控制第三方网站上的信息为由将引擎商排除在"控制者"的范围之外，引擎商的活动是有别于网站发表行为的另一种"控制"活动。其三，引擎商在整个信息传播活动中起着决定性作用，因为是引擎服务将个人数据呈现在网络用户面前，包括那些或许并未看到公开发表个人数据的网站的用户，而且网上发表的信息集合是在搜索引擎的作用下产生影响的，当用户通过输入他人姓名搜索时就会得到与个人数据有关的清单，使他们能够在网络发表的信息中建立一个关于某个人的详细档案，引擎正是有目的地为其用户提供了接触个人数据的便利条件，所以与其他发表信息的网站相比，搜索引擎对个人基本权利的侵害更为严重。引擎商作为决定搜索目的和方式的人应当在自己的责任、权力和能力范围内确保这些活动符合欧盟95指令的要求以保证相关权利尤其是个人隐私保护规定的有效实施。其四，虽然网络出版商拥有向引擎商指明希望具体信息不被引擎的自动搜索活动捕捉到的选择，但这并不意味着引擎商就可以因此免除其关于信息处理的责任，也不会改变引擎商作为搜索目的及方式决定者的角色，即使网络出版商与引擎商共同决定了信息处理的方式，根据欧盟95指令关于"单独或联合"的规定也不会免除后者的责任。

欧洲法院最后总结道：搜索引擎的活动包括寻找发表在第三方网站上的信息，自动搜索、暂时存储并根据某种挑选规则最终呈现给网络用户，这些活动应被归为"对个人信息的处理"，引擎商也应该被认作"控制者"。至此，该案阐明了第一组观点：提供搜索服务是一种数据处理活动，引擎商是数据"控制者"。

2. 搜索引擎直接责任原则

接着案件进入错综复杂的阶段——当搜索结果包含个人数据，而这个搜索结果的内容来自已经在第三方网站合法发表的信息时，由谁承担删除责任？搜索引擎还是第三方网站？搜索引擎可否因"转载"第三方网站上的信息而免除或减轻责任？

谷歌方面认为，根据责行相称原则，任何关于信息删除的要求只能指向发表信息的网站，因为是这些网站的发表行为使案涉信息公开化，也正是这些网站处于估量这种发表行为是否合法的位置，而且也只有他们才拥有最有效、最不受限制的办法让人们接触不到这些信息。

谷歌的这番陈述似乎争取到了一定的支持，奥地利政府主张，只有当争议中的数据被发现是不合法的或不正确的或数据主体已经向网站成功提出异议时，（成员国）国家监管机构才可以命令引擎商从自己的档案系统中删除已发表在第三方网站上的信息。

冈萨雷斯一方则坚持认为，国家监管机构可以直接命令引擎商从自己的索引系统和存储器中删除包含已经发表在第三方网站上的个人信息，而不必事先或同时联系第三方网站。而且，根据冈萨雷斯团队中的大部分成员的观点，信息已经在第三方网站上合法发表以及信息仍然存在于第三方网站上的事实并不影响引擎商所应承担的责任，只有波兰政府认为这些事实可以使引擎商免责。

虽然谷歌和奥地利政府都忽略了网站的公共信息发表与搜索引擎直接呈现个人数据的行为之间的本质区别，但这仍然是一个颇受争议的问题。欧洲法院在应对这些分歧时谨慎且坚定，它再次强调了欧盟95指令第1条和前言第10条所反映的关于为个人基本权利和自由提供高水平保护的立法宗旨，尤其是对个人数据处理中所涉及隐私权保护的重视，并用23个段落的篇幅论述了这一问题。

欧洲法院首先指出，该指令前言前10条都在强调对个人基本权利，尤其是对隐私权的高水平保护。根据前言第25条关于数据处理者责任和数据主体权利的列举，欧洲法院认为，当数据处理侵害到个人的时候有必要从有利于保护个人基本权利的角度解释指令条款。

接着话题回到能否从法律条款中找到让搜索引擎承担直接责任的切实依据的问题上。该指令正文第12（b）条明确了数据主体对个人数据的更正、删除和阻止权，条件是数据处理不符合指令的规定，尤其是那些在质量上不完全、不准确的数据。而指令第6（1）（d）条指出“更新（不过时）”也是数据质量的要求之一。该指令第6条规定了“公正且合法地处理数据”“符合收集目的且不在目的之外进一步处理”“数据完整、相关且不超出收集或处理的目的”“准确、必要地更新，否则应删除或更正”等数据质量要求，据此，案涉过时数据应当被删除。

接着，欧洲法院排除了第三方网站的责任，理由主要是依据欧盟95指令第9条得出的新闻机构表达自由。欧洲法院指出，网页信息发表者的信息处理活动在某些情形下可能因单纯的“新闻目的”而实施，该指令第9条关于表达自由的规定保护了这种行为，而对于搜索引擎来说却没有这种例外。而且，鉴于互联网上信息复制的便利性以及遍布全球的信息发表者不一定受欧盟法律保护的事实，如果对第三方网站加以在引擎商之前或同时删除信息的义务，将不利于数据权利的保护。

案件审理到此已经可以认定搜索引擎的直接责任了。欧洲法院在判决第80段对谷歌承担直接责任的理由做了精辟总结：“必须指出的是，对争议个人数据的处理行为由搜索引擎商实施，当这种搜索活动基于输入个人姓名而进行时，很容易对个人隐私的基本权利和个人数据的保护产生重要影响，因为数据处理使任何互联网用户都能够通过结构化的搜索结果清单获得与某个人相关的所有网络数据，而这些数据可能潜在地承载着与个人私生活有关的大量信息。如果没有搜索引擎，这些潜在信息很可能不会被聚集起来，或者在聚集时遇到很大困难，从而难以建立起一套详细的个人档案。”[①] 这段论述一语道破了搜索引擎在个

① Judgement of Case C-131/12［Z/OL］.（2014-05-13）［2014-06-05］. http://curia.europa.eu/juris/document/document.jsf;jsessionid=9ea7d2dc30d5eaee0505a98a44268719aa0ff2e2d7df.e34KaxiLc3qMb40Rch0SaxuNbhj0?text=&docid=152065&pageIndex=0&doclang=en&mode=req&dir=&occ=first&part=1&cid=157645.

人数据泄露中所扮演的独立角色和产生的重要影响，正是这种以个人姓名为条件的信息搜索活动使分散、潜在的个人信息数据化、档案化，直接造成了个人数据的泄露。所以，谷歌应直接承担争议数据的删除责任，无须第三方网站提前或同时删除相关信息，转载信息不会免除或减轻引擎商的责任。至此，在责任主体问题上，引擎商直接责任原则确立。

3．“数据主体基本权利优先”的价值排序及其例外

紧随责任主体问题之后的是各种利益之间的排序和平衡。早在为自己做免责辩护时谷歌就提出，要求引擎商从索引系统中撤回那些已经发表在互联网上的信息，没有充分考虑到信息发表者、其他互联网用户以及引擎商的基本权利。欧洲法院重视这里提到的各方权利，并分别从引擎商和互联网用户的角度做了评述。

欧洲法院指出，欧盟95指令第7（f）条规定了个人数据合法处理的情形之一，即“当（数据）处理是为实现（数据）控制者或获得数据的第三方的合法利益之必要时”，个人数据可以被处理，“但数据主体要求保护的基本权利（尤其是隐私权）高于上述利益时除外”。如果说立法在第7（f）条安排了一个个人基本权利与其他利益的平衡问题，那么该指令第14（a）条则是对个人权利保护的加强。该条明确规定数据主体有权至少在第7（e）17（f）条规定的情形下反对关涉自己特殊处境的个人数据处理活动，而且只要反对合理，数据控制者不得再涉及这些数据。本案中谷歌服务呈现的过时数据关系到数据主体冈萨雷斯的荣誉，属于“关涉自己特殊处境”的个人数据处理活动。欧洲法院认定，数据主体可以根据该指令第12（b）条（要求更正权、删除权及阻止权）和第14（a）条（反对关涉特殊处境的数据处理权）的规定直接要求数据控制者检查自己的行为，停止争议数据的处理，如果控制者不履行义务数据主体可以诉至监管机构或司法机构。在这里，欧洲法院通过对两个条款的解释和应用明确了数据主体的基本权利高于引擎商经济利益的态度。

对于个人权利与公众兴趣的矛盾，欧洲法院强调利益保护的公平性。该法院指出，欧盟95指令第7条（合法处理标准条款）和第8条（特殊数据处理条款）保护的个人基本权利仍然高于互联网用户获取他人信息的兴趣是一般规则，但是需要考虑相关个人数据的性质和对个人私生活的敏感度，同时也要考虑公众兴趣，在某些情况下，个人数据的性质可能随着数据主体在公共生活中的角色而发生变化。作为“数据主体基本权利优先”的例外，公众人物被单独讨论，对他们而言，让公众利益（如公众兴趣或知情权）高于数据主体的基本权利是正当的，他们的部分个人数据可以被包含在搜索引擎的搜索结果清单中呈现给公众。这实际上是有条件地确立了一般数据主体基本权利高于公众兴趣的规则。

从总体上来看，数据主体的基本权利，尤其是与个人数据处理相关的隐私权，受到了欧洲立法和司法的高水平保护，在一般情况下都优先于信息服务商的经济利益，除特殊情况外甚至优先于公众兴趣。“被遗忘权”是本案中数据主体基本权利的一个具体体现。欧洲法院在回答西班牙法院提出的这个问题时说道：“（数据控制者）应当检查在自己的搜索结果中（过时的）数据在此时是否已经不再与（数据主体）的姓名联系在一起，无须证

明这些数据已构成对数据主体的偏见。而数据主体可以直接要求那些（过时的）数据不再以搜索清单的形式呈现给公众。（数据主体的）这种权利不仅优先于引擎商的经济利益，也优先于公众通过搜索引擎获得与他人姓名相联系的个人数据的利益。”① “数据主体基本权利优先”的价值排序再一次得到确认。

二、谷歌案的意义

在既有法律还未对互联网上的新情况做出明确规定时，谷歌案的意义不仅在于从欧盟最高司法权力层面明确了搜索引擎在个人数据问题上的直接责任，而且为划定包括搜索引擎、门户网站、微博和微信公众号等应用在内的整个信息平台的权力边界提供了法理论证和判例示范。

（一）确立了平台的权力边界

1. 信息分发是一种权力

信息平台的出现是互联网信息传播模式区别于传统信息传播模式的最主要特征。在前互联网环境中，信息传播的权力多掌握在公共传播机构手中，信息内容产出之后经由固定的信息传播渠道（如报刊发行网络、电视台分级网络）定向传播至接收终端，这种传统传播模式是单向的、瞬时的。而在互联网环境中，随着商业和个人传播机构的兴起，信息内容首先经由互联网渠道被传送并存储于各个平台（“盒子”），再根据不同的用户需求以不同的形式呈现于各种终端，互联网传播模式具有多向传播、信息集成的特点。

这里的信息平台主要具有几个特征：第一，在物质载体上，信息平台都有物理形态的服务器，用来捕捉和存储信息，也有软件形态的数据库，用来处理和呈现信息；第二，在行为性质上，都是信息的“处理者”和“控制者”，他们对信息的存储和呈现都是按照一定的价值排序做出的选择性行为，类似于报纸的编辑活动；第三，在影响上，容易导致个人信息的泄露和滥用，威胁个人基本权利，而且网上侵权具有迅速传播且难以控制的特点，这种危害后果比真实空间更加严重。以信息平台为中枢的新模式至少在客观上导致两个后果，一是海量信息在互联网上的长期滞留，二是滞留信息的任意呈现。当搜索引擎的用户键入某个人的姓名时，关于这个人的信息档案即呈现于眼前；当微博用户发起“人肉搜索”时，某个“公审”对象的个人信息即一目了然；当某个机构看中门户网站的用户数据库时，若干个人信息的泄露也是轻而易举……长期滞留为信息呈现提供了丰富的信息源，任意呈现又为滞留信息的泄露提供了便利。

“随着互联网经济的发展，平台模式逐渐成为当代信息产业的一种新型主导模式。”② 信息获取、处理和呈现的权力也正在向信息平台转移或分化。欧洲法院明确指出，平台商

① Judgement of Case C-131/12 [Z/OL].（2014-05-13）[2014-06-05]. http://curia.europa.eu/juris/document/document.jsf;jsessionid=9ea7d2dc30d5eaee0505a98a44268719aa0ff2e2d7df.e34KaxiLc3qMb40Rch0SaxuNbhj0?text=&docid=152065&pageIndex=0&doclang=en&mode=req&dir=&occ=first&part=1&cid=157645.

② 宋建武，等. 中国媒体融合发展存在的问题及对策与建议［J］. 中国媒体融合发展报告（2013），2014：90.

作为信息控制者决定着信息处理的方式和目的，这是一种容易被忽视的权力。哈贝马斯说："公共领域由于深受社会势力的影响，因而享有权力。"[1]而平台商拥有着决定让哪些数据进入公共领域的权力。

2. 谷歌删除责任的主要依据

作为对这种强大权力的约束，确立平台管理者的直接责任是必要的，符合责权相称原则。尽管谷歌方面提出了诸如"转载无责""自动操作无控制"等抗辩，但欧洲法院对此逐一进行了驳斥，并判令谷歌独立承担信息删除责任。

首先，直接责任原则否定了"转载无责"说。长期以来，信息平台习惯于站在自己的立场上认为自己只是转载信息的中介，并不直接生产信息，也不直接享受信息传播带来的利益，是不应承担责任的"第三方"。但事实上，信息平台并非"无辜"的"第三方"，也非如其所说的只是"单纯转载"和"自动操作"，这里的信息存储及呈现活动都是依据一定的价值顺序实施的，并为一定的商业目标所驱动。"搜索引擎依托信息入口优势和营销价值优势，对第三方网站的付费收录与竞价排名进行信息呈现：整合其他网站的服务应用，如百度阿拉丁平台；建立以搜索引擎为中心的广告联盟，为其他网站提供搜索服务和基于关键词的广告投放服务；开发多种服务提升平台竞争力，如地图、贴吧、求职服务、团购导引服务、移动端搜索和应用等。这些商业实践扩充和沉淀了大量的、广泛的消费者搜索行为数据，同时借助联盟和综合平台能力，实现跨平台的数据获取。"[2]"从愿望出发，企业总是希望每条被用户分享或评论、转发的消息给自己带来四种结果，这四种结果分别是：带来高质量的转发互动、带来口碑、吸引目标用户群（追求更多粉丝）、吸引用户点击链接或购买。"[3]信息平台实施了信息处理，类似于报纸的编辑活动。

其次，欧洲法院对谷歌服务做出了"数据处理"的定性。根据欧盟95指令第2（b）条关于"数据处理"的规定，欧洲法院提出了三点意见：其一，搜索引擎使个人数据能够被寻找、指引、存储并呈现在互联网用户面前，这是一个无可辩驳的事实。其二，引擎商对信息进行收集、记录、编辑、存储以及披露和呈现的行为在指令第2（b）条中有明确规定，其行为构成"数据处理"。其三，即使引擎商对所有信息未加区别地对待，并且对象信息已经在互联网上发表而引擎服务并没有改变这些信息，也并不影响上述结论的成立，法律规定的操作形式并不要求个人信息必须被改变才构成"处理"。亦即是说，虽然谷歌并未对已发表信息进行改变，但个人数据存储于谷歌的存储器中，这些个人数据可以通过搜索引擎被寻找、指引并呈现在互联网用户面前，怕就是一种"数据处理"行为。其法律依据在于欧盟95指令第2（b）条的规定："个人数据处理是指任何在个人数据上实施的操作或操作集合，而不论是否通过自动的方式，比如，收集、记录、组织、存储、修改或变更、检索、咨询、使用、披露，传播或以其他方式提供，排列或组合，阻断、删除或销毁。"

① 哈贝马斯. 公共领域的结构转型［M］. 曹卫东，等，译. 上海：学林出版社，1999：224.

② 孙璐. 企业互联网数据收集的个人信息保护［J］. 新闻传播，2013（12）：289.

③ 徐志斌. 社交红利［M］. 北京：北京联合出版公司，2013：61.

最后，欧洲法院对谷歌做出了“数据控制者”的定位。在论述了搜索引擎服务属于数据处理行为的性质认定之后，欧洲法院又顺势引用欧盟95指令第2（d）条的规定，对谷歌做出了“数据控制者”的角色认定。因为谷歌在事实上“决定着个人数据处理的目的和方法”。这就为欧盟95指令第12（b）条和第6（1）（d）条的适用提供了条件。第12（b）条明确了数据主体应当从“数据控制者”那里获得对个人数据的更正、删除和阻止权，条件是数据处理不符合指令的规定，尤其是那些在质量上不完全、不准确的数据，而欧盟95指令第6（1）（d）条指出“更新（不过时）”就是数据质量的要求之一。

这样，欧洲法院就完成了对搜索引擎承担直接责任的法律依据的论证。同时，也为信息平台的事实性权力划出了明确的边界，即作为数据控制者的平台，进行了数据处理活动，用户享有要求其删除个人数据的权利，平台应当承担相应的义务和责任。

（二）明确了价值排序

1. 保护言论自由

作为个人信息原始发布者的新闻媒体是否要承担责任，也是谷歌案中的一个焦点问题。在事件一开始，当事人西班牙公民冈萨雷斯就是将新闻媒体放在了谷歌的前面，向西班牙数据保护局进行投诉的。冈萨雷斯做出这种排序的原因应该是基于一种认知习惯，谁发布谁承担主要责任。但是在具有专业理性的西班牙数据保护局以及欧洲法院看来，新闻媒体合法发布新闻报道是行使言论自由的正当行为，不用承担责任。冈萨雷斯在多年前欠下债务是事实，媒体的活动并无不妥。而谷歌则不同，其提供的搜索服务使若干年前本已过去的事情，又以信息的形式在许多年后重新回到用户面前，给信息主体冈萨雷斯带来了困扰。

欧洲法院在审理过程中落实了具体的责任主体。独立责任是直接责任原则的题中之义。谷歌曾要求原始发表网站事先或同时删除信息，以免除或减轻自己责任的履行。但欧洲法院明确排除了原始发表网站的责任。因为新闻网站依法发表公共信息受到保护，是新闻网站的职责所在，这种新闻信息发表活动并不造成对他人权利的侵害，与信息网站为某种商业目的进行信息处理及呈现的行为在性质上存在差别，正因为后者的信息处理活动往往带有目的性，信息删除责任应由信息平台独立承担。

2. 个人基本权利优于商业利益

欧洲法院在直接责任原则的确立过程中明确肯定了个人基本权利的优先地位。个人基本权利与服务商经济利益以及公众兴趣之间存在的矛盾，在一定程度上增加了解决互联网个人信息滥用问题的难度。当提出异议的信息主体越来越多时，删除大量的个人信息以及因此带来的对相关信息重新编辑的工作对信息平台来说意味着不小的成本，这也是他们极力强调自身处境并常常拉上公众兴趣一并“维权”的原因之一。在欧洲法院审理谷歌案的过程中，谷歌方面就提出，“要求搜索引擎从其索引中删除已发表在互联网上的信息没有足够考虑到新闻网站、其他互联网用户以及引擎商的基本权利”。对此，法院做出了在一般情况下“个人基本权利优先于服务商经济利益和公众兴趣”的价值认定。

（三）提出了"被遗忘权"

直接责任原则为无序的互联网信息利用活动树立了一种规制模式，但这种模式的应用也需要具备一定的条件。这个条件就是个人数据的处理活动不符合数据质量标准的要求。欧盟95指令列举了"充分、相关、不超出收集目的，准确、不过时，存储时间在必要范围内"等情况作为数据的质量标准。那么不符合数据质量标准的情况可以包括"不充分""不相关""不准确""超出收集目的"以及"过时"等。欧洲法院判定冈萨雷斯有权要求搜索引擎删除多年前的公告信息，针对的即是其中的"过时"信息。这项权利被直译过来叫作"被遗忘的权利"（right to be forgotten[①]），有的文献中将其称为"信息遗忘权"[②]或"数字遗忘权"[③]，为论述方便，本书将其称作"被遗忘权"。

随着互联网对个人生活影响的深入，尤其是信息平台海量存储信息和任意呈现信息的问题日益突出，如何帮助人们从"过时"信息中逃离成为最受关注的问题之一。人们越来越多地从各个角度提出了被遗忘的要求："被遗忘权无疑成为人们应对数字化记忆重要的法律手段。"[④]直到2012年年初，欧盟公布《一般数据保护条例（草案）》，被遗忘权进入数据保护立法程序，意味着信息平台的行为将受到进一步规范，谷歌案中对被遗忘权的承认也体现了这种趋势。2016年，该草案获得正式通过，新公布的《一般数据保护条例》将数据主体从数据控制者那里获得的"删除权"（right to erasure）称作"被遗忘权"（right to be forgotten）。从被遗忘权的产生来看，这项权利源于20世纪70年代法国或意大利的法律概念，其对应的英文为"right to oblivion"（笔者注：遗忘、淹没、豁免）。[⑤]这原本是用来保护有过犯罪记录的人的隐私的一项权利，[⑥]而个人信息在互联网上的长久滞留和任意呈现使这项权利从特殊主体扩展至普通个人成为必要，可以说扩大后的被遗忘权在很大程度上是针对信息平台的无序行为而产生的。当一件事情过去很久，有的在后来已经发生了变化（比如，以前出现财务危机后来已经还清债务），有的则已经被人们逐渐淡忘（比如，多年前一个未成年女孩发表了一张让自己后悔的照片），而信息平台却将其再度呈现，给信息主体带来了不必要的困扰或损失。有文章这样描述道："理论上，被遗忘的权利可以解决数字时代的紧急问题：由于照片（发布）、状态更新以及微博长期存在于'云'中，（人们）很难从过去逃离。"[⑦]被遗忘权承载着对人性中"羞耻心"的深切关怀，是追究信息平台直接责任的一个正当性依据。

---

① Judgement of Case C-131/12［Z/OL］.（2014-05-13）［2014-06-05］. http://curia.europa.eu/juris/document/document.jsf;jsessionid=9ea7d2dc30d5eaee0505a98a44268719aa0ff2e2d7df.e34KaxiLc3qMb40Rch0SaxuNbhj0?text=&docid=152065&pageIndex=0&doclang=en&mode=req&dir=&occ=first&part=1&cid=157645.

② 王融，沈玲．个人信息保护立法前沿问题研究［J］．互联网前沿，2014（3）：74.

③ 郑文明．互联网时代的"数字遗忘权"［J］．新闻界，2014（3）：55.

④ 何治乐，黄道丽．大数据环境下我国被遗忘权之立法构建——欧盟《一般数据保护条例》被遗忘权之借鉴［J］．网络安全技术与应用，2014（5）：172.

⑤ 郑文明．互联网时代的"数字遗忘权"［J］．新闻界，2014（3）：57.

⑥ 王融，沈玲．个人信息保护立法前沿问题研究［J］．互联网前沿，2014（3）：74.

⑦ ROSEN J. The Right to be Forgotten［EB/OL］.（2012-04-02）［2013-06-05］. http://thehealthcareblog.com/blog/2012/04/02/the-right-to-be-forgotten/.

三、关于谷歌案的争议

尽管谷歌案的判决曾一度被誉为“欧洲个人数据保护的里程碑”，但判决做出后也引起了一些争议。

（一）关于删除成本的承担能力

“自2014年5月欧洲法院做出判决之后，谷歌为了执行该判决，于5月29日开通了‘被遗忘’服务的申请网页，允许欧洲地区网民在线填表，提交删除申请。申请者需提供希望删除的链接、删除理由以及个人身份证件。这些删除申请将由谷歌专门成立的内部审查小组进行审查。对于那些通过审核的请求，谷歌将在28个欧盟成员国的谷歌网站搜索结果中删除相关链接，并通过电子邮件的方式通知申请人。谷歌公司已经接收到数万条的删除申请。如此巨大数量的申请需要花费内部审查小组大量人力与时间进行处理。在删除申请中，除了真正有需求的申请之外，还充斥着大量出于其他目的的申请。同时，因为审查过程缺乏透明度和公正性，没有统一的审查标准，审查小组的工作方式也遭到一些诟病。在每起申请中，用户希望将一些数据进行隐藏，但又有一些人认为这些数据应该公开。对于新闻报道链接的删除，也遭到新闻媒体的反对，认为此举不利于传媒业的发展。”[①]

这些结果也许是欧洲法院在审理案件时并未预料到的。但欧洲法院作为司法机关，依据法律的规定和法理的要求，判令谷歌承担删除责任，来为脆弱的个人数据权利提供保护，是无可厚非的。只不过，互联网环境中的信息传播秩序问题的复杂性，常常超出人们的预期。这里的争议直到今天，仍然未能达成统一。

（二）对言论自由的威胁

被遗忘权作为一项新权利也受到威胁言论自由的质疑。对此有学者曾写道：“强制性的被遗忘权将导致大规模的互联网审查，产生严重的寒蝉效应。”[②]欧洲法院对新闻网站因言论自由免责的判定在一定程度上回应了这类质疑。言论自由的重要性毋庸赘述，但含义常常被误解。

今人说起美国宪法中的“言论自由条款”，多以为它巨细靡遗，对形形色色的言论一视同仁，施以保护。然而，根据历史学家的考证，美国建国之初，制宪者之所以在第一修正案中规定“不得立法侵犯……言论自由或出版自由”，更多只是针对英国殖民者的“事前限制”措施，也即出版许可制度。这一观点，受到早期大法官的普遍认同，在司法个案中也有所体现。直到1907年，大名鼎鼎的小奥利弗·温德尔·霍姆斯大法官在审理“帕特森诉科罗拉多州案”时，仍坚持认为，宪法“并不禁止对那些危害社会安全的言论进行事后惩戒”[③]。

---

① 石静霞，张舵．从欧洲法院承认“被遗忘权”的判决看个人信息保护［J］．中国信息安全，2014（11）：114.

② 伍艳．论网络信息时代的“被遗忘权”——以欧盟个人数据保护改革为视角［J］．图书馆理论与实践，2013（11）：6.

③ 何帆．批评的限度就是民主的尺度（译者序）［M］//刘易斯．批评官员的尺度．北京：北京大学出版社，2011：7.

法律不能允许他们用伤害公民私人感情的方式表达意愿。[①]

以言论自由为滥用他人个人信息的行为辩护只能说是对言论自由的误读。

互联网上的言论自由主要应当在两种情况下受到尊重和保护。第一，新闻内容即便包含有个人信息，其存在的意义也主要是作为新闻事件中的一个要素而非全部，新闻发表并不以披露这些个人信息为直接目的。新闻发表也有自己的一套规则，如果涉及诽谤、侮辱等也可能进入司法程序，但如果仅仅是包含了某个人的一些真实信息，而且这些信息的发表又是合法的，那么就不能以保护个人信息为由加以限制。第二，在个人信息利用活动中，公众人物的个人权利应当受到适当限制。对公职人员来说，这种限制在法理上可以是基于委托人对公共权力受托人的监督，公职人员有义务向公众披露必要的个人信息以接受监督；对明星式人物来说，则是基于向公众开放部分个人信息以满足公众兴趣是他们的职业要求。但即便是对这些公众人物个人信息的利用也应当遵循必要、合法的原则。欧洲法院判决中对新闻网站责任的免除体现了对言论自由的审慎保护，被遗忘权与言论自由并不矛盾。

“舆情的生命周期可以归结为：开始、扩散、振荡和衰减。”[②]但信息的长期滞留改变了这种传统环境里的传播规律：随时都可能旧事重提。如果要解决这种“记忆与遗忘的斗争”[③]，就需要建立信息删除的责任机制。

（三）案例中的颠覆

对于在全球互联网公司排行榜上占得近半席位的中国来说，信息平台在搜索服务中承担何种责任，自然也是一个相当重要的问题。

1. 案例：刘某某诉百度公司隐私权纠纷案[④]

该案原告刘某某就是明星黄某某事件里的女主角。原告以百度公司侵犯隐私权为由，于2015年向北京市海淀区人民法院提起诉讼。原告诉称，从2014年5月起，北京百度网讯科技有限公司（以下简称百度公司）在其经营的百度网站上公开原告的真实姓名、籍贯、年龄，并配发多张照片，还配有文字称原告是“变性人”等。原告认为，百度公司的行为严重侵犯了自己的隐私权等相关权利，对原告的生活、工作造成了极大的困扰和无法挽回的社会影响。原告强调，百度公司侵犯隐私权，不考虑和顾及原告作为一个普通公民的个人感受，只考虑其网站的影响力和点击率以获取最大的经济利益。百度公司的行为导致其精神崩溃，多次想结束自己的生命。原告要求百度公司在其网站上删除自己的名字和照片等与原告相关的所有信息，并要求百度公司在其网站首页位置上发表致歉声明以及承担相应的损失赔偿。

百度公司则辩称：首先，百度公司并未接到原告通知，并不存在对原告所主张信息呈

① 何帆．批评的限度就是民主的尺度（译者序）［M］//刘易斯．批评官员的尺度．北京：北京大学出版社，2011：6.
② 刘雅绮，张扬．个人信息泄密的损失分级估算方法［J］．统计与决策，2012（8）：6.
③ 舍恩伯格．删除：大数据取舍之道［M］．袁杰，译．杭州：浙江人民出版社，2013：2.
④ 案情参见北大法宝案例数据库。

现的“应知和明知”，无法进行删除；其次，刘某某与黄某某的事件曾经受到了刑事处罚，是社会公众关心的新闻热点，与百度公司没有关系，不应承担责任。

一审法院审理查明，百度公司系www.baidu.com网站的经营者。原告委托公证处所做的公证书载明，2014年5月21日，原告的代理人使用公证处的电脑登录互联网在网页浏览器地址栏中输入www.baidu.com，进入百度网站首页，在百度网站首页搜索栏中输入“刘某某黄某某”，点击“百度一下”，进入搜索结果的第一页，有10个搜索结果项。使用“刘某某黄某某”关键词在百度“图片”中搜索，进入的搜索结果页面显示多张排列的图片，对其中的部分图片进行点击，被点击的图片旁都有图片信息，图片信息中有文字信息。

一审法院认为，百度公司在本案中实施的系搜索、链接服务行为。在无证据证明百度公司对被链接网站存在侵权内容主观上的应知或明知，且原告未能提交充分证据证明其在起诉前曾就侵权内容向百度公司发送过符合法律规定的有效通知。所以百度公司不应承担侵犯隐私权的责任。判决驳回了原告的全部诉讼请求。

原告刘某某不服一审判决，向北京市第一中级人民法院提起上诉。二审法院认为，刘某某提供的证据表明在百度公司网站上可以搜索到与其有关的相关链接结果，但不能证明相关链接指向的网站即为百度公司经营的网站，即不能证明有关其信息的内容为百度公司发布。百度公司主要以其搜索引擎为广大用户提供相关信息的搜索服务，在没有证据证明搜索到的链接内容是百度公司发布且百度公司对被链接网站存在侵权应知或明知的情况下，不能认定百度公司存在侵权行为。另外，刘某某亦未提交证据证明其诉前已向百度公司发出有效通知，其在二审中提及的百度百科词条中的内容，在原审中并未涉及，不属于二审的审理范围。如若有侵权行为，侵权人亦应是有关刘某某信息的发布者。据此，二审法院于2016年7月做出终审判决，驳回上诉，维持原判。

2. 案例评析

发生在我国的这一案例，与欧洲法院审理的谷歌诉西班牙数据保护局案，无论在责任主体的认定还是在最终判决内容上，都存在着明显的反差。如前文所述，欧洲法院在谷歌案中明确认定搜索引擎服务属于个人数据的处理行为，而且作为服务商的谷歌公司因决定着个人数据处理的目的和方式而扮演“数据控制者”的角色，从而应当承担个人数据的删除责任。而在我国的这起刘某某诉百度公司隐私权纠纷案中，两级法院都否定了百度公司的数据删除责任，对其提供的搜索服务是否属于数据处理，以及百度公司是否具有数据控制者的身份，更是只字未提。尤其值得注意的是，二审法院在判决书中明确表示，“如若有侵权行为，侵权人亦应是有关刘某某信息的发布者”。这与欧洲法院和西班牙数据保护局将信息发布者排除于责任主体之外的做法，可谓迥然不同。

其实，从两个案件所依据的法律来看，欧盟95指令和我国《侵权责任法》都规定了平台的数据删除责任。对于由平台之外的第三方发布的侵权信息，数据主体都有权利通知数据控制者（网络服务提供者）采取删除等措施。只不过我国《侵权责任法》明确网络服务者在接到删除通知后未采取措施的只对损害的扩大部分与信息发布者承担连带责任。在刘某某诉百度公司隐私权纠纷案中，法院仅以原告不能证明百度公司已收到其委托律师发送的律师函为由，认为原告不能证明自己对百度公司进行了有效通知，所以百度公司就不承担责任。

事实上，与此案相似的审判路径还有前面介绍的“任某某诉百度名誉权纠纷案”。针对该案中的争议焦点，一审法院认为，在原告个人信息被呈现的过程中，作为搜索引擎服务提供商的百度公司并未进行人为干预，所以不承担责任。为了证明这些个人信息的呈现是一种“自动化”的结果，法院对百度引擎的“相关搜索”功能做了很多描述。法院指出，在百度公司搜索页面的搜索框中输入“任某某”这一检索词，在“相关搜索”中都会显示出不同的排序及内容的词条，而且任某某主张的6个检索词也呈现出时有时无的动态及不规律的显示状态，这与搜索引擎“相关搜索”功能的一般状态是一致的，并未呈现出人为干预的异常情况，足以印证百度公司所称相关检索词系由过去一定时期内使用频率较高且与当前检索词相关联的词条统计而由搜索引擎自动生成，并非由于百度公司人为干预。然而，词条的排序和内容出现变化，并不代表任某某的个人信息就不会呈现了；搜索引擎自动生成，也并不意味着公民在发现自己个人信息被公开时就只能自认倒霉。

第六章 代表性的信息隐私法律制度体系

“无论是政治的立法或市民的立法，都只是表明和记载经济关系的要求而已。”①马克思关于法之物质制约性的这句论述，体现在对研究样本的选择上，即最具代表性的信息隐私法律制度，总是存在于互联网应用最发达、经济关系最复杂的地方。美国、欧洲和中国，正是这些代表性展现得最充分的国家或地区，这是三者的共性所在。但在制度的价值取向和内容安排上，它们又有着各自的特色，是三种风格迥异的制度体系。这些制度体系反映着不同的政治文化背景，并对经济与社会的发展产生了不同的影响，对我国信息隐私制度的建设具有重要的比较意义。

第一节 美国的信息隐私制度

美国是互联网的诞生地，其在技术上的领先地位得到世界公认。这种领先地位固然与其综合国力上的优势分不开，但美国开放的信息制度也在推动其技术发展、维护其领先地位上做出了重要贡献。总体上讲，美国是一个崇尚自由最大化的国家，在该国法制及社会的各个方面，都体现出“限制政府权力”的政治文化。严格地讲，美国没有一部专门保护个人信息的立法，与个人信息有关的规定多分散在各种文件中。当然，美国也有针对特殊群体的信息保护措施，如《未成年人信息保护法》，但对于普遍意义上的个人信息利用来说，法律不会过度限制信息在商业中的流动和利用，而是注重提供行业标准，主要依靠行业自律来维护秩序。

① 马克思，恩格斯．马克思恩格斯全集：第4卷［M］．北京：人民出版社，1958：121–122.

一、《宪法第一修正案》中的言论自由

形成于1791年的《宪法第一修正案》规定："国会不得立法……限制言论自由或出版自由。"从此，言论自由成为美国社会极为尊崇的一项基本自由，围绕言论自由展开的斗争与较量也此起彼伏。

发生在20世纪60年代的"《纽约时报》诉警察局长沙利文案"在一定程度上诠释了言论自由的重要性。这起案件并不复杂：1960年的美国，在当时南方的种族歧视现象仍然普遍存在的背景下，《纽约时报》刊登了一则声援黑人领袖马丁·路德·金的广告，"声援马丁·路德·金和在南方争取自由委员会"。这则广告中发表的一些言论，被当时的部分南方官员认为损害了他们的名誉，而《纽约时报》确实没有仔细审查这则广告中的所有内容，造成部分言辞与事实存在一些差别，但整体上仍然符合基本事实。广告刊登后，激怒了部分涉事官员。其中，亚拉巴马州警察局局长沙利文首先发难，通告报社说"广告指控他'严重失职'，指责'蒙哥马利市警方处置不当、玩忽职守'，因此，《纽约时报》应尽快'发布声明，撤回之前那荒谬不经的诽谤性言论'"①。报社回应说："我们颇有些迷惑……您凭什么推断广告上的声明是在影射您呢？"②沙利文随后起诉报社诽谤。

这起案件中有两个争议：一是广告中并未指名道姓，沙利文认为广告影射了他能否成立？二是在对官员的批评中，构成诽谤的条件是什么？前者反映的是个人信息可识别性认定的问题，后者要解决的则是批评官员的尺度。最后，在亚拉巴马州立法院的初审以《纽约时报》败诉告终：法院认定报社刊登"不实广告"的行为构成了对涉事人的"直接诽谤"，即"广告中被质疑的陈述……确定无疑地中伤到了被指涉者，而且损害了这个人的名誉、事业与社会地位"③。陪审团据此判定报社败诉，赔偿原告50万美元。

在这里，"影射"成为构成个人信息可识别性的一种理由，即"蒙哥马利市警方处置不当、玩忽职守"这条信息可以直接推断出"作为该部门主管官员的沙利文失职"的结论。而在批评官员的尺度上，地方法院也并未参考《宪法第一修正案》中对"言论自由"的保护，而是直接适用当地州法律，做出了构成"直接诽谤"的判决，将警察局局长与一般人在接受监督批评问题上同样对待。该案的初审结果，是政治斗争对法律的胜利。

但事情至此并未结束，四年之后的联邦最高法院撤销了该案的初审判决，主审大法官布伦南的判词对案件涉及的争议做出了清晰而精妙的阐述。布伦南并不回避广告中存在言论不实的问题，他平淡地复述了这些不实之处。描述完事件的前因后果之后，布伦南说道："我们撤销原判，因为亚拉巴马州立法院在政府官员因职务行为受到批评而提起的诽谤诉讼中，所适用的法律规则存在宪法缺陷，未能保护《宪法第一修正案》和《宪法第十四修正案》确立的言论、出版自由。"④但仅仅宣示自由的重要性对案件的审判是不够

① 刘易斯. 批评官员的尺度［M］. 何帆，译. 北京：北京大学出版社，2011：12.
② 刘易斯. 批评官员的尺度［M］. 何帆，译. 北京：北京大学出版社，2011：12.
③ 刘易斯. 批评官员的尺度［M］. 何帆，译. 北京：北京大学出版社，2011：40.
④ 刘易斯. 批评官员的尺度［M］. 何帆，译. 北京：北京大学出版社，2011：179.

的，更多精彩还在于这位大法官对言论自由的诠释。他在判决书首段采纳了报社律师的假设："这则广告属于关于公共事务的言论。"并特别强调："长久以来，我们的判决一直维护这种权利。"[①]在应对描述不实的问题上，布伦南提出了"确有恶意"原则，即："禁止政府官员因针对他的职务行为提出的诽谤性虚假陈述获得损害赔偿，除非他能证明：[被告]在制造虚假陈述的时候确有恶意，即被告明知陈述虚假，故意为之；或玩忽放任，罔顾真相。"[②]在这里，布伦南大法官在批判官员问题上确立了一种边界，即政府官员的职务行为属于公共事务，公众的监督和批评是宪法赋予的权利，同时，公众也是履行保障国家安全的义务，官员必须容忍不受限制、尖刻甚至错误的争论，除非其能够证明发言人在制造虚假陈述时是故意为之或玩忽放任、罔顾真相。

布伦南确立的批评尺度，体现了对言论自由最大限度的维护。在布伦南对言论自由气贯长虹的阐述中，本案中的另一焦点——地方法院认定警察失职的陈述构成对警察局长的影射，也相应地被撤销。布伦南这样说道："这种见解，对于批评政府的行为来说，实在是一种令人不安的牵强附会。"[③]其实，有了对批评尺度的把握，是否构成影射的问题显得并不那么重要了。从信息的可识别性上讲，这里的影射的确容易使人联想到警察局局长，指涉是成立的。即便如此，因为有"确有恶意"原则的存在，这也并不能改变报社后来胜诉的结果。上诉再审的意义主要在于确立了公众批评官员的边界。

二、《宪法第四修正案》衍生出的通信自由

形成于1791年的美国《宪法第四修正案》规定："人民的人身、住宅、文件和财产不受无理搜查和扣押的权利不得侵犯。除依照合理根据，以宣誓或代誓宣言保证，并具体说明搜查地点和扣押的人或物，不得发布搜查或扣押状。"

如果说《宪法第一修正案》保护的是公众在公共场合发表公共言论、参与公共事务免受限制的权利，那么《宪法第四修正案》旨在保护的则是公民在私人领域免受侵扰的自由。我们以现代生活的眼光在古老的美国宪法中寻找保护个人通信自由的依据，不免有些遗憾：这里并未明确规定公民的通信自由，即使是距今天较近的《宪法第四修正案》，其保护对象至少在字面上也只是物理意义上的"人身、住宅和财产"，并不包括"不可触及"的信息。1928年的欧姆斯蒂德诉美国案（Olmstead v. U.S.）就是这种局限性的写照。当时，欧姆斯蒂德因违反禁酒令被地方法院判决有罪，但警察搜集犯罪证据的方式，是通过在欧姆斯蒂德的办公室及住宅外搭线，对其电话内容实施监听录音。欧姆斯蒂德对证据来源的正当性提出了异议，认为证据获取的方式涉嫌违背《宪法第四修正案》，从而使这一问题进入了司法审查程序。但联邦最高法院中的多数意见认为，警察的行为并未构成"对被告有形财产的侵入"，"搭线是基于整栋办公大楼，监听也是在邻近大楼的街道上进行

---

① 刘易斯．批评官员的尺度［M］．何帆，译．北京：北京大学出版社，2011：180.
② 刘易斯．批评官员的尺度［M］．何帆，译．北京：北京大学出版社，2011：186.
③ 刘易斯．批评官员的尺度［M］．何帆，译．北京：北京大学出版社，2011：189.

的”。并且主审法官在最后强调，这里并没有“出现对房屋或庭院在物理上的实质侵入，或造成可触及的物质上的影响”，因此并不构成《宪法第四修正案》中的“搜查和扣押”事实。[①]在这起案件中，联邦最高法院在《宪法第四修正案》的适用问题上确立了“物理侵入”原则，该案也被视为“美国情报监听案例规则的起源”。[②]

然而，即使在保守的20世纪20年代，这起案件中仍有少数法官坚持认为警察的监听行为“不符合道德”，其行政权力应当受到限制。[③]其中，布兰代斯大法官在反对意见中指出：“对政府权力的一般性限制……并不禁止联邦政府或州政府通过制定规则以适应现代条件……保护个人免遭特定权力滥用的保障条款，也必须具有类似地适应世界变迁的能力。”他批评说：“世易时移……政府能够用更不易察觉且影响深远的方法侵犯隐私。人类的探索和发明使政府能够利用比拉扯人体的刑具更行之有效的方法，将密室私语披露于法庭之上。”他进一步揭示了电话监听与《宪法第四修正案》的关系：“电话是由其主管当局提供的公共服务。从本质上而言，在密封信件与私人电话信息之间没有任何区别。”[④]这些反对意见在数年后得到了回应。1934年，美国国会通过了《联邦通讯法》，“标志着美国情报监听法律制度（成文法）的产生，该法对欧姆斯蒂德案判决所确立的规则做了修改，明确限制了执法机关非合意的电话监听和泄露电话通讯内容，规定监听所获证据以及直接从监听中衍生出来的证据都不得在审判中使用（毒树之果理论）。”[⑤]

但是在美国人的选择中似乎总能看到实用主义的倾向。由于监听在客观上一直是一种非常有效的侦查手段，就在《联邦通讯法》颁布后不久，其试图确立的“禁止监听”规则即被多个联邦判例重新解释。“这一时期美国司法部与FBI对《联邦通讯法》关于监听的条款有了新的理解：该法案只是禁止泄露窃听内容，并没有完全禁止使用电话监听，不伴有‘物理侵入’的监听行为是合法的。”[⑥]

这种价值取舍上的反复在美国制度的发展史上可谓接连不断。比如1967年的伯格诉纽约案（Berger v. New York）又重新将监听纳入了《宪法第四修正案》的范畴，同时期的查尔斯·卡茨诉美国案（Charles Katz v. U.S.）发展出了“合理隐私期待原则”，将《宪法第四修正案》的保护对象从“处所”延伸至“人”；1968年美国国会通过的《综合犯罪控制与街道安全法》，通过规定电话监听的条件和程序来限制这种行政权力；1978年《外国情报监视法》将调整范围从刑事侦查领域有针对性的取证式监听，扩展至国家安全领域任意性的电子监控；1986年出台的《电子通信隐私法》则出于对信息技术及其应用之发展变化的因应，在1968年《综合犯罪控制与街道安全法》中涉及监听范围的相关条款中增加

① Olmstead v.U.S. ［277 U.S. 438（1928）］［Z］.（1928-06-04）［2014-12-05］. http://www.chanrobles.com/usa/us_supremecourt/277/438/case.php.

② 李志鹏，高可. 美国《涉外情报监视法》评介［J］. 江南社会学院学报，2014，16（3）：20-26.

③ Olmstead v.U.S. ［277 U.S. 438（1928）］［Z］.（1928-06-04）［2014-12-05］. http://www.chanrobles.com/usa/us_supremecourt/277/438/case.php.

④ 沃伦，布兰代斯. 隐私权［M］. 宦盛奎，译. 北京：北京大学出版社，2014：69-70，72，74.

⑤ 谢晓专，等. 美国情报监听立法沿革研究［J］. 图书情报工作，2011（22）：69-73.

⑥ 谢晓专，等. 美国情报监听立法沿革研究［J］. 图书情报工作，2011（22）：69-73.

了无线电子通讯、电话追踪装置以及移动监听等内容，并且开始允许CWD通过发布国家安全令，命令通信服务提供者提供客户的通信记录；1994年美国国会通过的《执法通信辅助法》更进一步地明确了电信运营商为配合执法截取通信信号的义务。

至此，美国的监听制度已经形成了一定的规模和体系，《宪法第四修正案》也多次被解释为包括了新技术条件下的通信自由。但具体的规则不是一成不变的，这里的演进过程充分展现了美国式立法模式上的务实风格。规则总是随着技术、社会，以及经济、政治环境的变化相应调整的，在这个过程中，唯一不变的是以国家利益为核心的价值权衡——集体安全、内部安宁、公共福利和个人永享自由的幸福。正如《美利坚合众国宪法》序言中所说："我们合众国人民，为了建立一个更完善的联邦，树立正义，确保国内安宁，提供共同防御，增进公共福利，并保证我们自身和子孙后代永享自由的幸福，特制定《美利坚合众国宪法》。"

三、《隐私权法》中的私权与例外

于1974年12月31日由美国国会通过的《隐私权法》，常常被视作美国个人信息成文法的代表。但无论对于"隐私"还是"个人信息"而言，这部法律都只体现了这些宏大问题中的一个侧面。实际上，它在《联邦行政程序法》中的地位更能说明这部法律的主要意义。该法在1979年国会修订《联邦行政程序法》时被编入《美国法典》第五编"政府组织与雇员"，又称《私生活秘密法》。这是一部限制政府处理个人信息之权力的行政法。这样的理解角度似乎更符合美国立法中的"限权"特点，也更便于我们理解美国制度对个人信息干预的重点和尺度。

如果用一句话概括《隐私权法》的适用范围，就是它围绕个人"档案材料"的处理，对政府与个人之间的关系进行了规范。在这里，体现了20世纪70年代个人信息处理活动主要发生在政府与个人之间的历史背景：当时的信息技术尚未发展到普通人可以随时发送和接收他人信息的程度，现实生活中真正接触个人信息的主体主要是政府。政府基于公共安全、公共福利等集体利益的需要，也基于公共职权的行使，需要且能够收集到大量的个人信息并将其用于社会管理。这种权力使得个人信息的收集具有强制性和普遍性，而个人信息的披露又具有事实上的可能性和任意性。《隐私权法》正是基于对这种可能侵害个人隐私之权力的限制，详细规定了政府记录、使用、披露以及保管个人信息的条件、义务和程序。

如果对这里提到的利用原则做出一定的归纳，可以包括以下几个方面：一是合法收集原则，如"除非有法律或与该档案有关者的明确授权，或者属于授权性执法活动的适当范围之内，不得保存任何记述个人如何行使《宪法第一修正案》所保障之权利的档案材料"。二是必要保存原则，如"每个保管档案系统的机关都应：仅在其档案中保存那些与完成由法律或总统行政命令要求其完成的任务有关而且必需的信息材料"。三是数据质量原则，如"保存该机关在做出有关任何个人的决定时使用的档案材料，而且要符合保证决定公正所合理需要的准确性、相关性、适时性和完整性”。四是信息主体支配原则，如“根据任何人提出的使用档案或档案系统中与其有关之材料的要求，允许其查阅该档案……允许该个人要求修改与其有关的档案内容”“任何机关都不得以任何方式向任何个人或其他机关提供其档案系统中的任何材料，除非有该档案内容相关者的书面申请或事前的书面同意为根据”。

这些利用原则与同时期的欧洲制度大体上相似，并无太多特殊之处，真正能够体现美国制度特色的是那些数量相当的例外规定。这些例外主要包括税收管理、刑事司法、情报工作，以及科研活动、政府日常行政等情况。其中，关于信息的去身份化处理值得一提，美国在多个规定中提到了如果该信息不能识别具体个人身份时的例外。比如在匹配规则上，允许“为得出无任何人身份识别标记的集合性统计数据而进行的匹配”，允许“为支持任何其所获数据不会用于有关个人权利、福利或特许权之裁定的研究或统计项目而进行的匹配”。又如在披露规则上，允许在“档案材料的提供对象已事先恰当地以书面形式向该机关保证，这些材料将完全用作统计研究或报告的依据，而且这些材料在使用中将转化为无法确认个人身份的形式”时对外提供。这种理念被后来的日本所吸纳。例外规定中的另一个重点自然是对国家情报工作的支持，如在匹配规则上允许“为对外反间谍目的而进行的匹配”，以及第十一条中的“特种例外”。

在《隐私权法》出台的同一时期，曾掀起了一股隐私权立法潮，比如1970年的《公平信用报告法》、1974年的《家庭教育和隐私法》、1978年的《财务隐私权法》、1984的年《电缆通讯法》等。这些制度虽然从不同方面规定了对隐私的保护，但制度产生的背景及其目标仍然主要是针对公共机构在个人信息处理上的权力限制，同时也规定了一系列例外情况。而1988年的《录像隐私保护法》和2000年的《儿童网上隐私保护法》则因适用对象的特殊性而不具有普遍意义。所以在美国的隐私权制度中，个人信息利用问题仍然以限制政府权力为主，同时，法律又不厌其烦地做出许多例外规定，以平衡政府限权与国家利益（或公共职能）上的价值，尤其是在对情报工作的支持和保障上，即便是这些以隐私冠名的制度，也体现出一如既往的坚持。1974年的《隐私权法》明确鼓励通过技术上的匿名化处理尽量保留私人领域之外的信息的价值。在这里，国家利益同个人自由被放在几乎同等重要的位置。

四、反恐背景下的《美国爱国者法》

2001年10月26日通过的《美国爱国者法》，其正式名称为“使用适当之手段来阻止或避免恐怖主义以团结并强化美国的法律”，取英文原名的首字缩写为“美国爱国者法”。[①] 与同时期其他法律（案）的出台相比较，《美国爱国者法》具有更为特殊的历史背景。“9·11”事件破坏的不仅仅是纽约市中心的两幢高楼，还摧毁了美国人长期以来的安全感和优越感。

① 《美国爱国者法》的英文名称为“Uniting and Strengthening America by Providing Appropriate Tools Required to Intercept and Obstruct Terrorism Act of 2001”，取首字母译为“USA PATRIOT Act”，而“patriot”正是“爱国者”之意，所以通常叫它“美国爱国者法”。

事件之后，公众对政府在预防和应对这起事故中的能力提出质疑和声讨，布什总统随即向恐怖主义宣战，他发誓："美利坚合众国将竭尽所能击败这个敌人。"[①]但凡谈及美国"9·11"事件的人们，无不对袭击者的残忍和罪恶进行了一番义正词严的谴责，但很少有人强调恐怖主义在美国政府态度中的定性。在这里，恐怖分子是"敌人"而非"刑事罪犯"，反恐是国家战争而非犯罪控制。在战争状态下，制度文明中的很多光辉都需要暂时调暗，因为集体安全是个人自由的保障。在由"犯罪控制"到"战争"的范式变化中体现了另一种变化，"即从对宪法权利和公民自由的优先关注转变为等量齐观地平衡国家安全和个人生存之间的关系……我们愿意放弃对理想和绝对自由的信念，以实用主义、有限自由取而代之，实实在在的安全取代了抽象的自由"[②]。尽管这部法律在后来不断被人们诟病，但它在出台之初，是出于对现实安全的沉重担忧，带有浓厚的爱国主义色彩的。这也是为什么这样一部扩张政府权力、缩减个人自由的法案能够在反映民意的国会高票通过的重要原因。

就其内容而言，《美国爱国者法》主要赋予了执法官员和安全部门更大的资源和权力打击国内外的恐怖主义，比如警察机关有权搜索电话、电子邮件通讯、医疗、财务和其他种类的记录；可以根据许可捕获音频邮件信息，这被视为数据截取，从而不需要符合窃听程序；在大多数情况下消除运营商在接到信息披露的传票时向客户发出通知的义务；加强警察和移民管理单位对于居留、驱逐被怀疑与恐怖主义有关的外籍人士的权力，等等。这意味着美国国内的公民以及合法居住者也一并成为信息监控的对象。如果说对外监听是国家情报工作的一个传统内容，那么对内监听的正当性则是一个绕不开的问题。正因如此，当公众逐渐从对"9·11"事件的惊恐和激愤中恢复平静时，他们也开始认识到这种政府权力的扩张正在侵犯宪法所保护的基本自由，而针对恐怖主义的低质量办案效果并未让这部法律生辉。2001年12月6日，美国司法部部长阿什克罗夫斯特在参议院司法委员会作证时说："……你们的战术只帮助了恐怖分子，因为这样只会破坏国家统一，削弱我们的意志。这些人为美国的敌人提供弹药，阻挡了美国的朋友。"[③]

随着反对声音的增加，在2006年3月9日，布什总统终于签署了两部旨在修正和完善《美国爱国者法》的反恐法案，即《美国爱国者法修改与再授权法》和《2006年爱国者法额外再授权修改法》，从国会监督、司法审查和执法部门内部监管三个方面加强了对政府反恐措施的监督和制约。比如《美国爱国者法修改与再授权法》"要求政府在申请215[④]调查命令时应当阐述合理的理由，使法官相信准备调取的商业记录与所调查的国际恐怖主义犯罪活动相关，而且这些被调查的外国情报信息不能涉及某一美国公民。"[⑤]体现了对信息

① 黄锦就，梅建明．美国爱国者法案：立法、实施和影响［M］．蒋文军，译．北京：法律出版社，2008：1.

② 黄锦就，梅建明．美国爱国者法案：立法、实施和影响［M］．蒋文军，译．北京：法律出版社，2008：5.

③ 黄锦就，梅建明．美国爱国者法案：立法、实施和影响［M］．蒋文军，译．北京：法律出版社，2008：348.

④《美国爱国者法》第215条规定了政府根据《对外情报监控法案》查询记录和其他项目的权力，实际上大量增加了这里的项目类型，可以包括服务器。参见《美国爱国者法》［Z］．(2001-01-03)［2014-09-01］．https://www.govtrack.us/congress/bills/107/hr3162/text.

⑤ 刘涛．《2005年〈美国爱国者法修改与再授权法〉》介评［J］．国家检察官学院学报，2008，16（2）：28-33.

隐私保护的加强。

《美国爱国者法》第215条中关于“可以以反恐目的接触商业记录”的规定，直接关系到信息隐私的安全。其实，《美国爱国者法》在实质上构成了对《宪法第四修正案》的违背。因为在社会网络化的背景下，邮递员投递信件的物理邮箱变成了网络空间里的电子邮箱，接待客人的传统客厅也转移到了网上平台，这里的电子邮箱和聊天平台承接了传统住宅的部分功能，是不折不扣的私人领域，符合《宪法第四修正案》中保护私人空间的精神。正如美国前军方情报官员克里斯托弗·派尔所说：“我认为《宪法第四修正案》并不存在，在我看来它已经被《美国爱国者法》和一些法庭签署的授权埋葬了。”①

五、“棱镜门”事件之后的调整

对《美国爱国者法》的批评在事件中应验。2013年6月5日，英国《卫报》发表了美国前中央情报局雇员斯诺登提交的绝密爆料：美国国家安全局有一项代号为“棱镜”的秘密项目，要求电信巨头威瑞森公司必须每天上交数百万用户的通话记录。一天之后，美国《华盛顿邮报》披露称，过去六年间，国安局和联邦调查局通过进入微软、谷歌、苹果、雅虎等九大网络巨头的服务器，监控美国公民的电子邮件、聊天记录、视频及照片等秘密资料。美国舆论随之哗然。接着法国、德国等多国媒体纷纷曝光了美国国安局监视本国政府及领导人邮件和电话的行为。世界范围内掀起了保护个人信息的高潮，美国在信息隐私制度上也做出了一些调整。

为了重新树立美国政府在国内和国际上的信任，从2015年开始，美国总统奥巴马就在多处公开演讲中，描述了未来隐私保护的蓝图。奥巴马的提案涉及消费者隐私、数据泄露、网络安全、学生隐私等多个方面。看起来，这一次并不是细节的修补，而是全面的变革。实际上，奥巴马曾在2012年1月就提出了《消费者隐私权利法案》，后来因“棱镜门”事件搁浅。此次事件之后，这项法案又频繁地出现在他的各种演讲中。

然而，隐私保护并未就此一帆风顺。奥巴马关于隐私保护的观点，是在不同场合分情况提出的，而在类似于发表国情咨文这样注重国家利益的场合，他又把网络安全问题摆在大家面前。奥巴马曾计划在2015年布置6 000位“网络战士”，这一数字是2014年的三倍。此外，他还计划与英国成立联盟，加强两国在网络安全机构之间的合作，这意味着政府监控的权力还会增大。

发生在2017年年初的一件事，进一步说明了美国在隐私保护问题上的反复多变。3月，国会废除了几个月前刚通过、还未来得及实施的《宽带隐私条例》（*Broadband Privacy Regulations*）。有媒体将此事件解读为新总统特朗普对奥巴马任下隐私保护法律的废除。实际上，从美国隐私制度的历史发展过程来看，美国决策层在价值权衡时，一直都是更加重视国家利益和集体安全的，对于隐私的保护，主要是针对那些不涉及国家重要利

---

① 黄锦就，梅建明．美国爱国者法案：立法、实施和影响［M］．蒋文军，译．北京：法律出版社，2008：258.

益的问题，比如大众媒体与报道对象之间的隐私纠纷，等等。国家利益、网络安全才是美国政府考虑的头等大事。

六、行业自律中的活力

与其他国家不同的是，美国在对待行业发展的态度上总体上是较为开放的。技术上的领先与行业上的成熟相辅相成，最大限度地为美国争取着可观的收益。美国前总统奥巴马在2013年2月12日签署的行政命令中说："美国的政策是加强国家关键基础设施的安全性和适应性，保持一个在鼓励高效、创新和经济繁荣的同时促进安全性、保护商业秘密、隐私和公民自由的网络环境。"① "以美国为代表的行业自律模式认为，制定严格的法律来保护个人信息，必然会阻碍个人信息的自由流通，进而会影响到对个人信息进行再利用，不利于社会和经济的发展。该模式主张政府不应该过于干预个人信息的保护，而应该将精力放在维护市场的公平竞争方面。"②

在个人信息的保护方面，美国的自律制度在形式上主要包括以下几种：一是由政府或行业团体通过提供行业指引，向商业机构提出建议。这里具有代表性的要数"美国隐私在线联盟"，它已吸引了雅虎、迪士尼以及美国在线等知名企业逾100家作为成员单位，这些成员单位应同意执行和公布隐私政策，给予用户选择与同意的机会，以及提供必要的安全措施等。二是在网络上推行隐私认证行动，类似于商标许可，对那些拥有隐私政策并执行较好的商家发放特殊标识，使用户能够轻松辨认。这里的组织者既有行业组织，如TRUSTe负责认证并监督网站隐私政策的制定与执行；也有政府机构，如作为商业促进局委员会附属机构的商业促进局在线组织，对其成员单位对隐私政策执行情况进行监督检查，并取消违规者的成员资格，甚至移送政府。③三是推广技术保护标准的应用，隶属于美国商务部的国家标准技术研究院（NIST）就是一家致力于通过开发和推广技术标准增加网络安全度的组织机构。它最近发布的降低关键基础设施网络风险的自愿框架，为管理网络风险提供了一种通用语言和系统方法。④四是企业内部自设信息官，具体负责和管理客户数据的安全和使用。

美国在信息行业中坚持采用自律制度，固然与其自由主义传统分不开，但互联网这种信息传播环境也在客观上推动了这种自治模式的应用。海量和分散，是互联网信息传播的重要特点，由有限的法律条文和稀缺的执法资源来管理普通商业活动中的信息问题，在成本收益比上似乎并不存在太多的理由。

① SEDGEWICK A. The NIST Framework for Improving Critical Infratructure Cybersecurity [C]. Beijing: 19th U.S.–China Legal Exchange, 2015.
② 肖志锋. 公共部门信息再利用中的个人信息法律保护 [J]. 图书与情报，2013（3）：56.
③ 徐敬宏. 美国网络隐私权的行业自律保护及其对我国的启示 [J]. 情报理论与实践，2008（6）：955–957.
④ SEDGEWICK A. The NIST Framework for Improving Critical Infratructure Cybersecurity [C]. Beijing: 19th U.S.–China Legal Exchange，2015.

第二节　欧洲的信息隐私制度[①]

同美国相比，欧洲的信息隐私制度更多地表现为对个人自由的严格保护，这种立法特点，反映的是欧洲与美国在信息利用实力上的差别。一方面，在技术力量上，美国在整体上领先；另一方面，在信息来源上，欧洲是美国的重要市场，欧洲对美国的信息输出数量是可观的。在这样一种剪刀差之下，欧洲的个人信息制度必然需要防范美国对欧洲成员国的信息截取。但同时，欧洲在制度上又需要保护和激励本地区的信息产业发展，所以欧洲又不断有提倡推动信息自由流动的制度出现。

一、人权公约及其对欧洲的影响

第二次世界大战结束后的1948年12月，联合国大会第217号决议（A/RES/217）通过了以维护人类基本权利为宗旨的《世界人权宣言》，虽然它不具有强制性约束力，但它作为世界人权保护之指导的意义，得到公认。后续订立的诸多国际公约皆以此部宣言的基本原则和内在精神为继承。

宣言所强调的，与信息隐私问题相关的个人基本权利与自由，主要体现在：

> 第一条　人人生而自由，在尊严和权利上一律平等，他们有理性和良心，并应以兄弟关系的精神相对待。
>
> 第三条　人人有权享有生命、自由和人身安全。
>
> 第十九条　人人有权享有主张和发表意见的自由；此项权利包括持有主张而不受干涉的自由，和通过任何媒介和不论国界寻求、接受和传递消息和思想的自由。
>
> 第二十八条　人人有权要求一种社会的和国际的秩序，在这种秩序中，本宣言所载的权利和自由能获得充分实现。
>
> 第二十九条之一　人人对社会负有义务，因为只有在社会中他的个性才可能得到自由和充分的发展。

在信息隐私问题上，个人生活安宁和个人财产人身安全是个人信息利用活动可能侵犯到的两种主要利益。一方面，生活安宁直接关系到个人对尊严的体验；另一方面，个人信息滥用还可能危及个人的安全，包括财产安全和人身安全，前者如通过身份证号、手机号等个人信息盗取银行账户中的资金；后者如通过家庭住址、姓名等个人信息骗取信任进入私人住宅。而尊严和安全又直接关系到个人自由的实现，所以“安全”“尊严”“自由”是个人基本权利固有而重要的内容，在这部广为人知的人权宣言中均得到庄重的宣示。

---

① 本节主要以欧盟层面的法律制度为研究样本，既包括欧盟制定的法律性文件，也包括欧盟参与订立的国际条约。这是因为欧盟层面的法律制度对成员国具有约束力或指引力，能够在整体上反映欧洲的信息隐私制度情况，因此本节只在极具个性化的地方涉及具体国家的政策或法律。

这部宣言的意义不仅在于强调了人人平等，也不仅在于对个人权利做了更广泛的扩展，还在于它把权利和义务联系起来，否定没有义务、不受任何限制的绝对权利。并要求建立一种使其所载的权利和自由得以充分实现的国际秩序。这些精神和原则为后续的国际公约所吸纳。

最先做出反应的是《保护人权与基本自由的欧洲公约》，又称《欧洲人权公约》，该公约于1950年11月4日在欧洲理事会主持下在罗马签署，1953年9月3日生效。它是第一个区域性国际人权条约，规定集体保障和施行《世界人权宣言》中所规定的重要权利和基本自由。该公约在前言中庄严地写道：

> 考虑到一九四八年十二月十日联合国大会宣布的世界人权宣言；
>
> 考虑到该宣言的目的在于对其中宣布的权利得到普遍和有效的承认与遵守；
>
> 考虑到欧洲理事会的目的就是促进其成员之间更大的团结并考虑到遵循上述目的所采取的手段之一就是维护和进一步实现人权与基本自由；
>
> 重申它们对于各项基本自由的深切信仰，这些基本自由是世界正义和和平的基础，一方面通过有效的政治民主，另一方面由各成员所承诺的对基本人权的一种共同谅解和遵守来给予最好的保护。

《保护人权与基本自由的欧洲公约》对其签署国具有法律上的强制力，将《世界人权宣言》中的基本原则由宣示落实到了本地区的立法实践中。与信息隐私问题直接相关的条文主要有：

> 第八条之一　人人有权享有使自己的私人和家庭生活、家庭和通信得到尊重的权利。
>
> 第八条之二　公共机构不得干预上述权利的行使，但是，依照法律规定的干预以及基于在民主社会中为了国家安全、公共安全或者国家的经济福利的利益考虑，为了防止混乱或者犯罪，为了保护健康或者道德，为了保护他人的权利与自由而有必要进行干预的，不受此限。

在这里，私生活中的安宁和通信秘密得到承认，但同时又规定了例外条件，包括国家安全、公共安全、国家的经济福利、防止混乱或者犯罪、保护健康或者道德，以及保护他人的权利与自由。这里的“他人的权利与自由”又包括公民的表达自由。正如公约第十条所规定的：

> 第十条之一　人人享有表达自由的权利。此项权利应当包括持有主张的自由，以及在不受公共机构干预和不分国界的情况下，接受和传播信息和思想的自由。本条不得阻止各国对广播、电视、电影等企业规定许可证制度。
>
> 第十条之二　行使上述各项自由，因为负有义务和责任，必须接受法律所规定的和民主社会所必需的程式、条件、限制或者是惩罚的约束。这些约束是基于对国家安全、领土完整或者公共安全的利益，为了防止混乱或者犯罪，保护健康或者道德，为了保护他人的名誉或者权利，为了防止秘密收到的情报的泄露，或者为了维护司法官员的权威与公正的因素的考虑。

其中，“接受和传播信息的自由”，是“个人安宁和通信秘密”的一个主要抗辩理由。同样地，表达自由的行使也是有约束的，比如国家安全、领土完整或者公共安全的利益，防止混乱或者犯罪，保护健康或者道德，保护他人的名誉或者权利，防止情报泄露，以及维护司法权威与公正。所以，“私生活的安宁和个人安全”与公民的表达自由之间，以及表达自由与国家安全和公共利益之间，都是需要兼顾和协调的价值矛盾。事实上，这种兼顾和协调在后来的欧盟立法及其成员国国内立法中均有体现。

同样的制度架构也体现在适用主体更广泛的联合国《公民权利与政治权利国际公约》中。这是1966年12月16日联合国在《世界人权宣言》的基础上通过的另一部国际公约，于1967年4月23日执行。与信息隐私问题直接相关的条文主要有：

> 第十七条之一　任何人的私生活、家庭、住宅或通信不得加以任意或非法干涉，他的荣誉和名誉不得加以非法攻击。
>
> 第十七条之二　人人有权享受法律保护，以免受这种干涉或攻击。
>
> 第十九条之一　人人有权持有主张，不受干涉。
>
> 第十九条之二　人人有自由发表意见的权利；此项权利包括寻求、接受和传递各种消息和思想的自由，而不论国界，也不论口头的、书写的、印刷的、采取艺术形式的、或通过他所选择的任何其他媒介。
>
> 第十九条之三　本条第二款所规定的权利的形式带有特殊的义务和责任，因此得受到某些限制，但这些限制只应由法律规定并为下列条件所必需：（甲）尊重他人的权利或名誉；（乙）保障国家安全或公共秩序，或公共卫生或道德。

在这里，制度架构仍然是以兼顾个人基本权利与公共利益的形式出现。从条文的具体内容上看，进一步明确了“私生活、家庭、住宅或通信”这四种具体的保护范畴，在表达自由的实现渠道上包含了“通过他所选择的任何其他媒介”，互联网也不例外。

事实上，欧盟及其成员国在此后制定的个人信息法律制度，诚恳而庄重地延续了上述国际公约及宣言的立法精神，一方面坚决保护个人应有的基本权利和自由，另一方面也不忘保障信息应有的自由流动。在主要的个人信息立法中，都能看到对这两种价值的兼顾和协调。

二、1980年的经合组织指导方针

个人信息制度的发祥地在欧洲。1970年，德国黑森州诞生了世界上第一部数据法。瑞典1973年出台的数据法是世界上第一部国家层面的数据保护法。紧接着，德国联邦层面、法国、挪威、卢森堡也在20世纪70年代先后立法。但由于各国法律和政策出现了不同，同时又缺乏其他有效的国际措施，经合组织理事会在1980年公布了《关于隐私保护与个人数据跨界流动的指导方针的建议》，以期找到并维护各成员国“在保护隐私和个人自由上、在调和隐私和信息自由流动这两种基本的但相互冲突的价值上具有（的）共同利益”。这里的“共同利益”主要是指在以不侵犯个人基本权利和自由的前提下推进各国间的信息自由流动。它建议“成员国努力消除或避免以隐私保护的名义为个人数据的跨界流动制造不正当的障碍”，建议“在实施附件所提出的指导方针方面，成员国相互合作”。虽然这份建议本身不具有强制性约束力，但数据利用的基本原则及例外限制制度的雏形由此形成，并在后来的指令和规章中得以沿用。

这里的基本原则包括国内适用和国际适用两个部分。国内适用的基本原则包括收集限制原则、数据质量原则、目的明确原则、使用限制原则、安全保障原则、公开原则、个人参与原则和责任原则。国际适用的基本原则包括自由流动和合法限制，承认国家之间持续而不受干扰的信息流动的需要，承认信息的经济价值，承认采取安全保障措施以减少对数据所有权的侵害，同时也承认国家对危害国家安全、违反公序良俗或侵害公民权利之数据传输行为予以禁止的合法利益。1980年的经合组织指导方针，是旨在促进信息自由流动的国际性文件，信息流动的好处在这份文件中得到了集中呈现：“个人数据的跨界流动有利于经济和社会发展。”

三、欧盟层面的个人数据制度

（一）《1981年公约》

欧洲理事会成员国于1981年1月在斯特拉斯堡签署了《有关个人数据自动化处理之个人保护公约》（以下简称《1981年公约》），强调应当认可“对尊重个人隐私的基本价值取向和不同国家的人民之间信息的自由流动进行调和是很有必要的”。但这种“调和”在当时仍然以保护个人隐私权为重，正如其第一条所述，“本公约的目的是确保……每个人，其权利和基本自由均受到尊重，特别是对于其个人数据进行自动化处理时，充分尊重其隐私权。”

对个人权利的重视还体现在规制对象的广泛性上。同美国以监督政府为重点不同，这份公约规定适用对象不仅包括政府，还包括私人部门，甚至包括公共部门中除政府之外的团体、协会、基金会以及其他直接或间接由个人组成的机构。在适用范围上既包括个人数据的自动化处理，还包括非自动化处理，囊括了几乎所有的个人数据处理活动。可见当时的欧洲在观念上是趋于保守的，他们更愿意排斥对个人数据的处理。

如果说《1981年公约》对缔约国范围内信息处理的限制，反映了欧洲社会在民族文化上的保守倾向，那么这种倾向至少是温和的，因为公约规定缔约国不得仅出于保护隐私的目的，禁止或限制向其他缔约国传送个人数据。而2001年附加议定书所增加的“监管机构与跨国数据流动”的内容，则体现了这些地缘国家所共有的谨慎和对外部世界的怀疑。附加议定书规定，缔约国不得向缔约国之外的国家或地区传送数据，除非这些国家或地区对个人数据提供了充分的保护。这种充分程度大概应与本公约相当。此外，为了保证公约的落实，还规定设立专门的监管机构，独立行使监管权，包括调查、介入、听取主张以及参与诉讼的职权。

（二）1995年个人数据指令

强调保护个人自由的1981年公约未能对欧洲国家之间共同市场的发展起到推动作用。在十余年后的1995年10月，为了“使各成员国对共同市场的建立和运转发生直接影响的法律、规定和行政规定趋于接近”，欧洲议会和欧盟理事会公布了《关于涉及个人数据处理的个人保护以及此类数据自由流动的指令（95/46/EC）》（以下简称《95指令》）。在这里，信息的自由流动与个人权利的保护被放在了几乎同等重要的位置。前言第（2）条阐明了这种同等地位的价值基础：“鉴于数据处理体制是为服务人类而设置的；无论自然人的国籍和住所，他们必须尊重他人的基本权利和自由，特别是隐私权；并促进经济和社会进步、贸易扩张以及个人福利的提高。”如果将个人基本权利和自由的保护视为“服务人类”的消极方式，那么信息流动带来的经济和社会进步、贸易扩张以及个人福利的提高则是“服务人类”的积极方式，两者辩证统一于“服务人类”这个根本目的之中。对两种价值的兼顾在指令开首即得到了明确体现：

第一条　本指令之目标

（1）为与本指令相一致，成员国应当保护自然人的基本权利和自由，特别是他们与个人数据处理相关的隐私权。

（2）各成员国不得以与第1款所规定的相关保护理由来限制或者禁止成员国之间个人数据的自由流动。

与之前的各种制度文件相比，《95指令》无论在体例结构的设计上，还是在具体规则的安排上，都更加具体、详尽。从其立法背景的描述中，可以看到《95指令》制定时期的许多新情况。首先是信息技术的进步正在使个人数据的处理和交换变得越来越容易，这导致了因个人数据处理而产生的请求日益增多。其次是成员国之间各种合作的增加，如科学技术上的合作和新型电信网络的协调，使个人数据跨境流动成为必要并更为便利。技术的进步以及社会合作的发展，是《95指令》产生的重要条件，这也是这里强调信息自由流动重要性的原因。此外，背景中提到，《95指令》只适用于数据的自动化处理，以及人工处理中具有结构性的文件系统，这些适用对象的共同特点在于容易被获取，比如存储在数据库中的数据便于被搜索。至此，《95指令》跟随技术和社会发展，对新技术条件下的信息传播秩序确立共同标准的意旨已经显现。正是因为结构全面，内容上能够紧跟时代发展，这部制度文件在其产生之后的二十余年间都发挥着深远的影响。

（三）1997年、2002年两部电信指令

1997年12月15日，欧洲议会和欧盟理事会通过了《电信领域的个人数据处理和隐私保护指令》（以下简称《97电信指令》）。在《95指令》公布仅两年之后，《97电信指令》的出台主要是为了应对综合业务数字网（ISDN）的引入，所以常常被视作《95指令》在电信领域的拓展版。在这里，增加了四个概念：一是“用户”，即公共电信服务合同中作为服务接受者签字的人；二是“使用者”，指任何使用公共电信服务的人，而这些人不一定需要与服务商签订合同；三是“公共电信网”，是指为提供公共电信服务，能够通过远

程电波在终端之间传输信号的信息传播系统；四是“电信服务”，指除广播电视以外，整体上或部分地包括通过电信网络进行信号传输的服务。

接下来，该指令规定了各种主体在电信网络运行中的责任和义务。其中，电信服务商的义务范围包括在技术上提供安全措施的义务，通知用户关于信息安全的义务等；各成员国的义务在于立法禁止通过公共电信网络进行窃听、截取和存储以及其他干涉和监视的行为；网络服务商负有将存储在公共通信网络上的个人交通信息删除或匿名化处理的义务，等等。总之，《97电信指令》是在新技术条件下对《95指令》的一次发展，在一定程度上建立了网络环境中个人数据传播制度的雏形。

五年之后，《97电信指令》被新的指令所替代，即2002年7月12日由欧洲议会和欧盟理事会通过的《关于电子通信领域个人数据处理和隐私保护的指令》（以下简称《2002电信指令》）。这里出现了一些重要的变化，一是在2001年美国“9·11”事件的影响下，《97电信指令》中大力倡导的信息自由流动在《2002电信指令》中不再明显，而是新增加了以国家安全为目的进行的通信监听与截留。“9·11之后，政治环境发生了改变，欧洲议会面临着来自各成员国的巨大压力。最终，2002年5月30日，欧洲议会通过了欧盟部长理事会支持的新的隐私指令，并于6月25日在欧盟部长理事会上予以通过。根据新的指令，成员国现在可以通过法律，强制要求截留所有通过移动电话、短信、固定电话、传真、电子邮件、聊天室、互联网或者任何其他电子通信装置传送的信息。这种要求可以为国家安全及预防、调查与追究犯罪等目的而提出。”①二是技术的发展带来了更多的新问题，比如《97电信指令》使用了“远程通信”（telecommunication）的概念，而《2002电信指令》出台时则修改为“电子通信”（electronic communications），相应地出现了“传输通信”“定位数据”“增值服务”以及“电子邮件”等新概念。正如《2002电信指令》在前言中所说：“网络上的公用电子通信服务不仅为使用者带来了新的可能性而且也给他们的个人数据和隐私带来了新的风险。”②新的电信指令对服务商设置了一系列的义务，如为网络用户提供选择个人信息是否被记录的机会、在清晰而准确地告知用户“cookies”的存在后才能得到使用这些设备的允许、匿名化或假名化处理，等等。当然，新指令在对通信服务商设置责任的同时也考虑到了技术状况和执行成本，明确表示不阻止仅仅基于在电子通信网络中传输通信的目的而进行的任何技术存储和获取，体现了“技术中立”的立场。

（四）2000年个人数据规章

在《2002电信指令》取代《97电信指令》之前，欧洲议会和欧盟理事会还在2000年12月18日通过了《关于与欧共体机构和组织的个人数据处理相关的个人保护以及关于此种数据自由流动的规章》。这部规章的主要任务在于，如前言中声称的那样，“为了给个人提供法律上可以强制执行的权利，为了明确欧共体机构和组织内的控制人在数据处理中的义务，以及为了创制一个独立的监督机构负责监控欧共体机构和组织的个人数据处理

① 周汉华．中华人民共和国个人信息保护法（专家建议稿）及立法研究报告［R］．北京：法律出版社，2006：94．
② 欧洲议会和理事会关于电子通信领域个人数据处理和隐私保护的指令［Z］．2002：前言第6条。

活动，有必要制定一个规章”。这里的独立监督机构就是“数据保护监督员”。这里提到的职责主要包括听取投诉并进行调查、监督个人数据法律的实施、向欧共体组织和机构提出建议，对信息和通信技术的发展等情况进行监控，以及对通知中的数据进行事前监督，等等。

除了建立独立的监督机构之外，这部规章还在保护个人自由的具体方法上给出了不少新颖而有用的意见。比如，数据主体拥有“贴标隔离”的权利，即当数据的精确性受到质疑时，或者数据利用任务已完成但仍需保留数据时，或者数据处理非法时，数据主体可以向控制人提出贴标隔离的要求，除了出于证据之目的，数据主体之同意，或者为保护第三方利益的情况，被实施隔离措施的数据只能存储，而不能被处理。又如，主叫线路和被叫线路的使用者有权获得免费阻断对方线路识别显示的权利，等等。

这部“对所有成员国发生完全的直接的约束力”的规章，强化了对个人隐私的保护，这也是欧洲社会长期以来的政策偏好，但在“9·11”事件之后，即便是保守的欧洲，其立法与政治活动中也更多地体现了对国家安全价值的重视。

（五）2016年《一般数据保护条例》

2016年4月14日，欧洲议会投票通过了商讨四年的《一般数据保护条例》，并将于2018年5月25日正式生效。该条例是在95指令基础上的升级，被誉为“最严格的个人数据保护法”，替代《95指令》。从该条例的内容上看，主要有以下几个亮点：

首先，该条例在第一条“主题与目标”中，开宗明义地标明：“本条例就与个人数据的处理有关的自然人的保护和个人数据的自由流动订立规则。”这是该条例新增的一款，相较于《95指令》而言，更加明确地将数据流动与个人保护放在了相当的位置，作为新条例的主旨。

其次，第三条“地域范围”明确了新条例对跨国公司的管辖权。在《95指令》中，只是要求成员国立法要求对数据的跨境转移订立规则，要求第三国确保提供的保护达到足够的水平。随着互联网应用的发展，在实践中出现了跨国公司将欧洲公民的个人数据转移至欧洲境外进行处理，而欧洲法律没有明确的管辖依据的情况。在著名的“被遗忘权诞生案例——谷歌诉西班牙数据局案”中，谷歌就对欧洲法院的管辖权提出了异议。《一般数据保护条例》对地域管辖权进行了明确：只要数据的控制者或处理者在欧盟境内设立，《一般数据保护条例》就有管辖权，而不问其处理行为是否发生在欧盟境内；只要数据主体在欧盟境内，《一般数据保护条例》就有管辖权，而不问控制者或处理者是否在境内设立；即使控制者设立在欧盟境外，但设立在依据国际公约欧盟成员国法律可适用地的控制者，《一般数据保护条例》也适用。这一组条款是对现实问题的及时回应。欧洲是美国互联网公司的主要市场之一，在监听风波、侵权泛滥的背景下，明确管辖权有利于保护公民的基本权利和集体安全。

再次，在具体的个人数据保护方式上，《一般数据保护条例》引入了“假名化”（pseudonymisation）制度。该条例在“原则”一章里将假名化作为判断是否属于“合法处理数据”的情形之一。根据第4条的规定，“假名化是指一种个人数据的处理方式，在不使用其他附加信息的情况下，个人数据不能再（单独）用来识别到具体的数据主体，因为附加信息被分开存放，技术和管理措施确保这些个人数据不能指向一个明确的或可识别的自然人”。“pseudonymisation”一词在该条例中出现了十余次，多次与“加密”或“数据最小利用”放在一起，作为达到数据保护要求的具体方法之一。关于“假名化”的作用，该条例在前言中明确指出：“个人数据假名化的应用，能够减少数据主体的风险，并帮助控制者和处理者完成数据保护的义务。”“假名化”在实质上是要实现“数据存储的分散化”。通过分散化存储，可以阻断数据集合的识别路径，即便有人侵入系统，得到的也只是信息碎片，而不是现成的个人档案，有利于从源头上降低隐私泄露的风险。信息的自动存储及其带来的长期滞留，是隐私安全的隐患，而“假名化”所要实现的“存储分散化”则是瓦解这种信息集中存储状态的合理方法。

四、后斯诺登时代的防范升级

美国“棱镜门”事件在情报安全方面对国际社会的影响不亚于“9·11”事件。在此后的几年里，世界多个国家尤其是欧洲国家对美国互联网企业的防范不断升级。

欧洲与美国之间关于数据跨境转移的谈判可以追溯至21世纪初。《95指令》公布之后，谷歌、雅虎等互联网企业成立，美国互联网产业进入快速发展时期。由于互联网产品与服务具有跨国境的特点，必然涉及数据的跨境收集、传输和转移。为了规范这种数据跨境流动，欧盟与美国于2000年达成了一个“安全港”协定，随后欧盟通过“2000/520号充分保护决定”，对“安全港”协定的原则和内容进行了认定，确认其达到了欧盟的充分保护要求。这意味着美国互联网公司只要加入安全港，并公开承诺遵守相关要求，就可以将欧盟国家公民的个人数据转移到美国境内进行处理。

然而，斯诺登事件让这种“安全港”制度遭到了广泛质疑。2014年1月，欧盟和美国开始启动谈判，磋商新的数据跨境协定，以取代之前的安全港协定。谈判还没结束，2015年10月6日，欧洲法院便一纸判决否决了安全港协定。案件源于奥地利公民Schrems针对脸书跨境转移其个人数据而向爱尔兰数据保护委员会提出的投诉。爱尔兰数据保护委员会拒绝了这一投诉；Schrems遂起诉到爱尔兰高等法院。爱尔兰高等法院认为，一旦欧盟公民个人数据被转移到美国，在不加区分的大规模监控、拦截过程中，NSA、FBI等联邦机构就可能非法获取这些数据；考虑到案件涉及欧盟“2000/520号充分保护决定”，故提请欧洲法院做出裁决。欧洲法院认为，欧盟委员会没有尽职调查美国对个人数据实际上是否提供了充分保护，而是仅仅通过审查安全港协定就得出了武断的结论。此外，美国国家安全、执法诉求等凌驾于安全港之上，可以对跨境转移到美国的欧盟公民个人信息采取监控、拦截、获取等措施。在这样的背景下，“2000/520号充分保护决定”其实没能达到《95指令》所要求的充分保护程度，因此无效，“安全港”协定因而遭到否定。

安全港被欧洲法院否定之后，双方谈判加速。2016年2月2日，欧盟委员会宣布，双方已经达成一个新协定，名曰“欧盟—美国隐私护盾”（EU-US Privacy Shield）。2月29日，隐私护盾姗姗来迟，公之于众。同安全港一样，隐私护盾也包含七大隐私原则，但是其内涵要比安全港隐私原则更丰富。

五、数据战略中的政策调整

随着互联网应用向着纵深发展，各个国家都逐步意识到数据对于一国政治经济社会以及国际竞争力的重要性，纷纷出台了相应的数据发展战略计划，来适应和迎接被誉为“新石油”的数据时代。即便是相对保守的欧洲，也展现出了对这一重要趋势的重视。

2017年3月1日，英国政府发布了《英国数字战略》，对英国在未来打造世界领先的数字经济和全面推进数字转型做出了全方位的部署，要求释放数据在英国经济中的潜力，提高公众对数据使用的信心。数据的高效利用有一个前提，就是对数据主体之隐私的有效保护，所以数据隐私安全成为亟待解决的问题。在这一背景下，英国数字、文化媒体和体育部于2017年8月发布了一份名为《新的数据保护法案：我们的改革》的报告，将通过一部新的数据保护法案，来更新和强化数字经济时代的个人数据保护。值得注意的是，报告同时提到了新法案的推出也是为了支持和推动英国数字经济发展的需要。这意味着英国政府在对待数据隐私问题上看到了兼顾多种价值的需要。

相似地，2016年年末，德国内政部也出台了《数据保护法修订草案》，对用户知情权做出了一定限制，规定如果信息披露有损德国国家利益，或者严重损害企业的商业活动，可以不用告知用户其哪些数据被收集。德国的举动在隐私保护氛围浓厚的欧洲，可谓一种突破性的尝试。

实际上，隐私保护与经济发展、国家安全等价值并不是绝对的对立关系，在很多情况下这些价值之间也存在着相互依存、相互促进的关系，从最近两年的立法及政策动态来看，一些欧洲国家在数据流动与隐私保护的关系问题上开始表现出更为开放和务实的趋势。

第三节　中国的信息隐私制度

与美欧相比，中国的信息隐私制度起步较晚，在制度设计上也具有自己的国情特色：一是注重刑事约束，这与近年来个人信息滥用常常造成严重的人身财产损失有关；二是倚重行政监管，在制度内容的安排上以宣示权利为主，干预机制（尤其是技术上）稍显不足；三是经历了一个集中维护信息安全到兼顾多种价值的过程。

一、2009年《中华人民共和国刑法修正案（七）》中的新罪

2009年2月28日，第十一届全国人大常委会第七次会议通过的《中华人民共和国刑法修正案（七）》（以下简称《刑七》）中新增一条作为第253条之一：

国家机关或者金融、电信、交通、教育、医疗等单位的工作人员，违反国家规定，将本单位在履行职责或者提供服务过程中获得的公民个人信息，出售或者非法提供给他人，情节严重的，处三年以下有期徒刑或者拘役，并处或者单处罚金。

窃取或者以其他方法非法获取上述信息，情节严重的，依照前款的规定处罚。

10月，最高人民法院和最高人民检察院（以下简称“两高”）将这里的罪名确定为“出售、非法提供公民个人信息罪”和“非法获取公民个人信息罪”。这里的适用主体仅限于“国家机关或者金融、电信、交通、教育、医疗等单位的工作人员”，一方面是因为个人信息问题的集中暴露是最近几年的事，而2009年的立法主要考虑的是当时有条件接触到个人信息的主体，主要是基于公共管理和公共服务的需要收集个人信息的“单位”及其工作人员；另一方面是因为纳入刑法规范的对象应该是性质比较严重的行为，公共部门的职能界限足以对工作人员形成提醒，亦即这类主体如果在个人信息利用上出现非法提供或非法获取，一般情况下都存在主观过错，而且他们接触到的信息都是批量的，造成的后果也比较严重。所以这些罪的主体范围不宜过宽。但是个人信息滥用入刑，还是招来了不少质疑，主要集中在对标准不明确的批评，比如“非法提供”“非法获取”“情节严重”这些概念的含义并不明确，存在滥用新罪的担忧。

有研究者在《刑七》公布的几年后做出统计：“司法实践中真正以本罪追究刑事责任的案件却寥寥无几。截至目前，仅广东、新疆、安徽、北京、湖北、江西、浙江、上海以及重庆等省市的10余起案件被以本罪追究刑事责任。”①

二、2009年《侵权责任法》中的技术中立

与《刑七》同年出台的《侵权责任法》，对待网络服务提供者的态度是温和的，体现了“技术中立”的价值取向。该法第36条被视为信息传播领域的“避风港”，在不知情的情况下，网络服务提供者只需要在接到权利人的通知后及时采取删除、屏蔽或断开链接等必要措施，就可以免责。在这里，不需要网络服务提供者做出任何的是非判断，只要接到通知，就可以立即采取措施，不需要对通知内容的真假负责。

但这只是一个开始，生活总是比想象的更复杂。在适用第36条的过程中，又出现了一系列新的问题。比如，什么样的通知足以让网络服务提供者立即采取措施？又如，错误的通知由谁承担后果？再如，转载信息是否也构成侵权？五年之后的2014年8月21日，最高人民法院出台了《关于审理利用信息网络侵害人身权益民事纠纷案件适用法律若干问

① 利子平，周建达. 非法获取公民个人信息罪“情节严重”初论［J］. 法学评论，2012（5）：146.

题的规定》。该规定对这些遗留问题一一做出了回应，包括以下几个方面：

第一，明确了通知的三个要件：通知人的姓名（名称）和联系方式；要求采取必要措施的网络地址或者足以准确定位侵权内容的相关信息；通知人要求删除相关信息的理由。

第二，明确了错误通知的侵权后果由通知发出人承担。这里进一步巩固了网络服务提供商的中立地位，只依通知采取措施，而不负有审查通知内容的义务。

第三，审慎认定转载行为的侵权责任。对转载网络信息行为的过错认定而言，是否做出实质性的修改以致内容与修改前严重不符或者误导公众，是重要的考虑因素之一。

互联网环境中的信息传播行为，表现出空前的复杂性和多变性，这使具有灵活性和发展性的司法解释，在调整信息传播关系方面得以发挥更大的作用。在这里，原、被告对簿公堂的程式安排，实际上提供了一种利益表达的渠道，让各种诉求能够得到表达和碰撞，从而有利于司法机关在调整社会关系时更好地平衡各方利益，也更能贴近实践一线，不断地补充和完善高阁中的成文法制度。

三、2012年《关于加强网络信息保护的决定》中的“自决权”

2012年12月28日，全国人大常委会公布《关于加强网络信息保护的决定》（以下简称2012年《决定》），被誉为“中国个人信息保护第一法”。这是一次从刑事到民事的拓展。在这里，适用对象从特定的公共部门工作人员扩大至“任何组织和个人”，真正体现了“法网恢恢，疏而不漏”。事实上，这种扩大是基于信息传播环境的改变：移动终端的普及、数据产业的发展、互联网传播效率的提高，使有条件接触个人信息的主体延伸至所有能够使用互联网的普通个人或组织。

通过《决定》，我国在法律层面第一次将个人信息的决定权交给了信息主体自己。这种自决权包括三个部分：一是信息收集中的同意权。“网络服务提供者和其他企事业单位在业务活动中收集、使用公民个人电子信息，应当……经被收集者同意……”二是信息推送中的许可权。“任何组织和个人未经电子信息接收者同意或者请求，或者电子信息接收者明确表示拒绝的，不得向其固定电话、移动电话或者个人电子邮箱发送商业性电子信息。”三是信息管理中的请求删除权。“公民发现泄露个人身份、散布个人隐私等侵害合法权益的网络信息……有权要求网络服务提供者删除有关信息……”

赋予信息主体以个人信息自决权，是为了通过全面明确信息主体的权利，充分发挥他们保护自身利益的能动性。这一立法初衷反映出两个方面的问题：一方面，同三年前出台《刑七》和《侵权责任法》的背景相比，到2012年的个人信息滥用情况，在数量上明显增多，在程度上明显加重程度，立法层面意识到需要发动每一个人来阻止这种趋势。另一方面，这种以保护普罗大众之“基本权利”的制度安排，或多或少地也受到了社会心理的影响。在一个新时代到来的初期，人们首先看到的往往是新的威胁。对个人信息而言，限制利用就自然而然地成为社会大多数成员的希望，“保护个人基本权利”也相应地成了这里的群体道德。“相对于个体道德而言……群体性道德往往具有更好的确定性或者更为明确的内容，因此有利于据此得出较为确定的结论。”[①]而面对棘手的新情况，立法需要这种确定性。尽可能地宣示个人的权利，是当时立法能够做出的不多的选择之一。

然而，无论是依靠群众的治理思路，还是群体性道德的实际影响，都与互联网个人信息传播的规律出现了某种偏差。尽管《决定》在出发点上是值得认可的，但这种权利宣示所能发挥的实际作用却是有限的。在这里，立法可能忽略了个人行使自决权的成本。正如《大数据时代》的作者面对同意权发出的惊呼那样：“有哪个公司能负担得起这样的人力物力支出呢？”[②]既然得不到企业的配合，个人的这种自决权也就无从实现。实际上，个人获得的这种所谓自决权充其量只能算是一种对信息控制者的请求权，而不是对个人信息直接的控制权。

这种权利宣示的惯性也反映在其他相关的法律制度中。2013年10月，《消费者权益保护法》第二次修订，增加一条作为第29条：“经营者收集、使用消费者个人信息，应当遵循合法、正当、必要原则，明示收集、使用信息的目的、方式和范围，并经消费者同意。……经营者未经消费者同意或者请求，或者消费者明确表示拒绝的，不得向其发送商业性信息。”可以视为《决定》在电子商务领域的连锁反应。同年，工信部公布了《关于开展深入治理垃圾短信专项行动的通知》，从技术支撑和行业标准方面响应了《决定》的出台。

四、司法解释中的两记重拳：治谣和禁止“人肉搜索”

2013年9月6日，《最高人民法院、最高人民检察院关于办理利用信息网络实施诽谤等刑事案件适用法律若干问题的解释》（以下简称《解释》）的出台，被视作打击网络谣言的一记重拳。《解释》用了近一半的篇幅将网络上的制谣、传谣行为与刑事制度做了连接。诽谤罪是刑法中用来惩罚恶意利用他人个人信息的一项重要制度。“诽谤”的概念包括两个基本内容：一是发布的信息与事实不符（捏造事实），二是公开发布信息的行为对信息主体造成了损害（包括精神损害）。但诽谤行为入罪，还需要满足“情节严重”的条件。面对愈演愈烈的网络谣言现象，《解释》对“情节严重”做出了明确规定。其中，“同一诽谤信息实际被点击、浏览次数达到5 000次以上，或者被转发次数达到500次以上”，被作为“情节严重”的第一种情况，将入刑标准具体化，对网谣现象起到了明显的威慑作用。紧接其后的，是“造成被害人或者其近亲属精神失常、自残、自杀等严重后果”，这是对类似广东陆丰女生自杀案这样的恶性案件的明确应对。这再一次显示了司法解释的灵活性在网络信息传播关系调整中的独特作用。

2014年6月《最高人民法院关于审理利用信息网络侵害人身权益民事纠纷案件适用法律若干问题的规定》（以下简称《规定》），被视为国家层面在禁止“人肉搜索”方面打出的另一记重拳。《规定》中明确，“……利用网络公开自然人基因信息、病历资料、健康检查资料、犯罪记录、家庭住址、私人活动等个人隐私和其他个人信息，造成他人损害，被

① 陈景辉. 法律的界限：实证主义命题群之展开［M］. 北京：中国政法大学出版社，2007：97.
② 舍恩伯格，库克耶. 大数据时代［M］. 盛杨燕，周涛，译. 杭州：浙江人民出版社，2013：197.

侵权人请求其承担侵权责任的，人民法院应予支持”。与《解释》中的网络谣言不同，《规定》中针对的主要是真实的个人信息公布行为。如果说治谣的目标是保护个人名誉和社会安定，那么禁止公开真实的个人信息，则是为了保护个人的人身、财产安全和生活上的安宁。两部司法解释，从不同的角度，构成了对个人信息的重要保护。

然而，自由本身也意味着限制。既然禁止公开真实的个人信息，是为了保护安全和安宁等重要的个人自由，那么必然有一部分与公共利益相关的内容需要作为例外。在这里，《规定》列举了五种例外情况，实际上可以归纳为五个基本原则，即意思自治原则、绝对的公共利益原则（需要个人无条件服从）、相对的公共利益原则（附条件，如仍需经个人同意，不足以识别）、已公开原则及合法取得原则。在这里，前三项和第五项原则都是法律在调整各种私法关系时的普适性原则，“已公开原则”则是互联网信息传播活动的特有原则。具体而言，“已公开原则”是指“自然人自行在网络上公开的信息或者其他已合法公开的个人信息”。由于信息的可复制性，信息的公开意味着信息从静止状态进入运动状态，放入公共信息流的信息，如同进入河道的水，流动成为自然的状态，无法收回，可谓“覆水难收”。所以，个人信息一旦合法地进入了公共信息流，那么就难以再要求受到保护。

在治理互联网个人信息利用乱象的过程中，《解释》和《规定》从不同角度构建起了互联网个人信息利用的规则。《解释》在网络谣言与刑事责任之间搭建了一座桥梁，对这种不存在正当性之争的信息使用现象，制度的重点在于明确责任追究的条件，《解释》对“情节严重”的量化做到了这一点。而对于真实的个人信息传播，《规定》提供了几个信息利用的边界，值得注意的是，其中的“已公开”原则是互联网环境中的个人信息利用边界的一个重要标准，因为公开意味着信息在公私性质上发生了改变。

五、2015年《中华人民共和国刑法修正案（九）》及相关司法解释

2015年《中华人民共和国刑法修正案（九）》（以下简称《刑九》）的公布，标志着普通人滥用个人信息行为入刑。如果说六年前的《刑七》确立了“出售、非法提供公民个人信息罪”和“非法获取公民个人信息罪”两项新罪，那么《刑九》则把这里的犯罪主体从原来的“特定主体”扩展至普通主体，不论是自然人还是法人，也不论从事何种职业。同时，《刑九》还增加了“情节特别严重”的量刑层次，将最高刑期提至七年。并强调对“将在履行职责或者提供服务过程中获得的公民个人信息，出售或者提供给他人的”（行为）给予从重处罚。这种前所未有的惩治力度，一方面是个人信息滥用行为屡禁不止、个人信息安全保护形势严峻的结果，另一方面也体现出法律严惩此类犯罪行为的决心。

两年之后，为了进一步明确判定是否构成犯罪的标准，最高人民法院、最高人民检察院出台了《关于办理侵犯公民个人信息刑事案件适用法律若干问题的解释》。值得注意的是，该《解释》指出，“向特定人提供公民个人信息，以及通过信息网络或者其他途径发布公民个人信息的，应当认定为刑法第二百五十三条之一规定的‘提供公民个人信息’”。

这就意味着通常所说的“人肉搜索”被纳入了刑事法律制度，有可能被追究刑事责任。另外，该《解释》还对“情节严重”和“情节特别严重”的具体情形做了明确规定。从内容上看，这部新的司法解释更加强调对“敏感信息”的保护，如行踪轨迹信息、通信内容、征信信息、财产信息、住宿信息、健康生理信息以及交易信息等，因为这些信息容易直接影响到公民的人身和财产安全。当然，涉及这些敏感信息的提供行为最终是否构成“情节严重”，还要结合数量、目的和后果等因素来考量。就“情节特别严重”的情形而言，主要考虑了犯罪行为对人员伤亡、财产损失和社会秩序等造成的严重后果，以及数量或数额特别巨大等因素。该《解释》为刑法第二百五十三条之一在司法领域的实施提供了明确的参照标准，也对滥用和恶意利用个人信息的行为产生了更大的威慑力。

六、三部安全法中的网络安全

随着信息技术的发展和互联网应用范围的扩大，网络安全问题也被提升至国家战略层面。在短短一年多时间里，三部重量级法律相继出台，分别是新《中华人民共和国国家安全法》《中华人民共和国反恐怖主义法》和《中华人民共和国网络安全法》（以下分别简称《国家安全法》《反恐怖主义法》《网络安全法》）。

2015年7月公布并实施的《国家安全法》总揽全局，将维护国家安全、保护人民的根本利益和实现中华民族伟大复兴统一起来，强调以总体国家安全观为指导，从维护国家安全的任务到具体制度安排再到公民、组织的义务和权利，做了全方位的安排。其中，“网络与信息安全”是整个国家安全的重要一环。关于网络与信息安全的规定集中在第二十五条：“国家建设网络与信息安全保障体系，提升网络与信息安全保护能力，加强网络和信息技术的创新研究和开发应用，实现网络和信息核心技术、关键基础设施和重要领域信息系统及数据的安全可控；加强网络管理，防范、制止和依法惩治网络攻击、网络入侵、网络窃密、散布违法有害信息等网络违法犯罪行为，维护国家网络空间主权、安全和发展利益。”这可以看成是《国家安全法》从技术、基础设施、信息内容以及数据等各个方面对网络安全做了纲领性要求。此外，在“审查监督”一节中，《国家安全法》还强调了对可能影响到国家安全的“网络信息技术产品和服务”要“进行国家安全审查，有效预防和化解国家安全风险”。说明了包括个人数据安全在内的网络安全对整个国家安全的重要性。

2015年12月，以“维护国家安全、公共安全和人民生命财产安全”为目标的《反恐怖主义法》公布。恐怖主义是21世纪以来人类社会最严重的威胁之一，反恐也是国家安全中的重要一环。《反恐怖主义法》的出台为有效防范和制裁恐怖主义提供了依据和保障。互联网作为现实世界的重要联通方式，当然地与反恐任务有了紧密联系。从《反恐怖主义法》的内容来看，与信息隐私有关的制度安排主要体现在两个地方：一是设置了网络服务提供者的技术协助义务，要求“电信业务经营者、互联网服务提供者应当为公安机关、国家安全机关依法进行防范、调查恐怖活动提供技术接口和解密等技术支持和协助”①。这就意味着在打击恐怖主义、维护安全的情况下，国家公安机关、安全机关有权依法调查恐怖活动，包括对一些个人信息的查阅，而互联网服务提供者有义务提供支持和协助。二是要求电信、互联网等业务经营者、服务提供者“应当对客户身份进行查验”“对身份不明或者拒绝身份查验的，不得提供服务。”②这意味着用户在接受服务时，提交必要的个人信息以供服务方依法查验，是获得服务的条件。

2016年11月出台的《网络安全法》，是我国第一部在网络安全方面成体系的法律，受到了各界的高度关注。《网络安全法》中关于个人信息的规定主要集中在“网络信息安全”一章，2012年《关于加强网络信息保护的决定》中确立的原则在新法律中基本上都有所体现，保持了我国在重视保护个人信息态度上的连贯性。这些原则包括：合法、正当、必要原则，公开规则、明示目的原则，信息主体同意原则，等等。需要注意的是，《网络安全法》出现了两个变化，一是在个人信息“输出”阶段，增加了例外情形。第四十二条规定：“网络运营者不得泄露、篡改、毁损其收集的个人信息；未经被收集者同意，不得向他人提供个人信息。但是，经过处理无法识别特定个人且不能复原的除外”在这里，经过处理无法识别特定个人且不能复原的个人信息，就成了网络运营者向他人提供个人信息须经信息主体同意的例外情形。这一变化，体现出国家立法认识到了数据的价值，只要对个人信息进行了“匿名化”处理，使之无法再用来识别具体的个人，信息就可以作为数据自由流动。二是变以前的“不得出售”为“不得非法出售”。第四十四条规定：“任何个人和组织不得窃取或者以其他非法方式获取个人信息，不得非法出售或者非法向他人提供个人信息。”这也许意味着允许“合法出售”的情形，可能为数据的自由流动又打开了一扇窗。随着数据战略逐渐受到世界各国的重视，我国的个人信息制度也出现了一些主动顺应发展趋势的变化。

总体上看，《国家安全法》和《反恐怖主义法》主要是从维护集体安全、防控极端危险的角度所做的部署。一方面，国家保护公民个人的信息安全，就是维护本国数据安全、国家安全的一个内容；另一方面，在防范恐怖主义时，有关国家机关及其授权的服务提供者有权接触、查验需要的个人信息。而《网络安全法》则专门对我国境内的网络建设、运营、维护及使用活动进行了系统化的规定，专注于网络安全的监督管理。

新法律的密集出台，体现了党和政府在网络安全问题上所做的各种积极应对，不仅从国家法律层面明确了网络安全战略的重要性，而且通过确定平台责任、数据留存以及情报收集等具体制度为更好地维护国家安全及发展利益提供了有益的举措。但这些举措还需要在网络发展的实践中经受考验，并不断完善。

以数据留存为例，《网络安全法》明确规定“关键信息基础设施的运营者在中华人民共和国境内运营中收集和产生的个人信息和重要数据应当在境内存储”。实际上，早在

① 中华人民共和国反恐怖主义法［Z］. 2015：第十八条。
② 中华人民共和国反恐怖主义法［Z］. 2015：第二十一条。

2014年公布的《反恐怖主义法（草案）》中就有关于“在境内提供电信业务、互联网服务的，应当将相关设备、境内用户数据留存在中华人民共和国境内”的制度安排，后来在正式文本中未予以保留，而是体现在《网络安全法》中，表述上也有了一些变化。

2014年，苹果公司为了取得与中国电信的合作机会，宣布将中国用户个人数据储存在属于中国电信的服务器上。但苹果公司对这些数据进行了加密处理，苹果将密钥做了离岸储存，中国电信并不能获取其中的内容。更重要的是，这些数据并不一定能够避开美国联邦政府的查询，已经发生过美国联邦法官下令微软交出其客户存储在爱尔兰都柏林的电子邮件账号的情况。[①]这里的关键问题是，互联网信息传输是跨国界的，用于信息存储的服务器及其密码钥匙始终掌握在服务商手中，美国的国内法规定，服务商有向美国政府传输信息的义务。

我国互联网新闻研究中心在2014年披露了美国实施信息监控和获取的主要方法：第一，从光缆获取世界范围内的数据。全球的通信流量大部分经过美国，目标数据流可以很容易地流入或流经美国。美国国家安全局与国防部等机构在2003年与美国环球电讯公司签署了《网络安全协议》，此后的十年间，又与更多的电讯公司签署了类似协定。第二，直接进入互联网公司的服务器和数据库获取。“棱镜”项目相继与微软、雅虎、谷歌、脸谱、Paltalk、YouTube、Skype、AOL和苹果等9家互联网公司合作，大多数情况下，数据会通过这些公司的服务器以电子方式传输给政府。第三，美国国家安全局的特别机构主动、秘密、远程入侵获取。[②]这里的任何一项，都很难通过立法完全解决，境内留存数据面临着互联网无边界的难题，所以，各国在信息领域的出入权与其技术实力密切相关。

第四节　三种制度模式的特点及其启示[③]

在信息隐私保护制度上，美、欧、中三种不同的制度模式体现了不同的特点，反映出各自不同的技术条件、文化背景和历史传统。其中，美国以限制本国政府的公共权力为灵魂，同时鼓励行业自由竞争；欧洲（尤其是欧盟层面）以保护与个人信息相关的个人基本权利为根本，在较长时间里都一直将公民个人的基本权利和自由摆在首位，近年来，其兼顾数据流动的趋势有所加强，同时出于国家安全和国家利益的考虑对跨国公司的防范力度

① 曹天鹏. 苹果妥协了，将国内用户部分iCloud数据存储在中国电信服务器［EB/OL］.（2014-08-16）［2015-02-01］. http://www.tmtpost.com/129208.html.

② 互联网新闻研究中心. 美国是如何监视中国的——美国全球监听行动纪录［M］. 北京：人民出版社，2014：28-29.

③ 本节关于欧洲制度模式的特点和启示，仍然主要是以欧盟层面的法律制度为研究样本，因为欧盟层面的法律制度能够在整体上反映欧洲的信息隐私制度情况，只在极具个性化的地方涉及成员国的政策或法律。

明显加大；中国的制度更多地带有“维护国家安全和保障社会秩序”的特点，兼顾公共利益和个人权利，近年对数据处理的限制有所缓和。从互联网信息技术及其应用的发展程度看，技术上美国领先，应用上中国后来居上，与美国比肩，欧洲次之。这种格局与各国的信息隐私制度有着密切的关系。

一、三种制度模式的特点

（一）美国信息隐私制度的特点

限制政府的理念，贯穿于美国信息隐私制度的始终。对权力的怀疑和防范，是美国政治文化中的一个重要内容。美国第一部宪法意义上的法律性文件《联邦条例》第一条就规定，联邦的名称定为“美利坚合众国”，而即便是这样薄弱的结合，也只是在战争的危险威胁之下才得到各州的首肯。[①]在美利坚民族看来，限制政府是保障个人自由最重要的方式。所以，美国的信息隐私制度，也主要以规范政府处理个人信息的活动和限制政府利用个人信息的权力为要旨。从《宪法修正案》中对言论自由和私人领域的保护，到《联邦通讯法》对政府监听权的否定，再到《隐私权法》对政府利用个人信息的限制，无一不是限权理念的体现。

“9·11”事件之后，美国开始奉行国家安全利益至上的原则。如果说贯穿美国信息隐私制度始终的限制政府，目的是为了保障个人自由，那么在“9·11”事件之前，国家利益至多也只是处于与个人自由相当的位置，并无更多的发挥空间。但是恐怖袭击的确在一定程度上改变了美国。按照洛克对政府起源及其职能的解释，“防止共同体以外任何人的侵犯”[②]，是个人自愿放弃自然的自由状态而组成政治社会的原因之一。恐怖袭击使国家安全上升为美国社会的最高利益，《爱国者法案》能够在美国的宪政体制内通过，也就可以理解了。但这只是历史长河中的一小段，很快，政府权力的膨胀带来的对个人自由的威胁就被敏感的美国人意识到，各种旨在否定或修改这部法案的声音和行动都开始扩散，并最终取得了成功。美国的信息隐私制度又回到了限制政府这个基本原则上，以国家安全名义而存留的其他条款则是在审慎考虑后做出的必要保留，充分考虑了同个人自由之间的关系。

鼓励行业的自由竞争，是美国信息隐私制度的另一个特点。在这些制度中，不难看到美国人对待政治和商业问题在态度上的区别。通过成文法将政府的权力限制固定下来，是因为他们认为政府权力是个人自由的最大敌人，反映出殖民地通过独立战争建国所获得的民族心理。而在商业上，美国人则没有太多关于行业发展侵犯个人自由的体验，反倒是一直从商业的发达中享受着各种便利和好处。可以说，商业上的自由竞争，是美国式个人自由的题中之义。美国跨国公司的数量和赢利能力在世界上都算得上首屈一指，这种发达又让美国人获得了心理上的优越感。更重要的是，美国政府很清楚地认识到，本国商业的发

---

① 鲍恩. 民主的奇迹：美国宪法制定的127天［M］. 郑明萱，译. 北京：新星出版社，2013：8.
② 洛克. 政府论（下篇）［M］. 叶启芳，瞿菊农，译. 北京：商务印书馆，1964：59.

展与技术水平同美国的国际政治地位息息相关，所以，美国在处理信息行业与消费者个人之间的关系上，主要采取行业自律的方式，政府的角色更多体现在组织和引导上，并无太多的强制性立法，更没有频繁的直接行政干预。在全球反恐的局势下，放松对商业的限制更加顺应美国政府的心意，在监听计划的实施中，分布在全球各地的美国互联网公司都算得上是一等功臣。

（二）欧洲信息隐私制度的特点

欧盟的个人数据制度针对一切主体，既包括政府和其他公共服务机构，也包括商业组织及个人。虽然在保护个人自由的目标上，欧盟政策的力度并不逊色于美国，但保护的方式是不同的。欧洲人关于第二次世界大战中纳粹势力调取个人信息，准确抓捕屠杀犹太人的惨痛记忆，[①]使他们对个人信息保持着高度警惕。欧盟公布的每一部文件，都能看到保护个人信息的基本原则。正如《有关个人数据自动化处理之个人保护公约》（以下简称《1981公约》）在第一章明确表示的那样："本公约的目的是确保缔约国领域内每个人，不论其国籍或住所，其权利和基本自由均受到尊重，特别是对于其个人数据进行自动化处理时，充分尊重其隐私权。"即使在《95指令》和《97电信指令》中有过对信息流动的鼓励，也只是价值平衡意义上的，并未对个人的信息权构成影响。在欧洲人看来，个人信息的保护将个人信息限制在信息主体手中，是对基本人权的保护，只要存在威胁的地方，都会做出事无巨细的规定，以期用严密的制度来堵住所有的漏洞。无论是政府还是商家，只要能够接触到个人信息，都一并成为制度规制的对象。

在这种对信息泄露的担忧中，自然会衍生出对境外传送的排斥，这是欧盟制度的第二个特点。随着互联网的普及，个人信息流动的范围扩展至全球。欧盟的制度以专章专条因应了这种变化：《95指令》指出，第三国保护水平的适当性应当根据与数据操作相关的所有情况来评定，应当给予特别考虑的因素包括数据的性质、操作目的、持续时间、数据来源国和最终目的地国、接收地的现行一般性和单行法律规定以及行业规则和安全措施；2000年通过的《关于欧洲共同体和组织的个人数据处理相关的个人保护以及关于此种数据自由流动的规章》基本上沿用了这里的保护水平参考因素，除此之外，还需要满足"传输的数据仅允许用来执行控制人权限范围内的任务时"的条件，显得更为严格；虽然《1981年公约》只对缔约国内部的信息传输规则做了比较宽松的规定，但在其2001年的《附加议定书》中增加了跨境传输的规则，仍然采用的是"充分保护"原则。

在这种严格限制下，美国自然成为欧盟提防的重点对象。一方面，美国在技术和商业应用上都明显领先欧洲，在个人信息的收集上更是以欧洲为最重要的数据来源地之一。另一方面，美国的个人信息制度对商业几乎没有强制性限制，与欧盟的高标准之间存在明显的距离。尽管美欧在合作中做出了不少妥协和调整，但都因为技术力量以及民族价值观上的差异，双方仍然摩擦不断。在互联网环境中，单纯依靠立法来限制跨境流动可能难以取

① 李建新．两岸四地的个人信息保护与行政信息公开［J］．法学，2013（7）：98.

得理想效果。1997年和2002年通过的两部电信条例都没有专门规定跨境传输的问题，因为在公共通信网络这一技术条件下，跨国或跨境的意义都发生了一些改变。通信网络是跨国界的，信息一旦进入这张网，就不再受地理上的区域限制。在互联网信息传播的领域里，“全球村”的概念名副其实。

（三）中国信息隐私制度的特点

维护国家安全与保障社会秩序是中国信息隐私制度的重要目标。一方面，我国在早期立法中主要借鉴欧洲模式对公民的个人信息安全进行重点保护。面对个人信息泄露而导致的严重后果，我国采取系统性立法的方式积极应对，其中刑法的不断完善对个人信息滥用行为形成了一定的威慑。另一方面，随着数据价值的显现，我国立法也开始注意平衡个人信息安全与数据自由流动之间的关系。总体上看，在信息技术及其应用发展的推动下，我国的信息隐私制度经历了一个从主要模仿欧洲模式逐渐过渡到根据自己国情兼采各家之长的过程，并逐渐趋于完善。值得一提的是，我国通过推动平台主体责任制度的建立，发展出了一套独具特色的监管模式，实现了平台直接管理与政府间接监管的机制衔接。但是，我们的制度在内容安排上仍然是以宣示权利为主，在技术措施与行业标准的制定上稍显不足。

二、三种制度模式的启示

制度对个人基本自由的保护是原则性的，但并不意味着能够无视其他价值。限制政府之于美国，个人信息安全之于欧洲，都体现了西方制度保护个人基本自由的原则性。但个人信息利用制度的发展过程也告诉我们，社会关系中需要平衡的价值是多元的，在不同的历史时期，制度对这些价值的支持力度也会发生相应的变化。在“9·11”事件的打击下，集体安全上升至首要地位，即便是奉“个人自由”为立国之本的美国人，也自愿给政府权力的扩张让路；由于恐怖主义的全球化，即便是对个人信息安全极度敏感的欧洲人，也开始扩大政府在信息控制上的权力。集体利益与个人自由之间始终处于一种动态的平衡中。由于各种原因，我国的制度重视对社会安定团结的维护，同时在个人自由的发展上也取得了成绩。我们重视集体利益与个人自由的并重是正确的，但提升一个国家维护这两种价值的能力之关键，还在于技术和经济的发展，尤其是在互联网时代，威胁一国集体安全的因素呈现出更多的国际化，频频曝光的美国监听事件说明，信息技术上的领先与国家安全息息相关。

美、欧、中三种制度模式同信息领域竞争力之间的微妙关系，从实证层面说明了对信息流动的过分限制会阻碍本国信息领域的竞争力。根据公开场合发布的一组数据，截至2014年，在互联网信息技术的应用上，中国领先美国五年，领先欧洲十年。如果将这组数据同近几年我们在互联网领域取得的成绩联系起来，就不会觉得奇怪。在互联网这个新市场上，中国企业的“微创新”精神和技术转化能力为我们赢得了发展机会。如果要说国内信息制度与这种机会之间的关系，只能说制度中并不缺少限制信息产业发展的规定，但由于制度制定层面对技术的掌握有限，制度并未真正限制产业的发展。但从长远来看，信息产业的发展仍然需要制度的正面支撑。反观欧洲，个人信息利用制度最为严格，又配以行之有效的约束机制，还有较为成熟的法治环境，对行业限制的实际效果最大。加上欧洲民众排斥信息流动的心理倾向，他们在技术应用上的发展靠后。“波斯纳法官曾说：‘对于公平正义的追求，不能无视代价。’”[①]而美国在制度上一向鼓励信息产业的发展。但这种格局很快会为各方认识到，相应的资源调整也会出现。我们应当抓住已有的先机，在制度上给予行业更多的正向激励。因为行业的繁荣与技术的领先总是相辅相成的，而这种繁荣和领先直接关系着国家的核心竞争力。

“在全球化时代，非传统安全威胁的空间距离已没有太大意义。”[②]互联网上的信息传播没有国界的限制，以国内法或者区域法的方式限制信息的跨国、跨境流动是不够的。互联网世界中的规则制定者，必然是信息技术的掌握者，谁能在技术上领先，谁就掌握了信息世界的主导权。从国家战略的角度讲，国内法的任务应该及时地转移到促进和保护本国信息产业的发展上来，以此争取技术上的领先和国家安全上的保障。

三、三种制度模式的新趋势

这是一个极速变化的时代。信息技术、互联网应用的高频率更迭换代，也直接带来了法律制定及其执行方面的复杂变化。从长期的历史发展过程来看，美、欧、中的信息隐私制度各有特点，但在最近两三年里，原本风格各异的三种制度模式却出现了一些共同的趋势性变化，主要体现在以下几个方面：

首先，各国都将本国的国家安全放到了更突出的位置。斯诺登事件之后，反应最为激烈的当属“重灾地”欧洲。斯诺登爆料美国监听丑闻之后不到半年时间，欧盟委员会便于2013年11月针对“安全港”提出了若干条建议。两年之后的2015年10月，欧洲法院宣布“安全港”在施雷姆斯无效，开始了对原有制度的改变。2016年2月，美国与欧盟就“隐私护盾”（Privacy Shield）达成协议，随后由欧盟委员会公布了相关文件。2016年8月，欧盟方面宣布美国公司可以开始签署该协议。“隐私护盾”对“安全港”的取代，意味着美国互联网公司原来可以自由转移欧洲公民个人数据的历史结束了，代之以包含了多项原则和具体责任义务的隐私保护制度。在防范本国数据随意转移方面，我国《网络安全法》也明确规定在境内收集的个人信息和重要数据必须在境内保存。

其次，更加重视从系统安全、设施安全上保障网络安全。2016年7月，欧洲议会正式采纳《网络与信息系统安全指令》（*Directive on Security of Network and Information Systems*，简称NIS指令）。该指令旨在于欧盟范围内实现统一的、较高水平的网络与信息系统安全。同时期我国也出台了《网络安全法》，从基础设施、标准体系、网络运行以及信息内容等方面对网络安全的保护进行了全方位的立法安排。在这里，作为内容安全的个

① 熊秉元. 正义的成本：当法律遇上经济学［M］. 北京：东方出版社，2014：193.

② 郑远民，朱红梅. 非传统安全威胁下国际法律新秩序的构建［M］. 北京：法律出版社，2014：137.

人信息处理问题与设施和系统安全是放在同一部法律中的，这与我国没有单独的针对个人信息保护的系统性立法有关。需要指出的是，欧盟的NIS指令中并未涉及关于个人信息的内容安全，内容安全主要由以《一般数据保护条例》为代表的其他法律作系统调整。与之相似的，美国于2015年也通过了《网络安全法（2015）》（*Cybersecurity Act of 2015*），主要关注网络层面的安全，防止和避免对网络的攻击、入侵和窃取等行为，而属于隐私范畴的个人信息安全则由《隐私权法》等法律作有针对性的保护。但立法上无论是分开还是合并保护，美、欧、中都已经颁布了专门的网络安全法，体现出共同的战略着眼点。

再次，都意识到了数据利用对于本国信息产业发展的重要性。美国对产业发展的支持力度是一贯的，数据自由流动在美国的信息制度中一直都占有比较重要的位置。但欧洲和中国却是在最近几年才开始认识到和正视数据流动的价值。欧洲的信息制度一直是以“严格保护个人数据”著称，即便有关于数据流动自由的规定，也主要是补充意义上的。但是在最近几年，欧洲在保护数据流动自由方面有了明显的加强。欧盟《一般数据保护条例》第一条便声明其主旨在于保护个人权利和数据流动两个方面；德国内政部出台了数据保护法修订草案，规定如果信息披露严重损害企业的商业活动可以不用告知用户其哪些数据被收集。就中国而言，在信息领域立法的前期阶段，主要模仿和借鉴了欧洲的做法，尤其是对个人信息安全的严格保护。在经历了立法执行效果不佳、数据战略浪潮以及斯诺登事件等过程之后，中国在数据流动的限制方面开始有条件地逐步打开通路。我国《网络安全法》中将除去识别性之后的个人信息作为用户同意制度的例外，将“不得出售”改为“不得非法出售”，这些细小的变化，却释放出中国信息制度开始在方向上进行调整的重要信号。值得指出的是，我国《网络安全法》在总则部分即明确指出：“国家坚持网络安全与信息化发展并重。”

最后，很重要的一点，就是不论是采取哪种制度模式的国家或地区，都不约而同地对个人隐私的保护给予了更多的制度支持。在政府联手互联网企业对个人进行广泛监听的背景下，各国也开始了捍卫个人基本权利的斗争。欧洲人权法院大审判在Zakharov诉俄罗斯一案中，法官们一致认为俄罗斯对移动通话的秘密监听违反了《欧洲人权公约》第8条。英国议会委员会中的科学和技术委员会、情报和安全委员会以及联合委员会三个委员会对英国政府的《调查权力法案》提出了诸多批评和建议，主要集中在透明度、司法监督和权力合理性问题等方面。《调查权力法》又称《监听者宪章》，由于它要求英国国内所有的互联网服务提供商必须在保存用户记录达到一年时间而备受争议。欧洲法院最新的一项裁决判定其无效，意味着不受欧盟承认。根据媒体报道，欧盟将进一步强化个人隐私保护，准备将WhatsApp、Skype等互联网通信服务商也纳入政府监管之下。美国联邦贸易委员会宣布，智能电视制造商Vizio已同意支付220万美元和解一桩与电视数据收集有关的案件。美国众议院投票通过《电子邮件隐私法》，规定执法部门将需要得到法院颁布的搜查令后，才能获准访问储存在第三方的时间超过6个月的电子邮件或者其他数据。该法案相当于对1986年推行的《电子通信隐私法》的内容进行了更新。之前的《电子通信隐私法》，对不同时限的数据提供了不同的保护，超过180天的个人电子邮件或者储存在云端的数据，执法部门不需要法院颁发的搜查令就可以直接获取。新的《电子邮件隐私法》对个人电子邮件和其他数据的保护没有了时限的区别。支持该项法案的众议员认为，《电子邮件隐私法》弥补了之前法律的漏洞。

第七章 信息隐私保护的原则与标准

从信息隐私的价值困境与机制困境出发，信息隐私保护的原则与标准需要充分尊重互联网环境的特点，符合互联网信息传播的规律。总体而言，信息隐私保护的原则应该包括价值兼顾、“去识别”处理、个人自决、平台管理以及消减影响力等几个方面，保护标准主要涉及信息的可识别性和公私属性。

第一节 信息隐私保护的原则

唯物史观认为，法律和政治是建立在经济基础之上的上层建筑。隐私保护的原则也只能是从“直接生活的生产和再生产”中提炼和总结，这就要求互联网环境中的信息隐私保护原则要贴合互联网社会运行的特点，符合互联网信息传播的规律。

一、价值兼顾原则

信息隐私面临的价值困境充分反映出互联网环境中的价值多元性：一边是隐私所承载的个人基本权利和自由，另一边是社会交往、数据利用和集体安全等价值。在个人信息产生和被利用的过程中，多种价值之间既有冲突，又有统一，这就要求信息隐私的保护遵循价值兼顾的原则。

（一）互联网发展带来的价值多元性

1. 信息运动中的几种主要价值

从保护信息隐私的角度来说，互联网信息运动过程所涉及的价值主要包括隐私利益、社交需求、数据价值以及集体安全等。

首先，隐私利益在实质上所承载的是个人的安全与安宁，是人类社会所珍视的永恒价值。早在19世纪末，被誉为“隐私权之父”的美国大法官布兰代斯在其名著《隐私权》一文中就指出：“如今，生存权开始意味着享受生活的权利——不受打扰的权利。”[①] 自此，“免受打扰”成为隐私权的核心含义。如果说在布兰代斯所生活的报刊时代，隐私权的保护重点还是“免受（媒体）打扰”，那么到了互联网时代，隐私保护的意义已经扩展至个人的财产和人身安全。发生在2016年8月的“徐玉玉案”就是一起因个人信息泄露和被恶意利用引发的刑事案件。受害人徐玉玉因学费被骗走而心脏骤停，经抢救无效离世，引起了全社会对隐私泄露、个人人身财产安全的高度关注。在这起案件里，诈骗团伙能够得逞的一个关键原因就是掌握了受害人的个人信息，在通过电话实施诈骗的过程中能够准确地说出受害人的姓名、学校以及父母姓名，才骗得了受害人的信任。所以，在互联网时代，尽管隐私保护的难度增加了，其重要和紧迫程度却只增不减。

其次，参与社会交往作为人的本能需求，也是需要正视的一项基本价值。互联网已经成为现实世界的基础性联通方式，人们越来越习惯于在互联网上购物、聊天、晒生活，购物活动的完成需要以提供一定的个人信息为条件，聊天、晒生活本身就是一种分享个人信息的过程。此外，人们也在网上通过获取和传播新闻和资讯来参与公共生活，为保障信息传播的秩序，平台也会依据法律法规的规定要求作为用户的个人在进入网络空间时进行实名注册，需要用户提供一些基本的个人信息。所以，在互联网环境中，个人信息已经成为人们参与社会交往的前提条件和主要形式。

再次，数据自由流动可以促进产业发展、社会进步以及国家竞争力的提高，也体现着一定的正面价值。2016年年末，德国内政部公布的《数据保护法修订草案》，对用户知情权做出了一定限制，规定如果信息披露有损德国国家利益，或者严重损害企业的商业活动，可以不用告知用户其哪些数据会被收集。德国的举动在隐私保护氛围浓厚的欧洲，可谓一种突破性的尝试。在我国，正式出台的《网络安全法》也在“总则”部分表明：“国家坚持网络安全与信息化发展并重。”并且在“网络信息安全”一章里明确规定，“经过处理无法识别特定个人且不能复原的”个人信息，不受“对外提供个人信息须先取得同意”规则的约束。相应地，在第43条中规定不得“非法出售或者非法向他人提供公民个人信息”，这意味着将来有可能出现“合法出售或合法提供”。德国的尝试与中国立法上的调整反映出两国相似的政策态度，即对“定制经济”趋势的重视，在德国表现为“工业4.0”计划，在中国则是“大数据国家战略”。定制经济的一个重要基础就是数据的自由流动和充分融合，数据集越大，计算的结果就越趋近于真实，生产与潜在需求的匹配度就越精确。这意味着数据自由流动基础上的大数据应用，在优化资源配置、提高生产效率以及增强相应的国家竞争力等方面仍然具有积极的意义。

最后，集体安全成为各国政府和社会高度关注的焦点问题，也是人类社会的一项重要

① 沃伦，布兰代斯．隐私权［M］．宦盛奎，译．北京：北京大学出版社，2014：3.

价值。在互联网时代，暴恐袭击、种族战争、枪击惨案、“黑客”攻击等各种形式的灾难，频繁地刺激着整个世界。新的信息传递技术及其所带来的新的社会运行方式，在为灾难制造者创造了更多机会的同时，也为反对恶行、保护安全提供了便利和条件。其中，通过数据掌控来实现密切监听就是情报工作中普遍使用的一种方法。在实践中，数据监控也在打击恐怖分子、阻拦外部攻击等方面发挥了重要作用。然而，如同“一枚硬币总有两个面”一样，这种密切的数据监控，意味着个人的隐私也随着数据监控而暴露了。斯诺登事件让全世界震惊，也给世人带来了关于价值悖论的思考。

2. 多种价值之间的关系

客观地讲，这些与信息隐私保护有关的各种价值，都有着稳定的正当性。从立法态度来看，其价值分量也表现出愈益接近的趋势。“坚持隐私保护与数据流动并重”“坚持网络安全与信息化发展并重”，已经成为许多国家或地区对待多种价值关系的政策定位。从互联网信息运动的规律来看，这些价值之间既有冲突又有统一。

一方面，冲突关系将长期存在。无论从语言文字的含义还是从权利发展的历史过程来看，隐私的核心诉求都是“免于打扰”“不被侵入”，在权利实现方式上属于被动的、消极的内向生长，只要求别人不要来窥探、挖掘或侵入就好。而数据流动、社会交往需求以及集体安全中的监听，争取的则是主动的、积极的外向生长，要求尽可能突破封闭，实现开放。可以说，数据利用自由度的扩大必然会增加个人隐私泄露的风险，而隐私保护尺度的收紧也必然会加重数据利用自由度的限制。所以，各种价值从一开始就存在着冲突和竞争，需要正视。

另一方面，冲突中仍然有统一。就隐私保护与社交需求而言，虽然两种价值有着相互排斥的一面，但随着信息技术及其应用的发展，用户对隐私的态度也在不断发生着变化。价值追求的复杂性是互联网时代的一个重要特征，当人们发现自己从衣食住行到精神交流都越来越依赖各种互联网场景的时候，他们也不得不承认自己已经喜欢上了互联网。新近发布的《中国个人信息安全和隐私保护报告》指出：“公民个人信息安全意识强，但维权动力与能力有限。”从数据上看，当被问及是否“愿意提供个人信息以获得更便利的服务享受”时，更多的人（53%）选择了“愿意”。这说明，信息共享带来的便利是客观存在的，多数人并不赞同为保护隐私而过分限制信息流动。这与一个多世纪前在“流言蜚语”轰炸下产生隐私权的时代已经有所不同，个人开始自愿让渡一部分私人领域，以换得更多享受服务的机会。

统一关系也体现在集体安全与隐私保护之间。集体利益与个人利益一直是辩证统一的关系。国家与社会的集体安全是每一个个体安全的保障，反过来，个体成员基本自由的实现又是集体利益的组成部分和意义所在。“9・11”事件之后，在集体安全遭受严重威胁的背景下，无论是崇尚“政府限权”的美国，还是有着“严格保护个人权利”传统的欧洲，都不约而同地扩大了政府对个人数据的截留和审查权力。而在“棱镜门”事件之后，各国又掀起了反对监听的高潮，对跨国公司的数据处理行为也有了更加严格的要求和限制。这些制度发展过程说明，在不同时期，由于凸显出来的问题不同，政策和法律的价值侧重也有所不同，处于一个不断变化的过程中。但是，不论如何变化，都能看到立法上对两种价值的兼顾。从严格保护信息隐私到扩大政府监听权，再到反对监听权滥用，这一变化过程本身就反映了政策和法律对集体安全与个人隐私的兼顾与平衡。

说到底，作为个人的一项基本权利，隐私保护的意义在于使人能够更好地生活。而基于数据流动的产业发展、社交便利以及集体安全等价值的实现，其意义也是为人们的美好生活提供条件和保障。所以，各种价值之间不是绝对的背离关系，对个人信息的处理应该鼓励还是禁止，需要分情况对待。

（二）隐私保护分情况对待

互联网生态环境的复杂性决定了用户隐私保护制度在路径选择上不能是“大而全”，而只能是有区别、有步骤地循序渐进。互联网环境中体现出来的价值多元性要求制度设计在隐私保护问题上分情况对待，收紧“两头”，宽容“中间”。

有些信息，诸如身份证号码、银行密码以及位置信息、行动踪迹等，由于可以直接用来识别到具体的个人或者关涉重要的人身财产安全，属于敏感信息，与隐私利益距离最近，应该在法律上获得明确而有力的保护。相对地，也有一些信息，诸如购物痕迹、浏览习惯等，如果不与其他信息放在一起，不能单独用来识别到具体的个人，一般以结构化数据集的形式加以利用或公开，与信息流动的价值距离最近，在隐私保护上可以有条件地获得“豁免”。我国新出台的《网络安全法》就增加了例外性规定，即“经过处理无法识别特定个人且不能复原的”个人信息，不受“对外提供个人信息须先取得同意”规则的约束，这一规定为结构化数据集的流动开启了一扇窗。除开这两种信息之外，其他在敏感度上处于中间区域的信息，则可以通过一些原则性的规定，引导各方主体自觉遵守（图7–1）。

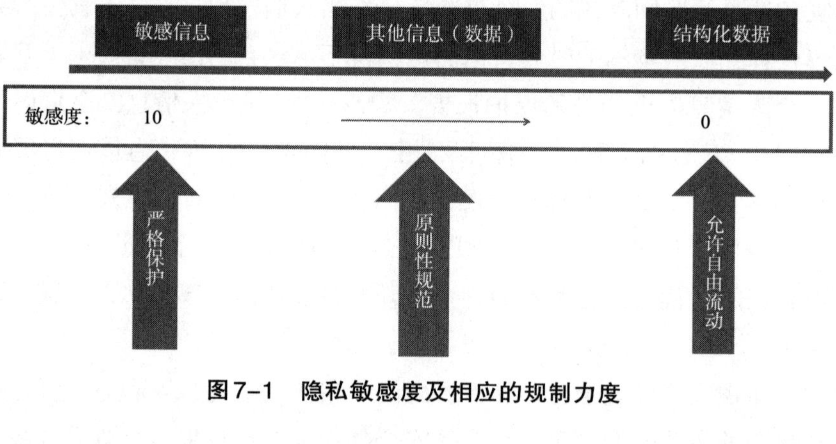

图7–1　隐私敏感度及相应的规制力度

二、“去识别”处理原则

从各国的立法文件和学术文献来看，“识别”成为“个人信息”概念的核心内涵，已经在各界达成共识。这意味着判断一种信息是否属于个人信息，关键是看这种信息是否已经或能够对某个具体个人完成识别。那么，对信息进行“去识别”处理就成为信息隐私保护的重要方法。

（一）信息加工：结构化

“去识别”处理的第一种方式是通过对信息进行加工形成结构化的数据集。其原理是将那些能够单独识别到具体个人的信息，如姓名、肖像、身份证号码等，从原始数据库里转移或清除，只留下无法单独识别具体个人的一般信息，再按照数据利用的目的将它们进行结构化加工，形成只反映总体性特点或趋势的数据集，如季度消费结构、人群需求偏好、区域性迁移趋势，等等。

在结构化的数据集中，每一个贡献数据的个人被隐去了名字、遮住了面容，只是作为整个数据集合里的一个构成部分，对这些数据的利用意义只在于发现集合性的结论，而非挖掘某一个具体的人是谁。以数据可视化中的人口迁徙图为例，每隔一段时间，数据公司就会制作一些反映人口流动的数据图谱（如图7–2）供人们使用。在这些纵横交错的箭头里，每一个人都只是一个数据，没有人能知道从北京去往广东的箭头里，谁是因为工作、谁是为了度假、谁是去参加一场考试……所以，“结构化”是一种可以兼顾数据利用和隐私保护的数据处理方法。

图7–2 2014年春运期间北京人口迁徙图（来源于IT专家网）

（二）分散存储：阻断识别路径

互联网的机制性特点决定了“去识别”处理除了由数据公司在数据利用阶段进行结构化加工之外，还需要对数据的存储状态进行“正本清源”式的干预，这是因为，信息在网上的集中存储和长期滞留直接增加了隐私泄露的风险。

1. 信息滞留成为隐私泄露隐患

信息在互联网上的集中存储和长期滞留，为数据加工提供了用之不竭的原材料，同时也为隐私泄露埋下了隐患。在线下世界里，互相信任的人之间交流隐私通常是在有围墙、有窗帘的房间里，交流完了打开门窗，不会留下任何痕迹。但在互联网世界里，上网行为的痕迹每时每刻都在形成，并自动存储在某处的存储器里，长久不会消失，形成长期滞留。这就像是个“潘多拉的盒子”，一旦有人打开它，曾经的秘密就会展现无遗，很快进入信息流，这些秘密很难重新被关进盒子，变成了公开的信息。原本属于私人领域的那些事务，一经公开，谁都可以看到、谁都可以评论。在这些信息中，有些是直接以档案形式集中存储的，一旦这些信息被窃取，可以直接定位到具体的个人，如“徐玉玉案”中的高考名单；有些则是以单条信息的方式分开存储的，但通过搜索工作仍然有相当一部分信息可以被集中到一起，形成对具体个人的识别。

2. 删除义务的局限

在网上生成的信息不会自动消失，这就对信息管理者提出了要求。从保护信息隐私的角度出发，根据不同情况，信息管理者的义务可以包括删除、更新、保密等。但是，这些义务的履行涉及管理成本和可行性，尤其是删除义务。面对每时每刻都在生成的海量信息，由数量有限的数据公司来负责信息的删除，会带来可观的成本。发生在2014年的“谷歌诉西班牙数据局”案，被视为“被遗忘权”确立进程中的里程碑，作为该案审判机构的欧洲法院，将谷歌公司认定为“数据管理者”，从而判令其履行“删除”个人数据的义务。但判决做出后，谷歌公司的数据删除工作却遇到了诸多麻烦，他们在短时间内就接收到数万条删除申请，处理这些申请需要花费内部审查小组大量的人力与时间。同时，在删除申请中，除了真正有需求的申请之外，还充斥着大量出于其他目的的申请。①由此，欧洲法院的这项判决也受到了一些质疑。

3. 数据存储分散化

从成本和可行性的角度看，既然数据的产生是自动的，那么实现“去识别化”的理想方法也应该是带有自动性的。欧盟的一项新举措似乎为我们提供了一种新的思路，即通过分散化存储来瓦解信息的集中存放状态。

欧盟新立法《一般数据保护条例》(以下简称《条例》)，提出了一项重要举措，就是引入了“假名化”(pseudonymisation)制度。《条例》在“原则”一章里将假名化作为判断是否属于“合法处理数据”的情形之一。根据《条例》第4条的规定，“假名化是指一种个人数据的处理方式，在不使用其他附加信息的情况下，个人数据不能再(单独)用来识别到具体的数据主体，因为附加信息被分开存放，技术和管理措施确保这些个人数据不能指向一个明确的或可识别的自然人”。pseudonymisation一词在《条例》中出现了十余次，多次与“加密”或“数据最小利用”放在一起，作为达到数据保护要求的具体方法之一。关于“假名化”的作用，《条例》在前言中明确指出：“个人数据假名化的应用，能够减少数据主体的风险，并帮助控制者和处理者完成数据保护的义务。”

在这里，将pseudonymisation译作“假名化”而不是“匿名化”，一方面是因为“pseud-”这个词根的本义是“虚假的，伪装的”，作为实名词的pseudonym所对应的中文意义是“假名，化名，笔名”；另一方面是因为译作“假名化”更符合信息在网上的存储状态，匿

① 石静霞，张舵. 从欧洲法院承认“被遗忘权”的判决看个人信息保护[J]. 中国信息安全，2014(11)：114.

名意味着将名字藏起来，不要名字，而假名则是指允许名字存在，只是这个名字仅仅是一个化名，一个符号，无法用来识别到真实的主体。所以匿名化适用于结构化处理的情形，而假名化则更加符合分散化存储的语境。

《一般数据保护条例》中的假名化制度，其亮点在于明确要求对信息进行分开存放。由于数据之间存在关联性，互相关联的数据放在一起，可以互相佐证，互相推断，从而指向具体的个人。从理论上说，只要存在数据结合的条件，从一个数据出发，最后识别到具体的个人，只是一个时间过程，当数据足够多时，识别就会实现。有一个著名的案例：2006年美国在线（AOL）公布了大量的旧搜索查询数据，本意是希望研究人员能够从中得出有趣的见解。但《纽约时报》在几天之内通过把“60岁的单身男性”“有益健康的茶叶”“利尔本的园丁”等搜索记录综合分析考虑后，发现数据库中的441749号代表的是佐治亚州利尔本的一个62岁寡妇塞尔玛·阿诺德。当记者找到她家的时候，这个老人惊叹道：“天啊！我真没想到一直有人在监视我的私人生活。”①

单一数据的识别能力主要与数据的数量及其关联程度有关，数据越丰富、关联程度越高，就越容易推断出确定的数据主体，而这里的关联程度又可以通过数量的扩大来加强。所以，“假名化”制度特别强调“数据存储的分散化”，就是要阻止数据之间的结合，从而阻断数据集合的识别路径。即便有人侵入系统，得到的也只是信息碎片，而不是现成的个人档案。信息的分散化存储是对集中存储状态的瓦解，有利于从源头上降低互联网机制带来的隐私泄露风险。

三、个人自决与平台管理相结合原则

在漫长的历史发展中，隐私作为一种私性正义，最有效的管理人一直是隐私主体自己。但到了互联网时代，传统的自我保护方式显现出了较大的局限性。线下“个人+政府”的二元结构转变为线上“用户+平台+政府”的三角关系，这种变化使作为个人的用户正在失去对自己隐私的实际控制力，个人自决与平台管理需要结合起来。

（一）个人自决是隐私保护的根本

隐私以个人信息的形式在网上呈现和存储，意味着隐私突破了与主体一体化的存在状态，开始脱离主体的直接控制。这是互联网环境中隐私的一个重要特点。信息的流动性在互联网上得到充分扩大，隐私泄露的数量和造成的影响常常触目惊心。2017年3月，我国警方破获了一个从事网络密码盗窃的犯罪团伙，其成员在上网时偶然从别人的百度网盘里下载了一个文档，里面就有1亿多个网络账户信息，而且信息非常全面，包含了用户的姓名、生日、手机号码、家庭住址、账号密码及以前使用过的密码。这些个人信息被轻易获取，是信息主体无法预知也无法控制的。由于缺乏对信息流动的实际控制力，个人对自己的隐私决定权常常成为空中楼阁。

① 舍恩伯格，库克耶．大数据时代［M］．盛杨燕，周涛，译．杭州：浙江人民出版社，2013：199.

然而，对信息实际控制力的丧失，并不意味着作为信息主体的个人就应该放弃这份权利，或者转让给他人。个人自决仍然是隐私保护的根本性原则。这一方面是因为隐私本身是属于绝对意义上的私权，不关涉其他人，应当由隐私主体来决定是否公开关于自己的信息；另一方面是因为隐私具有主观性，不同人对同一信息的价值评判不一定相同，什么样的信息属于隐私，应该由隐私主体自己判断。在互联网环境中，尤其需要对个人自决权做出支持和保护。事实上，这也是许多国家在立法上始终坚持的一项基本原则。比如，对个人信息的收集和使用，我国从《全国人民代表大会常务委员会关于加强网络信息保护的决定》到《消费者权益保护法》，再到《网络安全法》，都安排了“前置同意”制度，即收集和使用个人信息前，必须先取得信息主体的同意。在《网络安全法》中还增加了个人对网络运营者的信息删除和更正请求权：“个人发现网络运营者违反法律、行政法规的规定或者双方的约定收集、使用其个人信息的，有权要求网络运营者删除其个人信息；发现网络运营者收集、存储的其个人信息有错误的，有权要求网络运营者予以更正。网络运营者应当采取措施予以删除或者更正。”

（二）平台管理

互联网信息运动的生态环境决定了平台需要承担特殊而重要的管理责任。我们在“隐私保护与平台责任”一章里，论述了平台责任的内容和正当性依据。在这里，我们强调个人自决与平台管理相结合的原则，主要分析平台管理与个人自决权的关系。

如前所述，个人信息是否要提交、是否允许平台使用、在何种范围内使用，以及是否公开等，都属于作为信息主体的用户个人的自主决定权范围。在线下传统世界里，在多数情况下个人具有直接控制自己个人信息的能力。而到了互联网环境中，个人信息脱离了信息主体，平台成为用户个人信息的实际控制者，从而被法律赋予个人信息管理者的角色。这是平台承担管理责任的逻辑基础。

那么，站在用户的立场上尽到善意使用和审慎管理的责任，就是信息隐私保护中平台责任的核心内涵。如果说信息技术突破了个人信息与信息主体的一体性，在二者之间拉开了一道沟壑，那么平台的管理就是填平沟壑的泥土，也是防止这种分离性无限扩大的控制机制。芝麻信用隐私官聂正军在“2017首届中国城市信用建设高峰论坛”的发言中提出要“对用户隐私心怀尊重和敬畏”，道出了平台管理用户信息的关键。如果缺乏“尊重和敬畏”，法律将会变得事无巨细，用户与平台之间的信任也难以真正建立。对于平台而言，需要正视个人信息所承载的隐私利益是用户的基本权利，处理个人信息的决定权在用户个人。对于一个具有社会责任感的企业而言，主动承担起管理用户个人信息的责任，应该是这个企业整个生产经营活动的一个部分，也是企业参与推动社会发展进步的题中之义。

从还原用户对自己个人信息的决定权出发，平台的责任内容就变得清晰了。首先是在信息处理过程中征询用户同意；其次是设置退出机制，让用户能够方便地行使对商业信息推广的拒绝权；再次是设置有效的信息接触机制，使用户在发现自己的个人信息出现隐私威胁或信息质量问题时，能够有渠道与平台取得联系，通知平台删除或更改个人信息；最后是平台有责任尽力使自己的数据使用计划清晰明确地呈现给用户，实现用户的知情权。当然，这些制度安排还需要考虑“价值兼顾”“合理责任”的原则要求，保证可操作性。

四、消减影响力原则

信息隐私面临的各种困境反映了信息隐私保护的复杂性，这种复杂性就像横亘在隐私安全与信息正常利用之间的一道沟壑。如果说价值兼顾、“去识别”处理、个人自决、平台管理等原则是填平沟壑的泥土，那么消减信息滥用带来的实际影响就是跨越沟壑的桥梁。

信息隐私作为“与个人信息相关的那部分隐私”，其最终诉求仍然是隐私主体的安宁与安全，这是所有隐私共同追求的要旨。那么，威胁这份安宁与安全的主要因素到底是什么？严格地讲，人们的尊严与安全受到侵犯是多种因素共同作用的结果，而个人信息的泄露和滥用只是其中一个——尽管这个因素很重要，但并不是唯一的突破口。

以“人肉搜索”为例，受害人（搜索对象）受到的实际影响一般会经历几个阶段：首先是个人信息在网络号召下的集中呈现；然后是由一些“好事之徒”通过组合多条个人信息准确定位到搜索对象的身份，这时候受害人身边的“熟人”开始发现他（她），受害人开始感受到现实的压力；接着是“熟人”开始表达态度，当单位的同事、学校的同学、街道的邻居、朋友开始评论、质疑、询问甚或只是面露惊讶时，受害人的压力升级；再接着就是各种没有根据的言论、信息肆意扩散，“熟人”和公众一起表现出排斥、指责或歧视，受害人的压力就会临近忍受限度，从而可能出现一些自我伤害式的逃避，“网络暴力”也由此形成。可以看到，在整个过程中，受害人没有任何对抗“暴力”的机会和途径。那么，如果社会能够给受害人一个表达和自我辩护的渠道，比如设立一个具有公信力的发声平台，让受害人可以陈述事实、发表观点，很多悲剧或许能够避免。在这里，由立法禁止在网络上公开他人个人信息固然是必要的，但是从长远来看，“疏导”机制的建设有着“未雨绸缪”的意义。因为以人工智能为代表的“未来互联网”的发展方向，是信息和数据不断走向融会贯通，解决因信息传递而带来的隐私侵犯问题，需要在“堵漏”的同时探索有效的“疏导”方式。

再以因个人信息泄露导致存款被盗为例，他人能够凭借一串数字密码将银行里的存款盗走，既暴露了信息系统管理的漏洞，也反映出以无形符号作为取款条件的机制本身就具有高风险的事实。密码、身份证号码、电话号码，等等，都是一种信息符号，无形无影，便于复制盗取。现在有一些走在实践前沿的金融机构开始推出“刷脸”进入账户的办法，来防治高发的金融盗窃及诈骗。这实际上是将识别媒介从无形的信息返归有形的身体，可以说，有形状、体积大、稳定性好的物理媒介是盗窃的天然克星。在这里，脸部识别技术在金融行业的应用，使防治盗窃这个任务绕开了对个人信息泄露的穷追猛堵，在另一个维度上开辟了一条新路。当然，“刷脸”的办法应该是真人站在传感器前面，如果面部识别变成了照片识别，那就又绕回了老路。

值得一提的是，面对信息易复制、易传送、易泄露的特点，对于那些已经泄露的个人信息，在其使用效力上也应当给予应有的限制。比如，如果一个人在日常生活中的言论被偷录、被窃听，而这些录音内容又被用来作为证据，意图使这个人在法律上被认定为违法或犯罪，那么这种所谓“证据”的证明力就不应当成立。克林顿总统绯闻事件中的女主人公莫妮卡·莱温斯基最近在TED讲台上发表了一场公开演讲，指出有一名曾经被自己当作朋友的人在当年偷录自己的言谈，并作为事件调查报告的一部分提交给国会。如果我们不能完全防范藏匿在各个角落的窃听器，我们至少可以否定这些窃听内容的合法性，这也是消减隐私泄露所带来的实际影响力的重要举措。

第二节　个人信息利用的标准

在利用个人信息的具体实践中，还需要明确相应的标准以增加可操作性。“可否识别”和“公私属性”是判定个人信息利用活动是否具有正当性的两个主要标准。

一、可否识别具体个人

如前所述，“可识别性”是个人信息概念的核心内涵，将个人信息定义为“可直接或间接识别具体个人的信息”已经成为各国法律的通行做法。这里的“可识别”包括直接识别和间接识别两种情况。直接识别是指根据有限的信息本身，就可以完成对具体个人的精准识别，比如身份证号、姓名、家庭地址、手机号码等。间接识别是指所掌握的信息所描述的内容符合多个人的情况，从而无法根据这些信息直接识别特定的个人，但是通过与其他信息的挖掘和组合，经过分析比对，最终仍然可以推断出具体的人，如刑事侦查中通过“性别+年龄+体表特征”可以锁定犯罪嫌疑人；又如《纽约时报》通过大数据计算，从“60岁的单身男性”“有益健康的茶叶”“利尔本的园丁”等看起来毫不相关的搜索记录中找到了一位老太太的家。从理论上来说，只要数据集足够大，最终就能够识别到具体的人；但在实践中，能不能最终识别到具体的人，还与已知数据的相关度以及对未知数据的挖掘、分析能力有关。所以，立法通常是将可直接识别和可间接识别的信息都纳入了“个人信息”的范畴，从而将个人信息的边界划定在可识别与不可识别之间，而不论这种识别是直接的还是间接的。

在我国，相较于之前的关于信息隐私保护的法律法规，2016年公布的《网络安全法》做了一个具有突破性的安排，即在禁止网络运营者未经被收集者同意向他人提供个人信息的同时，允许“经过处理无法识别特定个人且不能复原的（信息）”作为例外。这实际上是将“可否识别特定个人”作为个人信息向外流动的标准。与之类似，早在2014年6月19日，日本首相官邸组织的“个人数据研讨会”就提出修改“个人信息保护法”，并制定新的个人数据使用方案（以下简称《方案》），以推动并规范“大数据”的利用。《方案》建议，企业可以在未经本人同意的情况下，向第三方提供并使用无法推定具体个人的信息，如购物履历、移动情况等。这种“去识别化”体现了“关注实际损害”的价值判断理念，如果一组信息无法识别到具体个人且不能复原，那么这些信息的利用对信息主体来说就是无害的。在这一点上走得更远的是美国，美国大多数州曾经要求在“通知”程序启动之前进行风险评估，其中夏威夷州规定：“如果在经过合理的调查之后，相关个人或企业确定不存在对顾客造成损害的合理可能性，则不要求通知。”美国联邦贸易委员会国际消费者保护顾问布罗德（Besty Broder）解释说：“对个人信息的保护，只能限制在现实的危险范围内，而不能去做假想上的面面俱到。”

然而，正如前面分析的那样，一组数据能否最终识别到具体个人，在很大程度上取决于数据挖掘和分析能力。随着互联网信息技术的迅猛发展，一些在以前看似不能识别具体个人的数据，通过借力于技术、与其他数据相结合，其可识别性正在增强。《大数据时代》的作者在书中提醒人们，在大数据时代，对个人信息进行精心的匿名化处理也无法完全避免对私人领域的侵犯。他举例说：“尽管如此，《纽约时报》还是在几天之内通过把‘60岁的单身男性’‘有益健康的茶叶’‘利尔本的园丁’等搜索记录综合分析考虑后，发现数据库中的441749号代表的是佐治亚州利尔本的一个62岁寡妇塞尔玛·阿诺德。当记者找到她家的时候，这个老人惊叹道：‘天啊！我真没想到一直有人在监视我的私人生活。’”①

所以，仅由数据处理者自己来判断对顾客造成损害的可能性已经不足以保护个人的信息隐私，需要借助法律来明确个人信息的标准，这个标准就是在事实上可否识别到特定个人并无法复原，这是判断个人信息利用活动正当性的第一个标准。

二、“公”与“私”的界限

对于那些或直接或间接识别具体个人的信息来说，其利用活动是否具有正当性的参照标准还包括“公私属性”。只有那些完全属于私人领域的个人信息才能够成为信息隐私并受到保护。

公私界限是一个古老的话题。在我国，古有儒家对“重私德而轻公德”的训示，今有“大公无私”的道德表彰；在西方，远有约翰·密尔的“群己界限论”，近有哈贝马斯的“公共领域观”。不同的公私观念莫不与具体的历史环境有着紧密的联系。个人信息本身无所谓公私，作为“识别具体个人的符号”，其基本功能在于帮助个人参与各种社会交往。公私属性是针对具体的个人信息利用活动而言的。在互联网传播环境中，信息隐私的一个重要特点就在于信息主体无法直接控制自己的个人信息的传播。物理世界中的“隔

① 舍恩伯格，库克耶. 大数据时代［M］. 盛杨燕，周涛，译. 杭州：浙江人民出版社，2013：199.

音墙”“遮羞布”在这里一概失效。虽然网络服务提供者在技术上能够实现对信息传播的控制，但在缺乏信息控制标准的情况下，服务商也无从判断信息利用活动的正当性。何为“公”，何为“私”，需要统一而明确的标准。

（一）中国传统社会中的公私观

在我国古代，“儒家偏于私德而公德殆阙如”①。《大学》里讲：“古之欲明明德于天下者，先治其国。欲治其国者，先齐其家。欲齐其家者，先修其身……身修而后家齐，家齐而后国治，国治而后天下平。”②费孝通先生在《乡土中国》中，认为中国传统社会的表征是以“己”为中心的“差序格局”：“以‘己’为中心，像石子一般投入水中……一圈圈推出去，愈推愈远，也愈推愈薄。”“公与私是相对而言的，站在任何一圈里，向内看也可以说是公的。”③我国传统社会中的公私界限并不分明，公与私也只是一个相对的概念。这种相对性反映在互联网这个新型环境中，就是公私难分、边界不明。

（二）西方资产阶级的公私观

与中国传统社会不同的是，近代以后的西方社会以“团体格局”为表征，个人利益相对独立于集体利益，个人是社会的基本单位。在公私观念上，也是以个人为出发点，以是否影响到他人为个人自由的边界。英国哲学家密尔在1859年所作的《论自由》中说道：“任何人，仅就涉及他人的那部分行为，对社会负责。在仅涉及本人的那部分，他在权利上的独立性则是绝对的。对本人自己、对自己的身和心，个人是最高主权者。”④从社会结构和文化心理上看，西方社会中的公私界限是比较固定的，主要看是否对他人产生了影响。

20世纪50年代，美国政治理论家汉娜·阿伦特在《人的境况》中提出了“公共领域”（Public Sphere）的概念。在解释“公共”之含义的时候，她用了最简练的语言：“‘公共’这个词表示两个内在紧密联系但并不完全一致的现象。”⑤在描述公与私的区别时，她这样说道：“他人的在场向我们保证了世界和我们自己的实在性，因为他们看见了我所见的、听见了我所听的……不过，还是有许多东西无法经受在公共场合中他人始终在场而带来的喧闹、刺眼光芒；这样，只有那些被认为与公共领域相关的，值得被看和值得被听的东西，才是公共领域所能够容许的东西，从而与它无关的东西就自动变成了一个私人的事情。”⑥阿伦特的理论闪耀着人性的光辉，较之于密尔的群己界限论，该理论更加强调公共性对个人的重要性，但她在公私界限上仍然给出了明确的标准，即与外界“紧密联系”的属于公共领域，与外界无关的就是私人领域。

稍晚时期的德国社会学家尤尔根·哈贝马斯，则是将信息传播媒介同公共领域视角相结合的第一人。在哈贝马斯看来，公共领域存在的条件之一就是“拥有自由交流、充分沟

---

① 陈乔见．公私辨：历史衍化与现代诠释［M］．北京：生活·读书·新知三联书店，2013：2.

② 于全．四书五经（壹）［M］．长春：吉林大学出版社，2011：5.

③ 费孝通．乡土中国［M］．北京：外语教学与研究出版社，2012：47.

④ Mill J S． On Liberty［M］． Shanghai: Sanlian Bookstore，1959: 9.

⑤ 阿伦特．人的境况［M］．王寅丽，译．上海：上海世纪出版社，2009：32.

⑥ 阿伦特．人的境况［M］．王寅丽，译．上海：上海世纪出版社，2009：33.

通的媒介”[①]。因为“媒介是信息的载体，决定着信息的流量，单向的非沟通媒体将导致信息的匮乏和意义的缺失，在此基础上私人的‘独立’与‘理性’也就失去了意义”[②]。在大众媒体的影响力日益加大的时代背景下，哈氏指出了这种强大背后的商业垄断和政治操纵，揭示出公共领域之公共性正在遭受的破坏。但他或许没有想到，互联网的出现，一方面在媒介垄断问题上踩住了刹车，但另一方面，任何人都可以利用媒介的状态引发出新的问题——信息传播的伦理遭到破坏。在这里，被动接收信息的“公众”消失了，取而代之的是拥有信息生产与传播之主动权的“网众”。技术上的任意性加上制度上的滞后性，致使信息传播的公私界限长期以来未能得到廓清。

（三）马克思和恩格斯的公私观

关于公与私的理论，在马克思和恩格斯的著述中大多是以分散的形式存在的。阶级理论下的私有制是马克思理论中的一个重要内容，但它与个人信息层面上的公私界限研究并不是一回事。这种关于个人与社会间公私关系的论述，主要体现在他对家庭和国家的研究中。在回答“共产主义社会制度对家庭将产生什么影响”这个问题时，恩格斯指出：“共产主义社会制度将使两性关系成为仅仅和当事人有关而社会无须干预的纯粹私人关系。”[③]在这里，私人关系被定义为“仅仅和当事人有关而社会无须干预的关系”。因为“仅仅和当事人有关”，而与其他人无关，所以“社会无须干预”，这里的公私界限仍然是某种现象与他人的关系。

但马克思和恩格斯并未像密尔那样将公私界限绝对化。在他们看来，“公共”这个词可以用在古代共产制家户经济中，[④]也可以用在以家长制家庭为基础的现代社会事务中，还可以用在国家概念下的“公共权力”中。[⑤]换言之，马克思和恩格斯的公私概念也是相对的：在现代社会，家庭为私；在古代社会，家庭（家户）为公。

（四）互联网中的“公”与“私”

从各种讨论中可以看出，西方主流社会对公私界限的划分，关键是处理好个人与他人的关系，亦即个人的行为是否影响到他人；而中国传统社会中的公私界限却是一个相对概念，没有明确的标准。马克思在对待这一问题时，一方面承认是否与他人有关这个标准，另一方面又不拘泥于固定的标准从而赋予其一些灵活性。互联网环境中的问题，对这些传统理论既有借鉴的必要，也有发展的空间。

首先，互联网社会仍然是人与人的社会，作为衡量人类社会公私边界的重要标准，“是否与他人相关”，仍然是判断个人信息公私属性的一个基本参照。比如，作为被授予公共

① 张晓静．微博：媒介公共领域构建的新维度［J］．青年记者，2012（11）：65.

② 张晓静．微博：媒介公共领域构建的新维度［J］．青年记者，2012（11）：65.

③ 恩格斯．共产主义原理［M］//马克思，恩格斯．马克思恩格斯选集（第一卷）．北京：人民出版社，2012：309.

④ 恩格斯．家庭、私有制和国家的起源［M］//马克思，恩格斯．马克思恩格斯选集（第四卷）．北京：人民出版社，2012：84-85.

⑤ 恩格斯．家庭、私有制和国家的起源［M］//马克思，恩格斯．马克思恩格斯选集（第四卷）．北京：人民出版社，2012：123.

权力的官员，其言行关系到作为授权者的人民的利益，网络反腐中对官员贪腐行为的曝光，是公众行使监督权的体现，属于公共领域；而针对普通人的“人肉搜索”，将网络言论延展至现实生活，构成对私人生活的侵犯，则属于私人领域。又如，商家对自己的客户名址库的使用，因为没有公开个人信息，就不会同他人产生关系，谈不上对私人领域的侵犯；但是将名址库转让获利，则是将个人信息送入了公共领域，产生了现实的危险，构成了对私人领域的侵犯。

其次，互联网本身是一个跨国界的全球性概念。信息技术的发展和普及，使得东西方社会在信息传播领域所面临的问题和解决问题的思路都有着越来越多的共性。在互联网传播环境中，以个人为单位、以信息与他人的关系为标准，来划分信息利用活动的边界，对于东西方社会来说都具有一致性。

但这种划分标准并不是绝对的。一种现象是否与他人有关、属于公共领域还是私人领域，还需要我们在信息利用活动的实践中，就具体问题进行具体分析。

第八章 个人信息利用活动的边界

既然个人信息的利用能够基于各种正面价值获得正当性，就应当允许正常利用个人信息的各项活动的开展。不过，个人信息的利用需要明确而合理的边界，这是本章要强调的重点。在各种利用活动中，由于利用主体、利用方式及其产生的影响有所不同，笔者将这些活动分为群体利用、商业利用和政治利用三种类型。不同类型的利用活动所对应的利用边界也有所区别，下面将分节进行讨论。

第一节 群体利用的边界

一、群体利用的特点

群体利用是指由多个人组成的人群集合，以集合之外的某一个人的个人信息为对象，有目的地进行搜集、传播、整理以及加工等活动。群体利用具有以下几个主要特点：

一是利用主体的形成具有偶然性，利用主体的组成具有分散性。群体利用的典型形式要数“人肉搜索”，这里参与信息搜索的人通常分散在各个网络节点上，并不需要聚集到某一个物理场所，这与线下世界中的集会不同。这里的人群形成集合也是偶然的，他们是在互联网上以问答方式收集和提供信息而联系并集结在一起的，这群人在问答开始之前相互并不认识，因参与信息搜索而集结，因活动停止而散去。这种特点会直接带来“陌生人”效应，即因为互相之间不认识，就不用对自己的网络行为负责，这是网络暴力出现的一个重要原因。

二是利用过程具有煽动性。以伤害他人为目的的网络行动，常常是以“道德卫士”的面目出现的。活动发起人通常是基于某种原因想利用网络的号召力、集结力量，组织人群为其提供舆论力量，来达到对某个人的打击目的。公开侮辱、公开诽谤、宣扬隐私，无不是借网络的影响力，来煽动其他人一起加入对攻击目标的进攻。这种活动之所以能够成功，与网络上信息的真实性难以辨别、网民身份具有隐匿性，以及互联网易于宣泄负面情绪等因素有关。

三是利用主体与受害人之间存在力量悬殊。互联网上的口舌之战可谓是先发制人的游戏。当一方的进攻已经发起，群体性言论形成趋势，受攻击的一方的反抗就会显得渺小无力。可以说，面对网络上的肆意侮辱和隐私宣扬，受害方并没有特别有效的反击渠道。这也是网络暴力常常导致受害人不堪忍受压力，采用极端方式进行逃避的重要原因。

二、禁止“人肉搜索”：一个重要的边界

“人肉搜索”是一种具有代表性的互联网个人信息群体利用活动。在互联网发展的过程中，曾出现过多起因“人肉搜索”而自杀、退学、离职的案例，引起了社会的高度关注。

（一）案例：地铁狗粪事件[①]

早在十余年前，韩国就发生了一次具有轰动性的“人肉搜索”事件，该事件直接推动了韩国“网络实名制”的出台进程。2005年6月，在首尔的地铁里，一个年轻女子牵着的宠物狗在车厢内排泄，邻座老人要求女孩清理小狗的排泄物，女孩拒不愿意，还恶言相向。这一场面被人用手机拍下后上传到了一个知名度较高的韩国博客上，激起了公愤。网民发动了“人肉”搜索，数天后，女孩的真实姓名、电话、住址、就读学校等个人信息被公之于众。该女子被网友冠以“狗屎女”的不雅称号，网上四处流传着侮辱和调侃她的“二次创作”，她的父母也接到不少匿名电话，被指责家教不严。迫于压力，这个女孩不得不公开道歉，并且她退学后患上了严重的精神疾病，她的姐妹也不得不换了工作，父母也被迫搬家，并隐姓埋名。

这就是当年轰动互联网的“狗屎女”事件（*Dog Poop Girl*），其影响波及海外。2005年7月，美国《华盛顿邮报》发表了题为《地铁骚乱升级为羞辱个人的互联网力量的试验台》的评论文章。乔治·华盛顿大学教授丹尼尔·索洛夫称：“一个人违反道德规范后，被互联网烙上深深的‘数码红字’。舆论制裁的力量又上了一个新台阶。”“狗屎女”事件令韩国民众开始反思网络暴力。2005年7月，雅虎韩国的一项在线用户调查显示，79%的受访者支持网络实名制。后来韩国政府决定，将网络实名制以立法形式付诸实施。

---

① 新闻内容参见网易等网络媒体刊载的新闻稿。

（二）案例：服装店老板微博案①

可惜韩国女孩的遭遇未能引起我们的足够警惕，八年之后，发生在我国南部城市的"服装店老板微博案"，将一个花季少女送上了绝路。2013年12月的一天，广东陆丰一名18岁女高中生到一家服装店购物，服装店老板怀疑她偷了衣服，于是将视频截图发到微博上，并配文称截图中的女孩是小偷，请求网友曝光其隐私。这则"人肉偷衣服女生"的信息得到了追捧，众多网友纷纷参与"人肉搜索"。很快，这个女孩的个人信息被曝光，包括她的姓名、所在学校、家庭住址和个人照片，女孩被同学和朋友指指点点，网络上也骂声一片。第二天晚上，这个女孩在连续发出"第一次面对河水不那么惧怕""坐稳了"两条微博后，跳入河中自杀身亡。

痛失爱女的父亲认为是服装店店主在网络上发起的"人肉搜索"活动致使女儿自寻短见。女孩的姐姐也在微博上公开指责涉事服装店店主的行为构成了"诬陷"，并指出参与"人肉搜索"的网友们的行为导致"一个花季少女无奈走上绝路"。事后涉事服装店店主被警方刑事拘留。

此事当时在社会上引起了强烈反响，人们除了愤怒和惋惜之外，更多的是震惊和反思。"管理好自己的手指，不要用网络去伤害人。""以正义之名行不义之实，每个人都应该反思借公器泄私愤的行为。""利用网络伤害了一个生命，这不是我们想要的结果。""赤裸裸的网络暴力，应该立法。"在网络上，众多网友为逝者点亮了蜡烛，反思"人肉搜索"的合法性和公正性。而如何廓清法治和道德的界限、遏制网友"人肉"的冲动等问题更是引发了网友的热议。

（三）"人肉搜索"是一种权力吗

韦伯认为，"权力意味着在一定社会关系里哪怕是遇到反对也能贯彻自己意志的任何机会，不管这种机会是建立在什么基础之上"。哈马斯说："公共领域由于深受社会势力的影响，因而享有权力。"②而自媒体的盛行无疑推动了这种权力的实现。"微博与微信的双双崛起……带来评价舆论声音的极大丰富，并继而将带来传播形式与获取方式的变化，推动了媒介的改变与媒介权力的再分配。"③

在权力关系中，总是存在强弱对比悬殊的两方。"人肉搜索"就是强势方对弱势方在网络上发起的"民间侦查"和"网络审判"。"人肉搜索"的原理是通过网上"问答"，组织网民围绕某一个"问题"提供信息、寻找答案。起源于知乎、天涯等论坛式平台的这种网络互动，原本属于获取知识、互通有无的有益活动，但如果被人用于挖掘别人的隐私，就变成了一种恶行。这种信息挖掘活动实质上是一种"民间侦查"，在法律上并无授权。侦查权、审判权作为社会中的重要公权力，一般只能由法律明确授权的公权力机构来行使，其他人不得"僭越"。但在"人肉搜索"中，一些人以"规范警察"和"道德法官"

---

① 案情参见遭人肉搜索18岁女生自杀身亡［N］. 北京晚报，2013-12-16.

② 哈贝马斯. 公共领域的结构转型［M］. 曹卫东，等，译. 上海：学林出版社，1999：224.

③ 徐志斌. 社交红利［M］. 北京：北京联合出版公司，2013：32.

自居，成为暴力意义上的“强者”，对作为“弱者”的受害人肆意施暴，其行为是一种典型的僭越，超越了自己的“本分”。这种毫无正当性的权力获得和实施行为，理应受到严格禁止。

（四）关于“人肉搜索”的争论

禁止“人肉搜索”无疑是一个重要的边界，但需要注意的是，互联网治理问题的复杂性在“人肉搜索”的规制上也有所体现。

地铁狗粪事件中的主人公退学并患病之后，社会对这个问题展开了讨论，形成了不同的意见。有人评论说：“无论在5个人或500万人面前，她都必须学会对自己的行为负责。”①也有人担忧地说：“‘规范警察’对她的惩罚太过严厉了。”②其实，造成后果的关键在于，互联网上的信息传播具有即时性、广泛性以及后果上的不可逆转性。“你的在线声誉就是你的声誉。……无论你的声誉准确与否，人们都倾向于以此来进行评价并做出决定。”③这是技术对信息传播方式的改变，也是对话语权力结构的改变。在这里，传统社会中当面争论的机会没有了，面对来自各方的舆论压力，作为个体的当事人没有办法发出辩解的声音。想想那些罪大恶极的犯罪分子还有在法庭上自我辩护的权利，这里的年轻女子身处的境遇似乎太过恶劣。然而，作为个人，也应该意识到所处社会环境的变化。如同工业化过程中的人们明知拥挤的城市会挤压隐私的空间仍然争相移民到这里一样，人们面对技术发展所能做出的最好应对应该是适应新环境，在自我约束中寻求自我保护。

实际上，早在近10年前的我国，就有地方政府试图通过立法禁止“人肉搜索”这种网络活动。但是当对普通人的暴力同对官员的监督交混在一起的时候，问题开始变得复杂，通过立法禁止“人肉搜索”的全部意图也受到怀疑。直到2014年8月21日，最高人民法院才公布了《关于审理利用信息网络侵害人身权益民事纠纷案件适用法律若干问题的规定》，明确了利用网络公开个人信息应承担侵权责任，这里的“个人信息”包括“自然人基因信息、病历资料、健康检查资料、犯罪记录、家庭住址、私人活动等个人隐私和其他个人信息”。承担侵权责任的条件一是“造成他人损害”，二是不属于六种例外情形。从这里列举的信息种类和担责条件看，司法解释非常注重对现实危害的防范，这也是司法实践中的经验总结，更具实效。

三、言论自由与隐私权：互为边界

在一般意义上禁止“人肉搜索”固然是保护隐私、维护互联网信息传播秩序健康发展的必然要求，但这种“禁止”本身也是有限度、有条件的。

---

① 沙勒夫．隐私不保的年代［M］．林铮顗，译．南京：江苏人民出版社，2011：13.

② 沙勒夫．隐私不保的年代［M］．林铮顗，译．南京：江苏人民出版社，2011：13.

③ FERTIK M，THOMPSON D. Wild West 2.0: How to protect and restore your online reputation on the untamed social frontier［M］. New York: Mcgraw-Hill，2010: 17.

（一）案例："死亡博客"案①

"死亡博客案"在我国有着"'人肉搜索'第一案"之称。该案中，王某与死者姜某系夫妻关系，2007年12月29日，姜某跳楼自杀身亡。姜某生前在网络上注册了名为"北飞的候鸟"的个人博客，并一直在博客中以日记的形式记载自己自杀前两个月的心路历程。她将王某与案外女性东某的合影贴在博客中，并认为二人有不正当两性关系，自己的婚姻很失败。姜某的日记显示出了丈夫王某的姓名、工作单位地址等信息。张某系姜某的大学同学，得知姜某出事后，注册了非经营性网站，名称与姜某的博客相同，即"北飞的候鸟"。在该网站首页，张某介绍该网站是"祭奠姜某和为姜某讨回公道的地方"，张、姜二人的亲友在该网站上发表了许多纪念姜某的文章。张某还将该网站与天涯网、新浪网进行了链接。姜某的博客日记先是被转发到了天涯社区论坛中，后又不断被其他网民转发至不同的网站，姜某的死亡原因、王某的"婚外情"等情节引发了众多网民长时间、持续性的关注和评论。许多网民认为王某的"婚外情"行为是促使姜某自杀的原因之一；一些网民在进行评论的同时，在天涯虚拟社区等网站上发起了对王某的"人肉搜索"，使王某的姓名、工作单位、家庭住址等详细个人信息逐渐被披露；更有部分网民在大旗网等网站上对王某进行谩骂和人身攻击，还有部分网民到王某的家庭住址处进行骚扰，在门口刷写、张贴"逼死贤妻""血债血偿"等标语。

大旗网系由凌云公司注册管理的经营性网站。在姜某死亡事件引起广泛关注后，大旗网制作了标题为《从24楼跳下自杀的MM最后的BLOG日记》的专题网页，主要包括如下内容：对姜某自杀事件发生经过的介绍；相关帖子的链接；网民自发到姜某自杀的小区悼念的现场情况；对网民进行现场采访的内容；对姜某的姐姐、姜某的同学张某、姜家的律师进行电话采访的内容和"网友留言""心理专家分析"等专栏。大旗网在专题网页中使用了王某、姜某、东某的真实姓名，并将姜某的照片、王某与东某的合影、网民自发在姜某自杀身亡地点悼念的照片、网民到王某家门口进行骚扰及刷写标语的照片等内容放在了网页上。

由此，王某以侵害名誉权为由分别起诉了张某、凌云公司和天涯在线，请求其停止侵害、删除信息、消除影响、赔礼道歉并赔偿精神抚慰金。法院认为，公民的个人感情生活包括婚外男女关系均属个人隐私，张某披露王某的个人信息行为侵害了王某的隐私权。凌云公司在其经营的大旗网上对关于该事件的专题网页报道未对当事人姓名等个人信息和照片进行技术处理，侵害了王某的隐私权并导致王某的名誉权遭受损害。天涯公司经营的天涯虚拟社区网根据有关法律法规制定了上网规则、对上网文字设定了相应的监控和审查过滤措施，在知道网上违法或侵权言论时采取了删除与本案有关的网络信息，已经履行了监管义务，不承担侵权责任。

---

① 案例背景及司法判决参见最高人民法院．最高法举行审理利用网络侵害人身权益司法解释发布会介绍司法解释的相关情况并公布了典型案例［EB/OL］.（2014-10-09）［2014-12-09］. https://mp.weixin.qq.com/s?__biz=MzA3MjEwNzYzOQ%3D%3D&idx=2&mid=200669542&sn=2e07e5093c289939d72e1ced4499fe50.

（二）言论自由与隐私权

虽然都是“人肉搜索”侵犯隐私权的案例，但是“死亡博客案”与前面介绍的“地铁遛狗事件”和“服装店主微博案”存在着一些不同。

本案中的姜某因自杀牵出了丈夫的婚外恋。一般来说，社会对婚外恋的道德容忍度要低于拒绝清理狗粪和普通盗窃，尤其是在婚姻中的守约方因对方的出轨行为丢掉生命时更是如此。所以这个案件中网民的激烈反应，似乎是有着情理上的缘由的。虽然婚外恋不在法律的干预范围内，但保护公序良俗本身也是很多法律的基本原则。

这里存在着言论自由与隐私权之间的关系问题。言论自由作为现代民主制度的基石，是社会自由中的一项基本内容，也是互联网空间中的一种主要自由类型。在“死亡博客案”中，法院肯定了当事人的隐私权，一方面是因为隐私权有着明确的法律依据，另一方面是出于对网络力量对比中弱势方的保护。但这不应该成为阻断人们发表言论的理由。毕竟，婚外恋在道德上是有重大瑕疵的，法律不予禁止不代表这种行为对社会没有危害性，而是因为法律作为一种强制力机制也存在着自身的局限性，法律并不是万能的。对于那些不适合法律干预而又具有重要价值的事物，比如对家庭的忠诚、对婚约的遵守，正好是道德约束的对象。道德的作用机制本身就包括舆论的谴责，言论自由是这里的题中之义。这意味着隐私权是有边界的，应当保留言论自由的应有空间，言论自由是人们探索真理、实现自我发展和社会进步的重要保障。

但是，同所有自由一样，言论自由也是有限制的。如果只是由死者的亲友建立一个网站，供认识的和不认识的人们进行祭奠，即便同时出现了一些对出轨方的指责，也是可以理解的。但是在网上公开的信息应该进行选择，不应出现能够直接识别到当事人的个人信息，比如照片、姓名、电话、家庭住址以及工作单位，更不应让这种情绪毫无边际地发展至线下，上门滋扰就肯定超出了言论自由的限度。在这里，他人的隐私权就是言论自由的边界。

从“死亡博客案”中，我们可以看到两种权利（自由）之间的关系，言论自由与隐私权这两种基本权利互为边界。

（三）江歌案中的刘鑫之问[①]

从2014年公布的《关于审理利用信息网络侵害人身权益民事纠纷案件适用法律若干问题的规定》到2017年公布的《关于办理侵犯公民个人信息刑事案件适用法律若干问题的解释》，意味着侵犯个人信息行为的入刑，可以看到法律在禁止“人肉搜索”问题上日趋严厉的态度。但这仍然未能完全解决理性与感性、法制与社会之间的所有问题。

2017年年末，一则关于中国留学生江歌在日本遇害的新闻事件，在国内掀起了一场舆论风波。据日本《中文导报》报道，当地时间2016年11月3日，就读于日本东京法政大学的中国留学生江歌，被闺蜜前男友陈世峰用匕首杀害。一年后，江歌血案即将开庭之

① 事件内容参见中国新闻网、新京报等网站的新闻报道。

际，为请求日本法院判决陈世峰死刑，2017年11月12日下午，江歌母亲江秋莲及众多中国留学生志愿者在东京池袋西口公园集会，征求民众署名支援。随着庭审时间的临近，这一事件背后的故事也被陆续公开。

据新闻报道，江歌与刘鑫是室友，江歌遇害的地点就在她们共同租住的公寓门前。事发当天，刘鑫的前男友找到了她们的住处，刘鑫先江歌一步进门而并未受到伤害。事发后，凶手已经被日本警方抓捕归案，刘鑫却迟迟没有出现来面对媒体以及江歌的母亲，这引起了江歌母亲的不解和猜疑。江歌母亲与刘鑫取得联系，想知道当天到底发生了什么。在“江歌之死是否与刘鑫有关”以及“江歌遇袭时刘鑫是不是在房屋内并反锁了门”等问题上，刘鑫的辩解似乎无法得到江歌母亲以及众多网友的认可。江歌母亲为了让一直“躲避”的刘鑫露面，在网上曝光了刘鑫全家人的家庭住址、工作单位、车牌号等信息，引发了大规模的网络“人肉搜索”。在这个过程中，刘鑫的家人与江歌母亲发生了隔空冲突，刘鑫父母出言对江歌进行侮辱，使对峙升级。网上更是出现了同情、声援江歌母亲，指责、辱骂刘鑫一家的言论，刘鑫父母也收到了许多侮辱或威胁他们的短信。在舆论的压力下，刘鑫在案发近300天后与江歌母亲见面，两人谈了很长时间，刘鑫未能得到江歌母亲的谅解。同时，刘鑫也通过网络发问：“谁来将违法者（“人肉搜索”者）绳之以法？”

江歌案与我们在前面介绍的“死亡博客”案有着一些相似之处，主要体现在：第一，被搜索对象的行为似乎都触碰了道德原则的底线，但在法律上并未构成违法或犯罪；第二，发起搜索的人都沉浸在至亲至爱离世的痛苦之中，引起了社会大众普遍的同情；第三，事件中的情形对于每一个人来说都有可能遭遇，属于敏感话题，极易引起广泛的社会关注和网民激烈的情绪表达；第四，受害人离世的原因与被搜索对象的行为在客观上有着较为直接的关系，被搜索对象往往成为集体情绪的冲击对象。

值得注意的是，最高人民法院和最高人民检察院《关于办理侵犯公民个人信息刑事案件适用法律若干问题的解释》已于2017年6月1日正式实施。但目前，很多人对江歌母亲的相关行为选择了集体沉默。江歌案发生在我国相继出台两部关于侵犯个人信息的司法解释之后，面对明确的禁止，“人肉搜索”仍然是当事人义无反顾的选择，而且得到许多网民的默认和理解。原因并不复杂，在作为“最高理性”的法律面前，人的情感本能也需要渠道来表达和宣泄。在这一点上，法律的做法是一方面不断加大规范意义上的惩罚力度，对个人信息利用活动进行引导和威慑；另一方面则是在具体的入诉入刑标准上，设置了“情节严重”和“情节特别严重”两个参照系数。从内容上看，提供个人信息的目的、导致的实际伤害、信息数量等是构成“情节严重”或“情节特别严重”的主要情形。

那么，江歌母亲在痛失爱女、女儿室友又因为各种原因不能同其见面以及没能给她满意解释的情况下，能不能采用公布对方及其家人个人信息进行骚扰的方式“逼迫”其露面呢？从法律角度来看，或者从“最高理性”角度来看，或者从“公共利益最大化”的角度来看，答案都是否定的。但是，从情感角度来看，或者从“最近感性”角度来看，或者从“个体情感诉求本能”来看，江歌母亲的做法似乎又在情理之中。这样就出现了最高理性与最近感性之间的价值矛盾，如果江歌母亲的搜索和骚扰引发了人员伤亡，她无疑是要被追究刑事责任的；如果发起搜索之后达到了让对方出面接受质问的目的，从而停止了骚扰行为，并未造成进一步的后果，那么这一事件则可能处于法律认可的“情理”之中。所以，言论自由与隐私权在很多时候都是互为边界的。

四、公共场合无隐私：一种场域边界

公私界限是判断个人信息公布活动是否具有正当性的基本标准。作为社会成员的个人，总是在各个方面与社会有着千丝万缕的联系。当一种信息处于普通公众能够随意阅览的环境中时，这里就不再存在合理的隐私期待了。

（一）案例：街头采访事件及相似案例[①]

20世纪90年代，美国航空公司的空中小姐贝弗利·德特雷萨起诉美国广播公司偷录她与该公司制片人安东尼·拉齐维尔的谈话。尼科尔·布朗·辛普森是O. J.辛普森的前妻，1994年6月她与男友罗纳德·戈德曼在洛杉矶被杀害。在前妻遇害当晚，O. J.辛普森搭乘美国航空公司的航班前往芝加哥，原告德特雷萨小姐就是那架航班的服务人员。拉齐维尔请求德特雷萨接受电视采访，两人当时站在德特雷萨家的前门交谈。德特雷萨拒绝了，但是拉齐维尔偷录了现场对话，并且指挥一位摄像记者在街对面拍摄制片人和空中小姐交谈的镜头。录音和录像中的一小部分后来在美国广播公司的新闻中播出。初级法院接受了电视网提出的即决判决申请，美国第九巡回区上诉法院支持初审法院的判决。最高法院判决，当原告与记者交谈之时，街上路过的每个人都能看到他们，因此原告不拥有合理的隐私权预期。

最高法院的判决实际上是在运用一项原则，即“公共场合无隐私”。相似的情形同样发生在餐厅和药房等场所。

在同一时期，一位坐在餐厅里的女性认为自己遭到了侵扰，因为电视新闻记者拍到了餐厅中的就餐人员。艾奥瓦州最高法院判决，坐在餐厅中的人不拥有合理的隐私权预期。如果这位女性当时坐在餐厅的包间里，那么这种预期可以成立，然而，事情发生在餐厅大堂里就相当于发生在公共场合。

同样的事情也发生在药房里。华盛顿州西雅图的一位药剂师起诉KING电视台侵犯其隐私权——电视台透过他药房的前窗拍到了药房的内部情况。这位药剂师曾因涉嫌诈骗州政府的医疗补助而遭到控告。在遭到指控之后，药剂师拒绝接受记者采访，因此KING电视台的摄像记者就将摄像机贴在药房的前窗上，拍下了药剂师打电话的镜头。拍摄行为发生在建筑物外部，属于对公众开放的地方。法院判决认定，侵扰行为的内容必须是普通公众不能自由看到的东西。在本案中，任何路过此地的人都可能看到记者所拍下的画面。所

① 彭伯. 大众传媒法［M］. 张金玺，赵刚，译. 北京：中国人民大学出版社，2005：262-263.

以电视台的行为不构成侵扰。

（二）案例：办公室录音案[①]

这是一项不符合“公共场合”标准的案例。20世纪末期，美国广播公司将一名记者派到电话推销公司担任电话心理咨询员。在这段时间内，记者秘密地拍下、录下了他与几位同事的谈话。美国广播公司因此被诉，其中的一条罪名是侵扰。美国广播公司辩称，在办公室里不可能有合理的隐私权预期，因为工作人员共同使用面积有限且有围墙的办公间。同事间的谈话也能被其他职员听到。但是，加州最高法院不同意这种说法，判决认为：“在办公室和其他工作场所，普通公众不可能随意进出，在这里，职员们可以享有有限但合理的隐私权预期，即他们的谈话和其他交流将不被秘密电视记者偷拍偷录，即使他们的对话不一定完全是私人性质的。”

这意味着“公共场合无隐私”原则作为隐私主张的抗辩理由，并不能被滥用。

（三）对“公共场合无隐私”的理解

从街头采访事件等几个案例可以看出，“公共场合无隐私”是司法判例中的一项重要原则，法院判断当事人是否具有合理隐私预期的一个重要标准，就是信息捕捉地点是否属于公共场合。而“公共”的判断又是基于一条规则，即“侵扰行为的内容必须是普通公众不能自由看到的东西”。这就是“公共场合无隐私”的含义。

但是，法律上的许多原则，都需要我们辩证地加以理解。作为隐私主张的抗辩，“公共场合无隐私”原则，并不鼓励对他人隐私的无限挖掘，法院在“办公室录音案”中支持原告，即体现了审慎与公平的原则。数十年前的人们可能没有想到的是，互联网的普及将这种抗辩依据推向了一种尴尬的境地。“人肉搜索”充分体现出互联网神奇的召唤能力和强大的信息生产能力。如果当年审判此类案件的法官看到现在互联网上对隐私的挖掘程度，在适用这些原则时应该也会感到更加艰难。

五、公众知情权：私人领域存在一定的让渡

知情权首先是公法意义上的公民政治权利，是指公民享有知悉政府活动内容等信息的权利。随着社会活动范围的扩大，知情权的适用范围逐渐扩展至私权领域，如商品信息知情权等。在现代社会，媒体的新闻报道是公众知情权的重要实现渠道。公众通过阅读新闻来获取知识和信息，公众知情权是公民的一项基本权利。但由于新闻报道的内容常常涉及报道对象的隐私，所以公众知情权与隐私权的碰撞经常出现在案例里。

（一）案例：加州救援过程拍摄案[②]

一辆载着舒尔曼一家四口的汽车意外地驶出第10号州际公路，撞到路边的障碍物，最后仰天栽入一条排水沟。救援队伍赶到现场，其中包括Mercy Air公司的直升机，上面载有一名实习医生、一名护士和一名摄像师。这位摄像师是一家电视制片公司的职员，他

① 彭伯. 大众传媒法［M］. 张金玺，赵刚，译. 北京：中国人民大学出版社，2005：263.
② 彭伯. 大众传媒法［M］. 张金玺，赵刚，译. 北京：中国人民大学出版社，2005：263-264.

正在为一部电视节目《现场：紧急事件反应》收集素材。护士劳拉·卡纳奴佩戴着麦克风，她为录像内容提供音频材料。当救援人员将鲁斯·舒尔曼拉出汽车时，卡纳汉在旁边安慰她。她们的对话被录了下来，与此同时，摄像师在拍摄救援过程。舒尔曼被安置在救援直升机中，在飞往医院的途中，摄像师收集了更多的视频和音频材料。舒尔曼因为伤势严重，最后不得不截肢。后来，她以侵犯隐私权为由向法院提起诉讼，其中既包括侵扰，也包括未经允许发表私人事实。加州的法院驳回了“发表私人事实”的诉由，并指出，公众对本案中发生的事实有巨大兴趣。但加州最高法院认为，在消防人员将舒尔曼女士救出汽车时，摄像师录下了护士与她的对话，在舒尔曼女士被送往医院的途中，摄像师拍下了她的情况，陪审团确实能够在这些视频和音频材料中发现，原告提出的侵扰诉讼请求是有效、正当的。该案最后的处理结果是庭外和解。

在这个案例的判决中，公众的兴趣成为驳回“发表私人事实”诉由的理由，体现的是法院对公众知情权的保护。可以说，自隐私权诞生之后，大众媒体就逐渐陷入公众知情权与隐私权之间的纠纷漩涡。

（二）案例：张靓颖诉文新集团案[①]

歌手张靓颖以侵犯名誉权为由将文汇新民联合报业集团（以下简称文新集团）诉至法院。案情经过如下：2006年7月8日，文新集团旗下的《东方早报》第8版刊登了该报记者撰写的署名文章《揭秘明星“耍大牌”××晃点慈善活动 张靓颖酒店耍客服》，文中称到沪参加演出的原告的“某些行为也颇让演出主办方头痛”，称原告“宣称‘我要一间总统套房，我的四个助理每人要一间标准间’”，由于主办方没能满足其要求，原告“在自己入住的房间内无限度地呼叫客房服务，其中大部分叫进房间的食物都仅仅只是品尝了几口而已”等。原告认为，该文章的内容完全属于捏造，报纸未经核实就刊登了涉案报道，该报道后被多家媒体转载，严重损害了原告的名誉，给原告带来了极大的精神压力。为此，原告起诉文新集团，请求判令被告停止侵权、消除影响、以书面形式赔礼道歉、赔偿原告精神损害抚慰金等。

被告辩称，其所刊登的相关报道是由娱乐圈圈内人士提供的可靠消息，由于爆料人不愿到庭作证，宾馆方面也不肯提供原告的消费记录，故被告现无法举证证明自己所报道内容的来源和真实性。虽然被告的报道会给原告带来一定的负面影响，但被告并无主观恶意，以往对原告的报道大多也是中性或正面的，故原告作为公众人物应对媒体的监督采取宽容态度，被告不同意原告的诉讼请求。

法院虽然认定新闻报道因证明新闻来源真实性的证据不足而存在不妥，但最后驳回了原告的诉讼请求。并在判决中写下了一段关于明星新闻报道的态度：“自‘超女’大热以来，原告的知名度日益提高，歌迷对于相关艺人的一言一行也有知晓的渴求，被告遵循新闻报道的规律，追逐热点，采写相关报道满足社会大众对‘超女’活动的知情权，本

① 案情参见北大法宝司法案例数据库。

无可厚非，但对于报道新闻来源及内容的真实性显然应加强审核，以免以讹传讹，造成不良影响。而原告作为演艺人士，对于歌迷的热情和媒体的追逐，以及由此可能带来的轻微损害亦应给予适度的理解和宽容，以满足公众需求，并共同促进新闻行业的自律和进步。”

（三）公众知情权与隐私权

在加州救援过程拍摄案中，各级法院态度上的差异体现出我们在公众知情权与隐私权之间做出平衡的必要。先是多家法院以“公众对本案中发生的事实有巨大兴趣”为由，驳回了“发表私人事实”的诉由；再是由州高级法院指出“陪审团确实能够在这些视频和音频记录中发现，原告提出的侵扰诉讼请求是有效、正当的”。该案最后以庭外和解的方式结案，也是在同类案件中较为理想的结果。有趣的是，两个独立的诉由，在分别受到驳回和支持之后，于庭外实现了两种基本权利的兼顾。

在国内发生的关于明星的诉讼，虽然是以名誉权的诉由提起的，却是因个人信息的不当利用所引发。对于明星来说，隐私权比不上名誉权的支持力度，所以不论是从诉讼技巧上还是心理习惯上，名誉权诉讼更容易获得支持，真正因隐私问题对簿公堂的案例并不多见。其背后的深层原因是明星作为“公众人物”，按照社会的一般认知，他们需要让渡一部分私人领域。

在人们的日常生活中，娱乐新闻并不陌生，比如“锋非复合”“小贝为子庆生”“文章出轨”等，如果用法律概念去细究这些内容，应该说这些报道都涉及事件主人公的隐私。但“涉及”并不意味着构成了对当事人隐私权的侵犯。在曾经被舆论吵得沸沸扬扬的“文章出轨”事件中，不少媒体开辟专题对事件进行追踪报道，但当事人也没有表示需要保护隐私。据报道，事件中的妻子给记者发来感谢短信，事件中的男主人公也在报道公开后向公众道歉。这与我们前面介绍的“死亡博客案”形成了鲜明的对比。妻子因丈夫出轨跳楼自尽，遭到“人肉搜索”的丈夫非但没有站出来道歉，反倒把传播事件的网络媒体诉至法院。而法院也只是轻描淡写地说道：“公民的个人感情生活包括婚外男女关系均属个人隐私。”可以试想，假如“文章事件”中的当事人也将媒体诉至法院，判决结果会不会同“死亡博客案”一样？因为在关于隐私权的边界里，一直存在着“公众知情权”这个内容。对于加州车祸中作为普通人的舒尔曼尚且如此，更何况作为公众人物的明星。

在张靓颖诉文新集团一案中，即便媒体报道失实，法院仍然语重心长地劝慰当事人：“原告作为演艺人士，对于歌迷的热情和媒体的追逐，以及由此可能带来的轻微损害亦应给予适度的理解和宽容，以满足公众需求，并共同促进新闻行业的自律和进步。”名誉权诉讼尚且要照顾到公众需求，更何况是隐私权呢？

作为公众人物的明星在隐私权上难以得到支持，也与这个群体的职业性质存在一定关系。当人们对“汪峰上头条也要依靠亿万网众”这样的新闻司空见惯时，谁又能分清公开某位明星的个人信息是坏事还是好事呢？

第二节 商业利用的边界

一、商业利用的特点

商业利用是指以平台服务商、数据商等为代表的商家，以营利为目的，依据法律，对个人信息进行收集、存储、分析利用和转移等方面的活动。其具有以下几个主要特点：

一是以营利为目的。商业活动与其他活动的一个重要区别就在于以营利为目的。这意味着商家会从数据利用活动中获得利润，但这种获利往往具有外部性，即对个人隐私的侵犯。那么由商家承担一定的信息管理义务就是有缘由、有依据的。

二是以创造价值为要求。个人信息本属于隐私的范畴，是日益显现的数据应用价值使个人信息的利用在法律上获得了一定的正当性。如果没有数据价值的开发，只是通过盗卖个人信息来牟取非法利益，那么这就是法律所禁止的。所以，这里所谈论的商业利用是指正常的行业活动，不包括非法获取和非法提供个人信息的活动。

三是企业之间存在竞争。既然是商业活动，只要不属于独家特许经营，就会存在市场竞争。比如，存储于某个数据公司数据库中的个人数据，能不能由其他公司随意抓取？这既关乎于用户的隐私安全，又涉及企业的权利。这种围绕数据抓取展开的纠纷已经越来越多地出现在各国的司法诉讼中。

二、善意与规范：保护隐私的基本要求

善意与规范，似乎是所有企业行为所应当具有的基本要素。因为秉持善意，可以尽最大可能做到不伤害；因为做到规范，接受法律法规的约束，可以尽最大可能做到无过错。作为一内一外两种力量，善意与规范可以说是互联网隐私保护对企业的两个基本要求。

（一）动态：芝麻信用设立首席隐私官

2017年7月，“2017首届中国城市信用建设高峰论坛”在杭州召开，论坛上芝麻信用宣布正式设立首席隐私官一职。首席隐私官将在产品中引入关于个人信息保护的部署，并将不断提高员工隐私保护意识。芝麻信用首任首席隐私官聂正军介绍，此前芝麻信用对个人信息安全的保护分布在业务的各个流程中，现在要建立全面、全流程的统筹部署，更好地进行隐私保护。聂正军提出了芝麻信用数据安全和隐私的“四原则”：尊重用户知情权和选择权；一切以为用户创造价值为依归，对用户隐私心怀尊重和敬畏；技术为数据安全与隐私保护保驾护航；建立“三同时制度”。其中，“三同时制度”是指产品设计时，同时制定数据安全与隐私保护的管理方案；产品方案实施时，同时实施数据安全和隐私保护管理措施；产品上线时，同时上线数据安全和隐私保护管理功能。

芝麻信用隐私官的发言中“对用户隐私心怀尊重和敬畏”不失为其中的一个亮点。在

过去的实践中，用户隐私泄露未必是企业有意为之，但确有忽视之过。随着隐私泄露带来的危害接连不断地展现在人们面前，企业应该怀有一份敬畏之心。有了尊重和敬畏的存在，就会有主动的防御准备，正如发言中提到的“三同时制度”，我们希望看到企业在保护用户隐私方面做出的实实在在的努力。

（二）动态：四部委联合实施专项检查

2017年7月27日，作为“个人信息保护提升行动”重要组成部分的“隐私条款专项工作”正式启动，目的在于落实网络安全法中个人信息保护的相关要求，从而提升网络运营者个人信息保护水平。此次工作由中央网信办、工信部、公安部、国家标准委等四部门共同组织实施，对新浪微博、淘宝、京东商城、支付宝、高德地图、百度地图、滴滴出行、航旅纵横、携程网等10款网络产品和服务的隐私条款展开了首批评审工作。评审内容包括隐私条款内容、展示方式和征得用户同意方式等。参与评审的十家企业共同发布了《个人信息保护倡议书》，对尊重用户的知情权、控制权，保障用户信息安全，保障产品和服务的安全可信等做出了承诺。

在此期间，参评企业纷纷更新了注册协议和隐私政策，并在用户登录页面予以展示。以京东为例，同时公布的有三个文件，包括《京东用户注册协议》《用户隐私政策》和《订单共享与安全》。其中的注册协议设置了“用户个人信息保护及授权”条款，并用加粗字体提示用户予以注意。并承诺“除法律法规规定的情形外，未经您的许可京东不会向第三方公开、透露您的个人信息。京东对相关信息采取专业加密存储与传输方式，利用合理措施保障用户个人信息的安全”。同时，在“用户行为规范”条款中，要求用户“不得发布任何侵犯他人隐私、个人信息……合法权利的内容”。

《京东隐私政策》更是对用户的信息隐私保护做出了详尽的介绍。正文一开始，便在“引言”中表示：“我们非常重视用户的隐私和个人信息保护。您在使用我们的产品与/或服务时，我们可能会收集和使用您的相关信息。我们希望通过本隐私政策向您说明我们在您使用我们的产品与/或服务时如何收集、使用、保存、共享和转让这些信息，以及我们为您提供的访问、更新、删除和保护这些信息的方式。”接着，依次介绍了“我们如何收集和使用您的个人信息”“我们如何使用Cookie和同类技术”“我们如何共享、转让、公开披露您的个人信息”“我们如何保护和保存您的个人信息”“您如何管理您的个人信息”，“未成年人的个人信息保护”“通知和修订”以及“如何联系我们”。

这些文件的制作和公布，可谓在用户隐私保护上迈出了一大步，改变了之前只见立法不见执行的局面。至少在规范性上，各大互联网企业做出了实际行动。

三、退出机制：把决定权还给隐私主体

作为规范个人信息利用活动的重要法律，《全国人大常委会关于加强网络信息保护的决定》和《网络安全法》中都要求在收集用户个人信息以及向用户推送信息时必须“经过用户同意”。对于推送阶段而言，不大可能在信息推送前就取得用户同意，因为只有

先进行了信息推送，用户才知道所推送信息的内容是什么，也才知道这些信息对自己有没有用处。这时候，退出机制的设置就显得尤为重要，这是隐私主体行使决定权的重要方式。

（一）实践：在信息推送时设置退出机制

在向用户进行信息推送的实践中，服务商通常是直接推送，同时提供退出机制。比如，当商家获知用户在近期购房的信息后就会向其推送装修广告，当商家获知用户经常浏览母婴产品后就会向其推送早教广告，还有汽车保险、理财产品、旅游购物等各种类别的商业信息。与以前的“垃圾短信”乱象相比较，现在的信息推送活动更加注重合规化，大多都同时带有退出机制，即“如需退订请回复TD”（图8-2-1，图8-2-2）。这种将“事前同意”转化为“事后选择”的变通做法由于更具有可操作性，也得到了相关部门的默认。相较于手机而言，电子邮件的信息推送，主要是通过在标题标注“推广邮件”等字样来标明邮件性质，用户可以选择打开，或者直接将发件人拉入黑名单。无论是哪种信息终端，实质上服务商都是在以适当的方式赋予用户自由选择是否继续接收信息推送的权利，以保证行为活动的合法合规。

图8-2-1　亚马逊广告推送页面

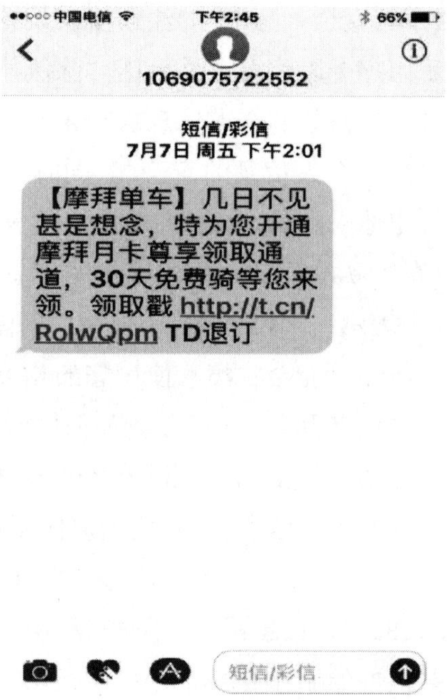

图8-2-2　摩拜单车广告推送页面

（二）动态：因未提供退出机会而赔偿

美国联邦通信委员会官方网站于2014年9月3日宣布与威瑞森通信公司达成和解，以对方支付740万美金的代价终结了对其侵犯个人隐私的调查。威瑞森的违法行为主要是没有对大约200万用户进行事前告知，而是直接获取了用户的个人信息并用于营销，并且没有提供给用户“选择退出”的机会。[①]事先告知制度虽然在欧洲国家普遍存在，但由于其高昂的履行成本而饱受争议，向用户提供退出机会则是各方的共识。与事先通知相比，设置退出机制的成本要低廉很多，与信息推送几乎可以同步进行，并无明显的额外支出，是一项比较理想的机制。

四、数据库权利：公司之间抓取数据的边界

商业利用中还有一个亟须确立边界的领域，即互联网公司之间的数据抓取。随着个性化服务、人工智能等对数据资源需求的增长，数据的流动将更为活跃。但是，公司之间能否任意地抓取数据，以及按照何种原则来确立数据在商业利用中的权利归属，就成为平息企业之间的数据争夺、让数据有序流动的关键。

（一）案例：百度诉奇虎案[②]

2014年8月7日，在数据抓取问题上具有代表性意义的国内“机器人协议案”在北京宣判。围绕360搜索引擎是否违反Robots协议而引发的不正当竞争纠纷一案，由北京市第一中级人民法院做出一审判决，法院认为被告北京奇虎科技有限公司（以下简称奇虎公司）的行为违反了《反不正当竞争法》的相关规定，应赔偿原告北京百度网讯科技有限公司、百度在线网络技术（北京）有限公司（以下简称百度公司）经济损失及合理支出共计70万元，同时驳回百度公司的其他诉讼请求。此案从立案到做出判决，历经一年多的时间。

1. 案件背景

Robots协议，又称机器人协议或爬虫协议，该协议就搜索引擎抓取网站内容的范围作了约定，包括网站是否希望被搜索引擎抓取，哪些内容不允许被抓取，网络爬虫据此“自觉地”抓取或者不抓取该网页内容。自推出以来，Robots协议已成为网站保护自有敏感数据和网民隐私的行业惯例。

百度公司表示，2012年8月，360搜索悄然上线后不久即违反Robots协议，强行抓取百度旗下百度知道、百度百科、百度贴吧、百度旅游等网站的内容。360搜索在百度Robots文本中还未将360爬虫写入的情况下，违反Robots协议内容，强行对“百度知道”“百度百科”等百度网站内容进行了抓取。

百度公司认为，奇虎公司的行为违背了国际通行的行业规则，不顾百度的权利声明和技术措施，非法抓取、复制百度网站内容，直接以快照形式向网民提供，严重侵害了百度公司的合法权益，构成了不正当竞争，遂向法院提起诉讼。该案于2013年2月正式立案，

① FEDERAL COMMUNICATIONS COMMISSION. Verizon To Pay $7.4M To Settle Privacy Investigation [EB/OL]. (2014-09-03)[2014-12-09]. http://www.fcc.gov/document/verizon-pay-74m-settle-privacy-investigation-0.

② 北京市第一中级人民法院. 百度诉奇虎360违反Robots协议案一审宣判，360赔偿百度70万元[EB/OL].(2014-09-18)[2014-11-05]. http://bj1zy.chinacourt.org/article/detail/2014/09/id/1446252.shtml.

10月16日开庭审理。

2. 庭审中的双方意见

在庭审中，百度公司表示，奇虎公司在经营360搜索引擎的过程中存在对百度公司的不正当竞争行为，具体行为包括：一、违反搜索引擎的机器人协议（Robots协议），擅自抓取、复制原告网站并生成快照向用户提供；二、在原告明确函告被告后，仍擅自抓取、复制原告网站并生成快照向用户提供；三、绕过原告网站，在用户点击搜索结果中原告的网站地址后，直接向用户提供快照服务。为此，百度公司请求法院判令被告立即停止对原告的不正当竞争行为，在www.360.cn等网站首页及《法制日报》等媒体显著位置连续30天刊登道歉声明，消除影响，赔偿经济损失1亿元以及为制止侵权的合理支出20万元。

被告奇虎公司辩称：第一,百度滥用Robots协议，以设置robots.txt文件为手段排斥同业竞争者，以达到限制同业竞争者正当竞争的目的；第二,百度公司滥用Robots协议的行为如果被司法判决确认保护，将给中国互联网搜索引擎服务行业的发展带来极为不利的影响，并将严重损害互联网用户的利益；第三，360搜索以网页快照而非原始网页链接方式显示百度公司内容网站的内容是由于百度恶意技术干扰所致，且360搜索早已不再通过网页快照方式显示百度内容网站搜索结果，百度公司在本案中控诉的所谓相关不正当竞争行为已不存在；第四,百度公司在本案中控诉的360搜索违反百度设置的robots.txt文件、抓取百度公司网站内容的行为不属于不正当竞争行为。综上，请求法院驳回原告的诉讼请求。

3. 法庭之外的争论[①]

百度公司公关部郭彪向媒体表示，Robots协议是网站信息和网民隐私保护的国际通行规范之一，理应得到全球互联网公司的共同遵守。360公司回应称,Robots协议的本质是网站和搜索引擎爬虫的沟通方式，用来指导搜索引擎更好地抓取网站内容，Robots协议的创始人Martijn Koster从一开始即预测到，有的商家可能用其作为不正当竞争的工具。因此，他在1994年该协议创制伊始便告诫人们：“如果该协议被当成市场竞争工具，爬虫不需要采纳。”

同时，360公司认为，谷歌、雅虎、微软等的Robots协议都是旨在防止搜索爬虫抓取涉及用户登录的信息，同时对所有爬虫一视同仁。而百度Robots协议允许谷歌、必应、搜狗、搜搜、即刻、盘古等其他搜索引擎抓取百度知道、百度贴吧等的内容，唯独禁止搜索市场份额排名第二的360搜索抓取，这是滥用Robots协议维持其搜索市场垄断地位的行为。

百度公司则表示，不尊重Robots协议将可能导致网民隐私大规模泄露。此前，360服务器抓取网民隐私存储在自己的服务器上，因自身网站的漏洞被谷歌搜索抓取，导致奇瑞汽车内部采购文件、三峡集团财务报表等商业秘密，以及140万网民的隐私被泄露和传

① 庭外争论内容参见百度等网络媒体网站。

播。违反Robots协议再次暴露了奇虎360无视网站版权和网民隐私的一贯思维。奇虎360也因此遭到国家版权局、国家工商总局等权威部门的严厉批评。对此，奇虎360回应称，对于这项指责，奇虎360已多次公开澄清，并上报政府主管部门。并称："百度公司再次散播谣言，这是对360公司的商业诋毁，我们将对其进行起诉。"奇虎360回击百度公司道："百度曾多次被网友曝光百度搜索蜘蛛抓取了大量网站后台信息，甚至著名主持人撒贝宁的机票订单信息，包括撒贝宁本人的身份证号、手机号码、支付宝等敏感资料也可以在百度的网页上被搜索到。"百度公司也不甘示弱，指出奇虎360最为恶劣的，并非是其搜索爬虫故意违反Robots协议的做法，而是它利用360浏览器等客户端，强行抓取网民的浏览数据和信息到搜索服务器，完全无视Robots协议。这一做法目前已经导致大量企业内网信息被泄露。百度公司工程师通过一个名为"鬼节捉鬼"的测试，证明了360浏览器存在私自上传"孤岛页面"等隐私内容到360搜索的行为。这类利用客户端上传信息并放到其搜索上的行为，可能引发网民隐私的大范围泄露。如果一位证券公司的工作人员，不慎用360浏览器查看了客户的姓名、银行账号、密码等信息，那么客户账号和密码可能就会被公之于众；如果一个公司高层，用360浏览器查看了公司内部机密数据，那么这个公司的核心商业机密也可能就会被竞争对手直接搜索到。

奇虎360则称："这是严重的造谣行为，360浏览器推出'拇指计划'，用户在浏览网页时，可将自己认为优质的网站通过浏览器下方的"拇指"按钮提交给360搜索，增加该网站在360搜索上的评级，使高质量的网站更容易被更多用户搜索到。只有在用户选择点击"拇指"按钮后，360搜索才会收录当前网页，否则不会进行收录。所谓360浏览器泄露证券公司信息不属实，证监会早在今年7月5日召开新闻发布会就已经辟谣。"

IT评论人洪波（微博）指出，"（360无视Robots协议）这样的行为（如果）不及时从法律和政府监管上制止，所有网站都可以像360一样践踏行业规则的底线，整个互联网行业将大乱。"

知识产权律师赵占领认为，奇虎360采用技术手段避开了百度公司设置的版权保护措施，未经许可直接抓取并复制相关产品网页，涉嫌著作权侵权。同时奇虎360通过隐蔽访问来源等技术绕开了百度公司设置的保护措施，未经许可加以抓取，则涉及不正当竞争。赵虎律师也表示，根据《侵权行为法》和《民法通则》等一系列法律法规的规定，360搜索行为已经违法，由于360搜索的违法行为涉及面广、涉及人多，已经侵犯了社会公共利益，政府部门不能坐视不管，必须进行调查和处理。

4．法院意见

北京市第一中级人民法院在其新闻稿中指出："原告既没有充分阐明如此设置Robots协议的理由，又拒绝修改其Roberts协议，故而其请求法院判令禁止被告抓取原告网站的主张不应得到支持。"[①]这句话表面上是没有支持百度公司提出的诉讼请求，但实际上绕过

① 北京市第一中级人民法院．百度诉奇虎360违反Robots协议案一审宣判，360赔偿百度70万元［EB/OL］．（2014-09-18）［2014-11-05］．http://bj1zy.chinacourt.org/article/detail/2014/09/id/1446252.shtml.

了诉讼请求，对百度的数据库权利给予了默认：一方面百度公司设置了Roberts协议来阻止360爬虫的进入，这是一个已经发生并继续存在的事实，法院对此予以默认；另一方面，法院表示不会禁止360爬虫抓取百度公司的数据，因为百度公司已经有Roberts协议这个工具了，言下之意是百度已经具备自力救济的能力，无须法院的他力救济再介入。更重要的是，法院判决奇虎公司“赔偿百度经济损失50万，网站建设费20万”，这意味着如果360爬虫无视Roberts协议擅自进入百度公司数据库抓取信息，那么将承担经济赔偿责任。这就形成了以Roberts协议自力救济为主，在强行进入情况发生时法院判赔为辅的数据库权利保护机制。在其新闻稿的上方，法院还特别强调了“应依法公平竞争，杜绝‘以牙还牙’行为。”

（二）案例：HIQ LABS v. LINKEDIN

2017年8月，美国地区法院审理了一起关于数据公司之间未经授权抓取用户数据的案件。但判决结果与国内百度诉奇虎案相差甚远：第一，被告LinkedIn公司不得阻止hiQ公司进入、复制并使用LinkedIn网站的公开信息，也不得采取法律或技术措施进行阻碍，若有则必须在24小时内撤除；第二，在临时禁制令期间，被告LinkedIn公司须撤回并禁止再向hiQ公司发送禁止其使用数据的法律声明。这意味着法院允许第三方公司从LinkedIn公司的网站上爬取LinkedIn公司的用户信息（主要是用户表示公开的那部分信息）。

LinkedIn公司是一家拥有5亿用户的数据公司，于2016年12月被微软公司以262亿美元进行收购。在LinkedIn网站上，用户可以自行选择注册不同等级的隐私保护体系，包括完全公开、对联系人公开、关系网公开等，如果用户选择完全公开信息，则其资料可以向LinkedIn以外的人士公开。另外，LinkedIn允许例如谷歌在内的全网搜索引擎收录其信息。

作为原告的hiQ公司，它的商业模式基本上是建立在对LinkedIn用户数据的分析之上的。hiQ公司认为LinkedIn是职业关系网领域内的绝对支配者，而hiQ公司为市场提供的两类产品分别是：为雇主分析哪些员工存在高离职风险的“监控者服务”和提供个体技能拥有者信息的“技能地图”。

在这个案件中，存在两个关键问题：一是LinkedIn在hiQ抓取数据的活动中遭受了何种损失；二是LinkedIn提出的hiQ的数据抓取行为侵犯了用户的隐私能否站得住脚。

就第一个问题而言，LinkedIn在庭审中并未有力地证明自己在第三方的抓取活动中遭受了明显的损失。这也是判决书中不断指出的问题。一家公司要阻止另一家公司使用自己数据库中的数据，却提不出具有说服力的理由，听上去似乎难以理解，但事实上这种尴尬状态并非LinkedIn一家公司的遭遇。

那么审理的焦点就聚集到了第二个问题上：hiQ的数据抓取行为是否侵犯了用户的隐私？这也是LinkedIn在庭审中提出的主要抗辩理由。但是，法官指出，hiQ所抓取的数据属于用户声明“可以公开”的数据，并未侵犯用户的隐私，从而LinkedIn无权干涉。LinkedIn进一步应对，声称即便是那些用户选择同意公开的信息，也可以由用户在其上设置“不予广泛通知”的标签，即在用户对其信息进行修改或更新后，这些打有标签的信息的更新情况不向其他人公布。事情似乎出现了转机，但hiQ的出击为自己赢得了优势。hiQ指出，对于那些带有标签的信息，LinkedIn自己一直在自由地使用着，并没有完全遵守“不予通知”的要求。LinkedIn辩称自己虽然使用了这些信息，但同时向用户做出了承诺，要保护他们的隐私安全，而用户默许这么做是基于对LinkedIn的信任。这一点被对方抓住，因为信任并非只能在LinkedIn与用户之间建立，包括hiQ在内的其他公司也可以与这些数据的主体（用户）建立信任，hiQ表示自己也很重视用户的数据安全。

（三）解读与评论

发生在中国北京的百度公司诉奇虎公司案，从其争议的焦点来看，正好击中了互联网公司数据争夺战的肯綮，即在未获得允许的情况下，能否任意抓取别人数据库里的内容。该案中，百度公司并未将奇虎公司经营的360搜索引擎写入“机器人协议”，也就是说百度公司并未允许360搜索从百度公司的数据库中抓取内容。但是，360搜索不顾主人在门口悬挂的“非请勿入”提示牌，径直进入百度公司的数据库中抓取数据。对此，奇虎公司认为百度公司允许其他引擎抓取数据，唯独排斥360搜索是为了保持百度公司在搜索引擎领域的垄断地位，从而360搜索对百度公司数据库内容的抓取是基于受到了百度公司方面的不公平待遇。法院的判决饶有趣味，从表面上看驳回了百度公司的诉讼请求，但仍然判令奇虎公司向百度公司赔偿经济损失和网站建设费。这主要是因为国内目前还没有关于数据库权利的明确规定，法院判决的表述是采取了一种迂回曲折的办法。从内容上看，判决书里否定了360搜索的任意抓取行为，支持了百度公司利用技术手段进行救济的做法。这在实质上是认可了百度公司对自己数据库的排他性权利。

发生在美国加州的hiQ v. LinkedIn案，其案情与中国的百度公司诉奇虎公司案非常相似。唯一不同的是，LinkedIn在自己的数据库管理过程中设置了关于信息私密程度的选项，供用户自己选择是否公开上传的信息，以及在何种程度上公开这些信息。实际上，互联网公司之间抓取用户信息，本来就涉及两个层面的问题：第一个层面是用户是否同意自己的个人信息被别的公司抓取；第二个层面是在用户同意的情况下，作为服务提供商的互联网公司是否同意别的公司来自己的数据库中抓取数据。这在逻辑上属于一票否决制，即只要用户或互联网公司有一方不同意，别的公司就不能抓取。因为在第一个层次上，涉及用户个人的隐私权；而在第二个层次上，又涉及互联网公司的数据库专有权。但hiQ v. LinkedIn案的审理过程并未按照这里本应有的逻辑进行，而是把整个问题只是集中在是否侵犯用户隐私权的层面，对互联网公司LinkedIn的数据库权利只字未提。这是LinkedIn方面诉讼策略的失误，同时也反映出数据库商业利用权属问题尚未获得足够的重视。该案以LinkedIn的完败结束。

从以上两个案例的对比中可以看到，数据库权属原则已经成为阻碍互联网信息有序流动的一个重要因素，而既有法律尚未对此做出明确规定，法院判决也出现因人（审判员）而异，因案（诉讼策略）而异的状况。数据库权利作为互联网公司之间进行数据利用的边界，亟须得到确立，这是不同数据库之间实现规模化有序融会贯通的前提条件。

第三节　政治利用的边界

一、政治利用的特点

政治利用是指政府对民众出于管理公共事务的需要，或民众对政府工作人员基于监督权的行使，对其个人信息进行收集、查看和公布等活动。政治利用具有以下几个主要特点：

一是涉及公民基本自由，需慎重对待。以恐怖主义、极端暴力为代表的公共安全威胁，对现代国家和社会提出了严峻的挑战。在“国家安全”“公共安全”等价值观念的要求下，各国政府正在加大对个人信息的监测，包括敌人也包括普通公民。互联网为这些安全威胁提供了可利用的资源，也为政府监听提供了便利。但是，个人隐私关涉公民的基本权利与自由，只有在集体安全出现重大的、具有现实可能性的特殊时期，要求公民让渡一部分私人领域才可能具有正当性，这种让渡需要我们慎重对待。

二是应依法进行。与群体利用和商业利用活动不同的是，政治利用中的力量对比存在较大差距。所以，以保卫集体安全为目标的政府监听活动，必须严格按照法律规定的内容和程序进行，未经法律授权不得擅自侵入公民的私人领域。依法利用是现代文明国家应有的一项基本原则。

三是具有双向性，涉及反腐路径，应依法保护公民的监督权。在政治利用中存在着两个方向，除了政府自上而下的情报监测，还有公民自下而上的政治监督。对政府及其工作人员的监督权是公民的一项基本政治权利，互联网的普及为公民行使这项权利铺设了一条实实在在的路径。公民通过网络曝光问题官员的违法违纪行为，这也是对其个人信息的一种利用方式，“网络反腐”应当依法受到保护。

二、合法：政府检查的边界

（一）美国“棱镜”事件

“9·11”事件之后，“国家安全”上升到一个新的高度。欧洲理事会呼吁成员国批准打击恐怖主义的公约，将警察的权力扩大到“恐怖主义资讯及其破译”；加拿大制定了反恐法，允许无证预防性逮捕和调查性听证；美国通过的《爱国者法》，加强了政府的监控权，减少了监督与正当程序的要求，增加了政府机关之间及其与私营部门之间的信息共享；就连作为个人信息保护先驱的欧盟也在2002年通过的新隐私指令中规定成员国可以通过法律，为国家安全及预防、调查与追究犯罪等目的的强制要求截留所有通过移动电话、短信、固定电话、传真、电子邮件、聊天室、因特网或者任何其他电子通信装置传送的信息。[1]

转折性的事件发生在2013年6月5日，英国《卫报》发表了美国前中情局雇员斯诺登提

① 周汉华. 中华人民共和国个人信息保护法（专家建议稿）及立法研究报告［R］. 北京：法律出版社，2006：92-94.

交的绝密爆料：美国国家安全局有一项代号为“棱镜”的秘密项目，要求电信巨头威瑞森公司必须每天上交数百万用户的通话记录。一天之后，美国《华盛顿邮报》披露，过去6年间，国家安全局和联邦调查局通过进入微软、谷歌、苹果、雅虎等九大网络巨头的服务器，监控美国公民的电子邮件、聊天记录、视频及照片等资料，美国舆论随之哗然。事情还远未结束，从10月份开始，法国、墨西哥、德国等多国媒体纷纷曝光了美国国家安全局监视本国政府及领导人邮件和电话一事。美国“棱镜门”事件再次成为国际舆论关注的焦点。

就在德国总理手机被监听10年之久的消息传出之际，欧盟数据立法也发生了一些变化，新版数据保护法在第一轮投票中获得多数支持。根据该法案，在欧盟运营的企业一旦被发现不当利用所掌握的包括客户、供应商或自己员工在内的个人信息，将面临最严厉的处罚，违反该法规的公司将面临最多相当于其全球营业额5%的罚款。这与先前允许截留数据的规定形成鲜明对比。

值得注意的是，美国在曝光和声讨面前并没有立即道歉或保持沉默。除了在监听盟国领导人问题上出于外交与情报合作的原因进行了一些策略性的“道歉”之外，美国坚称自己没有错，并试图解释斯诺登带来的“误解”。美国前中情局局长迈克尔·海登在接受德国媒体《明镜》的采访时表示：“虽然我不准备为我们窃听另一个国家的行为道歉，但我准备为了让一个好朋友陷入窘境而道歉。无论如何，我们行事不够细密，导致事情曝光，让我们的朋友陷入非常尴尬的境地。这是我们的错，我以此为耻。”媒体对此解读为：“窃听没有错，错在让你们知道了。”海登的理由在于美国情报工作的自律性很高：“美国国家安全局并没有监控每一个美国人在网上干什么，美国国家安全局不会去检查你都上过什么网站，但现在，人们认为这正是美国国家安全局的行为。”海登是在强调“收集”信息不等于“检查”个人生活。但这种自证清白式的辩解难以取得多数人的信任。就像海登自己所说的：“我担心斯诺登的爆料将会让我们忽视真正威胁互联网生存和发展的东西。”[①]这个东西就是信任的缺失。

（二）保护隐私的努力

斯诺登曝光“棱镜”项目事件已经过去将近五年，美国国内关于约束政府执法权、保护公民隐私权的努力一直未曾停歇。联合国隐私监督机构曾发表报告称，大规模的信息监控对保护国家安全并非行之有效。联合国首位隐私监督人约瑟夫·卡纳塔兹（Joseph Cannataci）教授表示，严重侵犯人们隐私权的法律对国家安全并没有什么作用，相反，大量收集通话记录和电子邮件等数据，存在“被敌对政府或黑客攻击”的风险。

2017年2月6日，美国众议院投票通过《电子邮件隐私法》（*Email Privacy Act*），规定执法部门需要在得到法院颁发的搜查令后才能获准访问储存在第三方的时间超过6个月的电子邮件或者其他数据。该法案实质上是对在1986年推行的《电子通信隐私法》

① 凤凰网. 美国前中情局局长：窃听没错，我们不会为此道歉［EB/OL］.（2014-03-30）［2014-06-30］. http://news.ifeng.com/world/special/sndxiemi/content-3/detail_2014_03/30/35275926_0.shtml.

（*Electronic Communication Privacy Act*）的内容做了更新。之前的《电子通信隐私法》，对不同时限的数据提供了不同的保护，超过180天的个人电子邮件或者储存在云端的数据，都不需要法院颁发的搜查令，执法部门就可以直接获取。新的《电子邮件隐私法》对个人电子邮件和其他数据的保护没有了时限的区别。支持该项法案的众议员认为，《电子邮件隐私法》弥补了之前法律的漏洞，将把美国的电子隐私法律带入21世纪。

美国国会的三名议员再次向国会提起了《地理位置隐私与监控法案》[*Geolocation-Privacy and Surveillance Act*（*GPS Act*）]，并建议国会尽快审议通过该项法律，保护美国公民的隐私权免受无证搜查的侵犯。这项法律最早于2011年提起，旨在规范美国执法部门使用第三方设备获取个人位置信息的行为。在目前，根据最高法院的判例，执法部门需要获得搜查令才能使用GPS追踪仪器监视嫌疑人，但这个判例并不限制执法部门从第三方（如通信服务提供商）获得犯罪嫌疑人的地理位置信息。因此，这三位国会议员呼吁，国会应当尽快立法规范使用个人设备收集个人位置信息，从而保护公民基本的隐私权利。

相应地，美国的互联网公司也在实践中做出了保护用户隐私的努力。2月，美国检察官出于对一起谋杀案调查的需要，要求亚马逊向他们提供存储在犯罪嫌疑人家中音响设备Echo上的数据。这起命案发生在在阿肯色州的本顿县，调查人员认为，嫌疑犯家中的Echo设备中存储的2015年的录音能为他们提供一些侦破命案的线索。对此，亚马逊以美国《宪法第一修正案》为由拒绝了这一请求。亚马逊的律师在法院文件中写道："此类可能需要内容下载的操作涉及了隐私问题和美国《宪法第一修正案》（对公民）的保护作用。"直到后来，嫌疑人自己同意将其Echo设备中存储的数据移交给警方，亚马逊才放弃了这一法律斗争。

类似地，推特于3月份在联邦法院起诉美国国土安全部，指称其下属的美国海关边境保护局向推特以传真形式发出行政传唤，要求该公司提供与账号@ALT_USCIS有关的用户信息。@ALT_USCIS以及几个替代账号声称他们代表联邦机构内部持不同意见的官员，通信内容多为批评特朗普政府的官员和移民政策。推特向联邦法院提起诉讼，请求联邦法官根据联邦法律和美国《宪法第一修正案》裁定美国海关边境保护局的传唤非法并且不可执行。后来，美国国土安全部对下属的联邦官员是否滥用职权展开了内部调查并撤销了相关的行政命令，推特才撤回了针对美国国土安全部的起诉。

4月，微软公司宣布，仅2016年上半年，该公司收到了来自美国政府部门的至少1 000次监控请求。这些请求希望索取用户内容，用于海外情报目的。根据微软一年两次的透明度报告，这类请求的数量较此前6个月增长了超过一倍，并达到自2011年微软公布这一数字以来的最高点，这些请求的依据是美国《海外情报监控法》。微软表示，2016年1月至6月，接到的此类请求为1 000至1 499次，而2015年1月至6月以及2015年7月至12月均为0至499次。

面对频繁的监控请求，美国的科技巨头公司们于8月开始敦促美国最高院让执法官员更难获取个人敏感手机数据。这个问题在卡朋特的上诉案中受到关注。相关机构通过检查这个人过去的手机位置数据，指控其于2011年在俄亥俄州和密歇根州实施了一系列武装抢劫。卡朋特提起的上诉最后被驳回，法院在上诉裁定中表示手机位置数据不属于第四修正案的不合理搜查范围，官员不需要令状即可获得。法院的这项裁决无疑会为执法部门在案件中利用技术收集数据提供先例。针对这个问题，这些科技公司向法院提交的“法院之友”摘要里称，执法官员在访问手机用户地理位置数据时应获得令状。他们表示，随着数字技术对用户数据的收集越来越多，更强大的隐私保护是必要的。手机位置数据在近年的调查中变得越来越重要，因为它能通过信号塔找到嫌疑人的位置，手机公司经常收到警察和其他政府机构的调查请求。

（三）合法是政府检查权的边界

互联网深刻地改变了人与人之间的关系，同时在政治领域引发出新的问题。与群体利用和商业利用活动不同的是，政治利用中的力量对比更加明显，斯诺登事件中对政府监听行为的披露，充分展现了在信息利用活动中限制强者的难度。政治利用的行为主体常常是行使公权力的政府，“公共安全”“国家安全”常被作为公权力“合理使用”个人信息的理由，却常常越过必要的界限，侵犯到个人权利。国际安全局势的变化和信息技术的发展，又将这一问题推向了更加复杂的局面。

价值上的两难问题在政府监听中也有着明显的体现。恩格斯说过，政治统治到处都是以执行某种社会职能为基础。当恐怖袭击成为社会存续的现实威胁时，政策态度会自然地将重点转向保障集体安全，对网络数据进行监听也就成为实现这一目标的常用方法。但在监听过程中，政府作为掌握公权力的强者，如果不对其加以约束，就容易越过必要的界限，形成对私人领域的侵犯。客观地讲，在两难问题上，边界正变得模糊。

但这并不意味着我们只能放任和旁观。相反，既有边界越是模糊，就越是需要明确新的边界。这个新边界就是合法。面对纷繁复杂的问题，法律的稳定性、公开性和程序性为“两难”问题的边界划分提供了一种比较有效的方法。宪法中将个人的通信自由确定为一项基本自由与权利，是国际上的一种通用做法。除了美国《宪法第一修正案》和《第四修正案》之外，我国宪法也明确规定，公民的通信自由和通信秘密受法律保护。“除因国家安全或者追查刑事犯罪的需要，由公安机关或者检察机关依照法律规定的程序对通信进行检查外，任何组织或者个人不得以任何理由侵犯公民的通信自由和通信秘密。”①在这里，宪法对通信检查的条件做了明确规定：第一，国家对公民通信进行检查的情形只能是“因国家安全或者追查刑事犯罪的需要”；第二，执行机关只能是公安机关或者检察机关；第三，检查活动必须“依照法律规定的程序”。这些基本原则，在《反恐怖主义法》《国家安全法》和《网络安全法》等相关法律中都有具体体现。这实质上体现了法律在对待政府检查公民通信问题上，既支持必要的信息收集和检查，又要求保护公民的应有权利和自由。在政府检查中保护公民隐私的最重要的方法，就是在法律中将政府行使检查权的条件、情

① 《中华人民共和国宪法》[Z]. 2004：第40条。

形、主体、内容和程序进行明确规定，强调政府检查权的依法行使。

三、公私界限：公民监督权的边界

如果说互联网在信息监听上助长了美国政府的权力扩张，那么互联网在网络反腐上则为中国民众的监督权保障铺设了一条实实在在的路径。从这个意义上说，互联网是一把不折不扣的“双刃剑”。互联网在技术上为民众反腐提供了一种自由表达的机制，直接促成了各类贪腐人员的落网，也在很大程度上推动了国家法治的进步和社会风气的激浊扬清，其进步意义受到广泛称赞。但是，也正如“9·11”事件的发酵期终会过去一样，民众网络反腐中的行为界限，也开始进入法律和舆论的审视之中。

（一）雷政富不雅视频案[①]

雷政富不雅视频案是“人民法院报推出2013年度十大热点案件”之一。2008年1月，重庆华伦达服饰有限公司法定代表人肖某为谋取非法利益，安排年轻女子赵某与重庆北碚区原书记雷政富发生不正当关系，并偷拍性爱视频。同年2月14日，雷政富与赵某再次开房时被肖某安排的人当场“捉奸”。此后，肖某以公布视频为要挟，从雷政富处谋取非法利益，后不雅视频被曝光。

2012年11月20日，这段将细节展露无遗的不雅视频被放诸网端，相关图片至今还留存在网上。整个视频不足一分钟，但引发的强震却余荡至今。这是一场精心策划的迷局，最终引重庆21名厅局级官员入彀。重庆市北碚原区委书记雷政富就是其中最著名的一个。

2013年2月6日雷政富因涉嫌犯受贿罪被逮捕，随后重庆市第一中级人民法院做出一审判决，被告人雷政富构成受贿罪。宣判后，雷政富不服，提起上诉，最终由重庆市高级人民法院做出终审裁定，驳回上诉，维持原判。

（二）网络监督需遵守公私界限

对官员的监督和揭发，涉及公共事务之“公”与私人领域之“私”。以不雅视频曝光为例，无论是接受性贿赂，还是婚外通奸，作为民众揭发的内容都是合理存在的：于前者而言触犯刑法；于后者而言违反纪律。在通奸问题上曾经存在一些争议，批评者认为通奸并不违法，违纪行为只应在党内通报，而不能通过大众媒体曝光。但是，我国宪法规定“一切权力来源于人民”，所以掌握权力的官员在道德水平、履职能力上也应当接受人民的监督。作为人民权力的代行者，官员“私”生活中体现的道德水准直接关系到民众对国家的信任，民众的知情权和监督权是他们参与公共事务的体现和保障。所以，对于普通人来说属于私领域的通奸，对于官员来说则是需要让渡的那部分私人领域，并接受公众的监督。但这并不意味着官员的一切信息都可以被随意披露。比如，通过视频或照片公开个人身体的私密部位，就是越过了必要的界限，属于私人领域；又如，好事者通过发起“人肉搜索”，公开涉事官员家属的个人信息，则更是对私人领域的侵犯。“在情感区内，公共事

① 案情参见北大法宝案例数据库以及各大媒体的新闻报道。

务是不容争辩的。”[①]但情绪过后，还需要确立理性的边界。

在监督官员的过程中，对个人信息的利用需要把握好两个边界。一是公开信息是否与公权力的掌握直接相关。比如佩戴超出合法收入支付能力的名表、接受性贿赂等，与滥用公权力直接相关，可以成为监督的内容；但在普通餐厅吃饭、参加正常的社交活动，则不应成为可以捕捉的信息。二是公开的信息内容在性质上属于公共领域还是私人领域。比如曝光涉事官员出入不雅场合、公开衣衫不整的照片，都是属于公共领域的范畴；但如果过分热衷于展示两性活动中的具体细节、公开他人身体中的私密部位，则不在“公”的范围，而属于私人领域。

① 拉斯韦尔．社会传播的结构与功能［M］．何道宽，译．北京：中国传媒大学出版社，2013：57.

第九章 信息隐私保护体系的构建

随着互联网技术及其应用的深入发展，网络治理的复杂性也日益增加。互联网带来的各种边界的模糊化，不仅反映在信息传播媒介的多样性上，也对社会治理的方式和内容产生了重要的影响。2001年12月21日，联合国大会通过决议，按照国际电联的倡议，决定举办信息社会世界峰会（World Summit of Information Society），会上形成的共识被看作当今国际互联网治理的基础。中国积极参加了峰会的整个进程，分别就“加强合作、促进发展、共同迈向信息社会”和“加强合作，促进发展，共创信息社会美好明天”做了主题发言，阐述了中国关于建设信息社会的基本观点，指出互联网治理应遵循“政府主导、多方参与、民主决策、透明高效”的原则。这里的“政府主导、多方参与”，既包括政府主导，也包括法律构建、市场构建和自助构建。

第一节 政府主导：从管理到治理

政府作为公共事务的管理者，在整个信息社会治理体系中发挥着主导作用。就信息隐私保护而言，政府在聚合资源、协调关系以及采取具体措施方面都具有灵活、高效的优势。在互联网领域，资格许可、内容监管是两种基本的政府管理方式，一直以来发挥着重要的作用。但是，随着移动应用、平台化的发展，线上线下一体化的趋势日益明显，这些传统的管理方式已经无法完全满足在新环境中维护信息传播秩序的需要。于是出现了网络实名制、平台主体责任等制度创设。多维度、多层次的制度探索，体现出政府对包括信息隐私保护在内的整个网络管理理念正在从单纯管制发展为全面治理。

一、全面治理与积极自由

与单纯的管理、管制不同，全面治理意味着除了进行以防范控制为目的的行政管理之外，政府还需要为公民基本自由的实现提供条件，这属于柏林的两种自由理论中的积极自由。其中所要具备的条件包括网络安全基础设施建设、协调各方主体利益、整合各种社会资源，以及明确信息传播活动的合法标准等。

美国社会批评家杰里米·里夫金将“确保普遍性的接入”视作“为人类的社会性打开了一道发展之门”。①这里的“接入”就是指人们对网络的接入自由，其实质上是所有社会成员通过互联网参与社会交往的基本自由。在我国，这种接入自由也体现在“互联网+”这一最高行动计划中。“互联网+”要求充分发挥互联网在生产要素配置中的优化和集成作用，将互联网的创新成果深度融合于社会经济的各领域之中。事实上，互联网也正在成为经济、政治、社会、文化等各个领域发展的基础设施和实现工具。而接入自由，也就是使用互联网的自由，就成为人们进行日常生产生活所需的基本自由。

然而，在互联网上，影响接入自由实现的因素是复杂多样的。个人信息的滥用、信息隐私受到侵犯就是这些影响因素的重要体现。人们在接入互联网、使用互联网的时候，会产生大量的个人信息，这些信息集中到网上之后，就成为隐私泄露的隐患。比如，“人肉搜索”对个人隐私的肆意践踏、情报监控对私人领域的现实威胁、个人信息泄露导致的惨重损失等。这些都严重影响到接入自由的正常行使。

互联网信息运动的特点使资产阶级消极自由观的局限性表现得更加明显。网络环境中的各种乱象，要求政府这个主导力量在治理过程中发挥更大的作用。与资产阶级民主理论片面强调“不受限制”的消极自由不同，马克思主义自由观立足于无产阶级的立场，将自由的内涵发展至积极自由的层面。马克思主义自由观除了对人类自由平等的思想怀有深深的敬意之外，还十分强调作为“自由实现条件”的积极自由，这实际上涉及自由实现的具体方式。为公民接入自由的充分实现提供具体方式和条件，是政府职责的题中之义。

二、制定并落实安全保障措施

互联网的环境特点对政府的职责贡献和行政效率都提出了更高的要求。既然为公民基本自由的实现提供现实条件是政府职责的题中之义，那么政府的“有所为”就应该是紧贴实践中所反映出来的问题。

安全一直是人类社会所追求的核心价值之一。在洛克的政府理论里，防御外敌保证安全是政府产生的一个重要原因。在当代，安全仍然是社会发展的基本保障，网络安全是其中重要的组成部分。

从各国的行动来看，网络安全已经成为政府高度重视的领域。欧盟委员会主席在2017年9月13日的演讲中表示，欧盟将推出网络安全一揽子方案，该方案旨在加强欧盟应对

① 里夫金. 第三次工业革命［M］. 张体伟，孙豫宁，译. 北京：中信出版社，2013：248.

网络攻击的能力，提升欧盟的网络安全防御和应对能力。该方案的内容主要包括：一是成立欧盟网络安全机构，通过组织一年一度的泛欧网络安全演习以及建立信息共享和分析中心，更好地分享威胁情报，从而改善欧盟的网络攻击应对能力。二是计划设立网络安全研究和能力中心，并与各成员国合作，开发与推出新的工具和技术，以应对不断变化的外部威胁，确保欧盟的网络防御系统的先进性。三是计划为成员国提供新的网络安全应急基金，支持那些执行欧盟法律所规定的网络安全措施的成员国。四是鼓励成员国在常设组织合作和欧洲防务基金的框架内支持网络防御项目，并建立网络防御训练和教育平台等。我们从中可以看出，机构设立、技术开发、资金筹措和宣传教育，都是在政府主导下所采取的措施。

2017年10月10日，澳大利亚总检察署发布《关键基础设施安全法草案2017》（*Security of Critical Infrastructure Bill 2017*），旨在加强澳大利亚政府对于外商投资关键基础设施业务所产生的间谍、破坏和胁迫等行为的国家安全风险的管理能力。与该草案一同发布的还有《关键信息基础设施安全规则草案2017》以及《关键基础设施安全法草案2017说明》两个文件。草案规定了关键基础设施资产的认定方式：除了法律明文规定之外，还有部长宣告以及部长制定法律规则的方式。[①]另外，草案还规定了关键基础设施资产登记册制度，主要记录该关键基础设施资产所有者和控制者的详细信息，而登记册由大臣负责管理。可见，许可认定、登记注册也是需要政府主导的。

在我国，《网络安全法》的出台，标志着我们在网络安全领域首次有了系统化的制度安排。其中，由政府主导的主要包括网络安全的基础设施建设、各种安全标准的制定、安全宣传与教育，以及对网络运营商的相关活动进行安全评估和监督处罚等，这些都同国际上的主流做法基本一致。

值得指出的是，近年来我国的执法力度和执法效率都有较为明显的提高。例如，《网络安全法》规定了网络安全等级保护制度，要求网络运营者按照网络安全等级保护制度的要求，履行安全保护义务，保障网络免受干扰、破坏或者未经授权的访问，防止网络数据泄露或者被窃取、篡改。2017年9月28日，淮南市网络与信息安全信息通报中心接到国家网络与信息安全信息通报中心通报：淮南职业技术学院系统存在高危漏洞，系统存储的4 000余名学生身份信息已经泄露。经查，确认淮南职业技术学院招生信息管理系统存在越权漏洞，后台登录密码为弱口令，学院未落实网络安全管理制度，未建立网络安全防护技术措施、网络日志留存少于六个月，未采取数据分类、重要数据备份和加密措施，致使系统存储的4 353名学生的身份信息遭泄露。10月12日，安徽省淮南市网警巡查执法官方微博发布通报称，关于淮南职业技术学院未落实网络安全等级保护制度，导致4 000余名学生身份信息泄露一事，淮南市公安局网安支队依法对该学院处以立即整改和行政警告的处罚。

但是，国际之间仍然存在着激烈的竞争和较量。《网络安全法》第三十七条规定的个

① Security of Critical Infrastructure Bill［Z］.（2017-12-07）［2017-12-15］. https://www.ag.gov.au/Consultations/Pages/Security-of-Critical-Infrastructure-Bill.aspx.

人信息和重要数据跨境安全评估制度可谓该法案中的一个亮点，这同时也是我国网信安全领域的一项重要举措。但是，2017年9月25日，美国代表团向WTO贸易服务委员会提交了议题议程，以表达其对中国已经采用和正在发展中的诸多网络措施的关注。其重点就是针对中国《网络安全法》第三十七条所规定的数据跨境安全评估制度。在该份文件中，美国认为这项措施会严重阻碍数据自由流动，对外国供应商产生不利影响。为此，美国希望中国在相关事宜未解决之前，暂缓发布和实施有关数据跨境安全评估的最终措施。

三、关于信息官制度的讨论

海量、隐蔽、难控制是互联网信息传播活动所具有的三个重要特点。以论坛为例，在随时产生的信息中，有正当的言论表达，也夹杂着部分对个人信息的滥用，但其中的信息数量庞大，前面的信息很快被后来的信息所掩盖，以致没有人能够随时发现所有信息被滥用的情况。这些被随意发布的个人信息却长期存留在网络上，一旦被人通过搜索引擎发现或传播，便会引发广泛而难以控制的影响。

面对这种情况，信息官制度在一些国家或地区的个人信息立法中已有明确的规定。“西欧是资料保护的发源地和创新中心，它不仅拉开了资料保护专门和全面立法的序幕，还开创并构建起以资料保护机构为主导的资料保护执行模式。”[①] 比如，英国早在《1984年数据保护法》中就建立了数据保护登记办公室，又在《1998年数据保护法》中将其更名为数据保护专员办公室，设立了“专员”岗位。这里的专员由女皇以颁发专利特许证的方式任命，行使登记、向公众提供信息查询以及对公开信息是否违法的评估等职权。具有地区指导性的欧盟95指令在第六章明确规定成员国应当设立公共机构来监督该指令的适用情况，这里的监管机构享有调查权、有效干涉权和参与诉讼权；同时，该指令还提出了工作组制度，工作组由各成员国指定的一名代表、为共同体相关机关和组织而设立的一名代表，以及欧盟委员会的一名代表组成，负责检查指令适用过程中的问题，对保护水平提出意见或对保护措施提出建议，以及对共同体行为守则提出建议。这里的工作组实际上是由三名来自不同层面的信息官组成的，从职能上看信息官本身也是一种公共机构。选择建立信息官制度，而非设立一个以个人信息保护为名的专门机构的原因在于，信息官（无论是一人还是单数的数人），较之于庞大的机构而言，在行政效率、责任追踪上具有明显优势。

需要说明的是，欧洲地区的信息官制度要求信息处理主体事先向信息官报告信息处理计划，由信息官登记后才能处理。这种过于保守的政策取向已经难以适应当前快速发展的互联网信息传播的实际。较为理想的信息官制度应该是以事中检查和事后协调为主，尽量避免无端增加事前审查的环节，更多地发挥登记、咨询及执法情况监督等服务性功能，在发生争议时能够准确、快速地提供资料和信息，同时便利公众对信息利用情况的查询。这也是政府干预方式从单纯管理走向全面治理的一种要求。

① 孔令杰. 个人资料隐私的法律保护［M］. 武汉：武汉大学出版社，2009：236.

第二节　法律构建：成文法与司法判例

规则的制定总是离不开法律制度的构建。一方面，系统的成文法制度为社会关系的调整提供了比较全面的基本原则，对信息传播活动提供了明确的法律依据；另一方面，互联网对传统制度模式带来了一定的影响和挑战。“法律是根植于自然的、指挥应然行为并禁止相反行为的最高理性。”[①]信息隐私法的构建理应遵循技术和社会发展的自然规律。在以万维空间为特征的互联网时代，成文法制度中的原子式构建模式也显现出一定的局限性。司法判例则以其灵活性和创造性，日益表现出其作为规范的活力。司法判例与成文法之间相互补益的作用也在不断增强。

一、成文法在原则确立上的作用

在个人信息问题上，欧盟成文法制度的完备程度堪称世界之最。在长期的立法及其实践探索中，他们建立起了比较完整的原则体系。其中值得借鉴的内容主要包括“数据质量原则”“存储限制原则”和“安全保障原则”等，这在立法技术上也具有一定的借鉴意义。

（一）数据质量原则

数据质量原则，是数据处理合法性的一项重要内容，该原则从1981年颁布的《有关个人数据自动化处理之个人保护公约》（下简称《1981年公约》）签署开始就一直作为一项基本原则而存在。《1981年公约》第五条指出了质量原则中的五项要求：“（1）公正、合法地获取和处理；（2）以明确、合法的目的进行存储，并不得以不符合这些目的的方法使用；（3）依据存储数据的目的，处理必须适当、相互关联并且不超越此目的的范围；（4）数据必须准确，必要时随时更新；（5）数据以特定形式存储，可允许对数据主体进行与数据保存目的相应的必要的识别。”此后的《关于涉及个人数据处理的个人保护以及此类数据自由流动的指令（95/46/EC）》（下称《95指令》）基本上保留了数据质量原则的规定，去掉了允许利用个人数据进行识别的内容，而代之以对数据存储时间的限制，为数据主体向服务商主张数据删除的权利提供了基础。

实质上，在这几项要求中，只有“数据准确和保持更新”是“数据质量”本身的含义，其他则是关于数据处理的要求。2016年通过的《一般数据保护条例》对此做了调整，将“数据的准确和保持更新”作为“准确性”，同“合法、公平、透明处理”“目的限制”“数据最小化”“存储限制”以及“完整和机密性”并列为“个人数据处理原则”的六项内容。其中，“数据准确和保持更新”是数据价值得以正常发挥的要求，也是保护个人数据权利的题中之义。

① 西塞罗．国家篇、法律篇［M］．沈叔平，苏力，译．北京：商务印书馆，1999：158.

（二）存储限制原则

存储限制原则，是互联网信息隐私保护的一项关键性制度安排。数据在互联网上集中存储、长期滞留，是互联网信息运动的重要特点，也是导致个人数据泄露的隐患。传统线下社会里并不存在明显的个人信息安全问题，一个重要原因就是传统社会信息运动过程中没有自动存储的机制。在那里，人们的谈话和行为都不会留下痕迹，也就没有包含大量隐私的存储器和数据库。互联网上的情况发生了明显的变化，长期存储的个人数据如果不被删除和清理，就会成为各种滥用行为的资源库。所以，对存储期限进行限制是非常必要的。

事实上，存储限制原则在《95指令》和2016年的《一般数据保护条例》中都有所体现。《95指令》在关于原则的安排中要求，数据应被保存在一种形式中，数据被允许用来识别数据主体，但不超过收集数据或者进一步利用数据之目的的必要。《一般数据保护条例》沿用了这条原则，并进行了完善："数据只有在用于公共利益、科学或历史研究、统计等目的时，并且在依法提供了必要的技术和管理措施以保护数据主体的权利与自由的情况下，才可以延长存储期限。"

（三）安全保障原则

安全保障原则，是贯穿于欧盟个人信息制度始终的另一项基本原则。《1981年公约》第七条指出："应当采取适当的安全措施，保护存储于自动化数据档案中的个人数据，以防止意外的或者未经过授权的破坏、遗失，以及擅自使用、修改或者传播。"后来公布的《95指令》对比又做了进一步的约定："成员国应当规定数据处理控制人必须采取适当的技术措施和组织措施来保护个人数据以防止它们被意外或非法毁灭，以及意外遗失、变更、未经许可披露或获取，特别是涉及在网络上传输数据时，并且防止任何其他非法形式的处理。"在保护水平上，该指令这样写道："考虑到技术发展水平以及执行的成本，这些措施应当确保一种与数据处理表现出的风险以及被保护的数据的性质相适应的安全水平。"2016年《一般数据保护条例》更是将安全保障列入个人数据处理的原则。原则条款（f）项这样写道："（个人数据的）处理应当以确保个人数据适度安全的方式进行，包括使用适当的技术或管理措施来对抗未经授权的或非法的处理、意外遗失、灭失或损毁。"这又被称为"完整和机密性"原则。

黄仁宇先生曾说："凡能先用法律及技术解决的问题，不要先就扯上了一个道德问题。"[①]在个人信息的利用，尤其是自动化处理中，面对个人信息的安全问题，技术资源应当是制度需要考虑的重要路径。技术上对问题的克服，可以减少社会调整机制所需要的高昂成本，所以安全保障原则具有普遍的借鉴意义。如果将泄露信息的人分作"内鬼"和"黑客"，[②]那么组织措施和技术措施则是防范这些内外危险的一套组合拳。

① 黄仁宇. 万历十五年［M］. 北京：生活·读书·新知三联书店，2006：317.
② 马彦，徐凤亮. 公民个人信息泄露与传播［J］. 征信，2014（5）：33-37.

二、成文法的局限

尽管有上述基本原则可以借鉴，但成文法在互联网问题上的局限性仍然是明显的。成文法以其稳定性、系统性长久以来受到大陆法系国家的广泛青睐，就连美国这个普通法系的担纲者，也在限制法官自由裁量权的过程中提升了成文法的地位。但就是这种稳定性、系统性，恰恰受到了互联网易变化、碎片化特点的挑战，其局限也有所显现。

（一）立法的滞后性

数据库权利是互联网领域备受关注的一个问题，但迟迟未见相应的法律制度对相关权属予以明确。将数据库权利作为一个整体所进行的抽象分析类研究并不少见，至今已经形成了版权说、特殊权利说、个人财产说等理论结论。但细究起来，无论是哪种结论，都无法涵盖所有的数据库权属问题。其原因在于数据库因其内容性质的不同而对应着不同的权利性质。以作品数据库为例，由于数据内容是存在著作权的作品，所以这里主要涉及与版权相关的权利；而对于名址数据库而言，由于数据内容是具有事实性的个人信息，这里除了涉及数据库整体层面的版权问题之外，还涉及数据内容层面的隐私等问题。更大的难题在于，这两种不同性质的数据库常常交叉在一起，即一个数据库中既有作品，又有用户信息，权利的定性就更加困难。一方面，实践中已经开始出现不同数据公司之间的资源之争；另一方面，法律上还没有明确的规范依据，并表现出一定的滞后性。

（二）频繁立规容易带来任意性

由于互联网行业具有快速更迭的特点，新应用、新样态日新月异，这对立法的速度也提出了更高的要求。但是，国家法律的制定需要经过一系列法定程序，需要一定的时间，而且一经公布，立即产生约束力和指引力，不能频繁变动。在这种情况下，就出现了部门规章接连出台的现象。比如，仅2017年一年，各种以互联网信息传播为主题的“管理办法（规定）”就有近十部，内容涉及互联网新闻信息服务、群组信息服务、公众号信息服务等。一方面，这些规章的密集出台，体现出政府管理层对实际问题的及时应对；但另一方面，这也体现出这种立规方式的频繁性和任意性。虽然这些规章在制定程序上都要以上位法为依据，但从内容上看，有些规定已经涉及公民基本权利义务的增减。2017年9月7日发布的《互联网群组信息服务管理规定》，要求互联网群组建立者、管理者应当履行群组管理责任，互联网群组信息服务提供者对违反法律法规和国家有关规定的群组建立者、管理者等使用者，依法依约采取降低信用等级、暂停管理权限、取消建群资格等管理措施。这实际上规定了“群主”的义务和责任，而根据相关法案，没有法律或者国务院的行政法规、决定、命令的依据，部门规章不得设定减损公民、法人和其他组织权利或者增加其义务的规范，而关于是否具有上位法依据的解释标准并不十分明确。《互联网群组信息服务管理规定》第一条所列的《网络安全法》，并没有对作为信息服务使用者的“群主”的义务进行明确规定，此规定出台后立即引发了社会各界的广泛讨论。

（三）相关立法重宣示轻救济

三段论是形式逻辑学中的一种推理方法，也是法律分析的标准形式，其结构分为大前提、小前提和结论。在标准意义上，成文法的条文应当是一则完整的“大前提”，即“在某某情况下，将遭受某某后果”。但众多信息立法的实际情况却是，不厌其烦地宣示哪些行为不可为，哪些行为必须为，“不得为……”“应当为……”的句式随处可见。例如，《全国人民代表大会常务委员会关于加强网络信息保护的决定》第三条规定：“网络服务提供者和其他企业事业单位及其工作人员对在业务活动中收集的公民个人电子信息必须严格保密，不得泄露、篡改、毁损，不得出售或者非法向他人提供。”关于处罚方式只是在最后一带而过，并无太多针对性和可行性，民事救济更是少见。

其实，法律，尤其是成文法，在互联网时代遇到的问题，反映出传统思维模式受到冲击和解构。“我们这样的文化，长期习惯于将一切事物分裂和切割，以此作为控制事物的手段。如果有人提醒我们说，在事物运转的实际过程中，媒介即讯息，我们难免会感到有点吃惊。”①信息本身并不具有固定的物理形态，以“确立区隔性”见长的法律，其优势的发挥自然也会受到一定影响。所以，互联网社会中的关系调整方式，需要吸纳市场、社区和个人等更多因素。

三、司法过程中的生长力

正视成文法的局限性并不意味着承认法律无用论。相反，作为制度构建的能动过程，一种力量消减必然促成另一种力量的生长。于频繁诉讼中显现的典型案例，不仅在个人信息利用问题的处理标准上不断给出范例，而且呈现出一种更加接近公平的利益诉求机制。在这个机制中，作为利益最相关的原被告双方当事人，获得了主张权利、申明理由的机会，裁判官也需要考虑双方的意见，衡量这些或对立、或一致的诉求，平衡诉求背后的各种利益，从而做出相对公正的裁判。

（一）自力救济在案件审理中得到肯定

前面介绍的百度诉奇虎案的判决结果，是网络服务商通过自力救济在司法上获得公权力肯定的一个典型案例。法院的新闻稿中如此写道：“原告既没有充分阐明如此设置Robots协议的理由，又拒绝修改其Roberts协议，故而其请求法院判令禁止被告抓取原告网站的主张不应得到支持。”与其说拒绝了百度请求法院禁止360搜索引擎抓取信息的请求，不如说默许了百度通过机器人协议在技术上成功实现自力救济的做法。这种默许行为，将对其他的数据库利用活动产生一种示范效应，鼓励数据库创建者通过技术手段自行确立利用边界，而这种边界的确立者正是作为当事人的百度公司自己。

（二）司法解释对明确规则的作用

互联网信息传播活动的流动性、交互性，也在一定程度上要求司法解释发挥更多的作用。以“人肉搜索”治理为例，在留日学生遇害事件中，受害人江歌的母亲急于找到女儿

① 麦克卢汉．理解媒介：论人的延伸［M］．何道宽，译．南京：译林出版社，2011：19.

室友刘鑫询问细节，在刘鑫未出面的情况下，江歌母亲在互联网上公布了刘鑫及其家人的个人信息，有网友对刘鑫一家进行辱骂、骚扰。此后，有文章称刘鑫质问："为什么不将实施网络暴力的人绳之以法？"引发了舆论的广泛讨论。回到法律，关于个人信息滥用问题最严重的后果应该是承担刑事责任。我国《刑法修正案（九）》将刑法第二百五十三条之一修改为："违反国家有关规定，向他人出售或者提供公民个人信息，情节严重的，处三年以下有期徒刑或者拘役，并处或者单处罚金；情节特别严重的，处三年以上七年以下有期徒刑，并处罚金。"依据"两高"《关于办理侵犯公民个人信息刑事案件适用法律若干问题的解释》（法释［2017］10号，下称"司法解释10号文"）第三条规定："通过信息网络或者其他途径发布公民个人信息的，应当认定为刑法第二百五十三条之一规定的'提供公民个人信息'。"这意味着江歌母亲的行为属于刑法规定的"违反国家有关规定，向他人提供公民个人信息"。但这种行为是否构成犯罪，还要看是否达到了"情节严重"或"情节特别严重"的程度。对此，司法解释10号文第五条列举了具体的情形。那么，刘鑫发出的法律责任之问，还要看这些个人信息提供行为是否具有司法解释列举的属于"情节严重"或"情节特别严重"的情形。在这里，司法解释使法律适用有了明确的依据。

（三）司法判例有益于交流

对于一些法律领域的新问题，越来越多的机构开始搭建法官与公众交流的平台。这种研讨性质的交流，有助于各界对共同关心的重要问题进行对话，并形成共识。比如，2017年夏天，腾讯研究院组织了为期数日的"网络法青年工作坊"。北京知识产权法院法官就《反不正当竞争法》在企业之间抓取数据活动中的适用问题与学员进行了交流与探讨。用户个人数据能否在不同企业之间被任意抓取？由于尚未出台明确的法律规定，该问题一直以来都是业界、学界和法律实务界共同关注的热点问题。在交流中，法官详细介绍了案情和争议焦点，同时，对法院的审判思路做了介绍和解释，并从理论角度对司法案件的主要问题进行了归纳和探讨。学员们对判决书中的具体内容以及实践中遇到的类似问题展开讨论，同主审法官进行了面对面的交流，许多学员表示，经过法官的讲解，对案件审判的理由和依据有了更深入的理解，在实践操作中也有了更明确的标准参照。同时，法官也表示，这是一个很好的交流机会，也希望大家畅所欲言，更加深入地来探讨这个问题。

第三节　市场构建：平台服务商的角色与市场激励

司法中的活力给网络社会中的人们增添了不少信心，但法律经济学者也在提醒我们："当其他可供选择的决策者，诸如政治过程、市场和非正式团体的运转最为艰难的时候，法院（才）被认为是最必要。”[①]在互联网构建的新型传播生态中，市场在调整社会关系方面的力量不容忽视。在这里，平台服务提供商（下称服务商）扮演着一种特殊的角色。如果说网络是以信息流动为基础而构成的世界，那么他们就是在这种流动中控制着信息走向的枢纽站。所以我们应当正视服务商在传播生态中的这种位置，调动他们主动管理信息的积极性。

一、用户与平台的角色

如果将信息的传播过程看作一条生态链，那么政府、平台服务商和用户就是其中的活动主体。在互联网环境中，服务商成为商业信息的控制者，政府除了仍然掌握部分政治信息之外，更多地转变为规则的制定者，用户除了继续接收和消费一部分信息之外，在更大程度上变成了信息的生产者，尤其是因网络交往活动自动产生的大量个人信息。这种生态结构的变化，同时对制度的视角产生了影响。

（一）用户是信息资源的提供者

中国互联网络信息中心（CNNIC）发布的第40次《中国互联网络发展状况统计报告》显示，截至2017年6月，我国网民规模达7.51亿，互联网普及率为54.3%。[②]以平均每人每天生产一条信息计算，每天也有7亿条个人信息生成，而实际数字远远不止如此。报告还显示："我国手机网民规模达7.24亿，较2016年年底增加2 830万人。"[③]手机网民数是体现个人在网络交往中参与率的一个重要指标。个人信息的社会性告诉我们，每一次上网活动都能够产生很多痕迹信息，再加上有意识地上传的各种身份信息、言论信息和金融信息等，用户成为这个时代不折不扣的信息资源提供者。同时，由中国青年政治学院互联网法治研究中心与封面智库于2016年末联合发布的《中国个人信息安全和隐私保护报告》的数据显示，当被问及是否"愿意提供个人信息以获得更便利的服务享受"时，更多的受访者（53%）选择了"愿意"。[④]早在2015年2月，由CNNIC发布的第35次《中国互联网络发展状况统计报告》就显示："截至2014年12月，54.5%的网民对来源于互联网的信息表示信任，相比2007年的35.1%有较大幅度提高……60.0%的中国网民对于在互联网上的分享行为持积极态度。"[⑤]美国学者米歇尔将那些用户个人基于激励、信任或关系而提供给组织的信息叫作"自愿提供的个人信息"。[⑥]这种持续增加的信任和分享意愿，意味着个人用户

① 考默萨．法律的限度：法治、权利的供给与需求［M］．申卫星，王琦，译．北京：商务印书馆，2007：2.

② 中国互联网络信息中心．中国互联网络发展状况统计报告（第40次）［R］．（2017-08-03）［2017-10-29］. http://www.cnnic.cn/hlwfzyj/hlwxzbg/hlwtjbg/201708/t20170803_69444.htm.

③ 中国互联网络信息中心．中国互联网络发展状况统计报告（第40次）［R］．（2017-08-03）［2017-10-29］. http://www.cnnic.cn/hlwfzyj/hlwxzbg/hlwtjbg/201708/t20170803_69444.htm.

④ 中国青年政治学院互联网法治研究中心，封面智库．中国个人信息安全和隐私保护报告［R/OL］.（2016-11）［2017-02-01］. http://www.zuinow.com/n3346558.html.

⑤ 中国互联网络信息中心．中国互联网络发展状况统计报告（第35次）［R］.（2015-02-03）［2015-05-10］. http://www.cnnic.cn/wapweb/sjrdxw/201611/t20161109_55677.htm.

⑥ ALAN M. The rise of Volunteered Personal Information［J］. Journal of Direct，Data and Digital Marketing Practice，2010，12（2）：154-164.

向网络提供信息资源的现象具有持续性。

然而，用户对自己的个人信息并不具有事实上的控制能力。尽管我国在移植欧盟立法时将“个人自决权”作为一种目标，但个人在传播生态中的角色决定了仅仅依靠用户自己不可能获得这种决定权。如果硬要说向服务商发出通知是这种自决权的表现，那么至多也只能说是对个人信息的“关心权”，离真正的控制还存在差距，这就对平台服务商提出了更多要求。

（二）服务商的枢纽角色

如果说作为个人的用户从互联网中获得了参与公共事务和社交分享的自由，那么各大平台服务商则获得了决定和控制信息利用的权力。首先，他们通过对信息资源的加工创造价值，并在这里收获回报。“以搜索引擎为基础，百度持续创新不断推出新产品：基于大数据服务的百度云、基于电子商务的百度糯米、基于自媒体的百度百家、基于互联网金融的百度钱包、基于移动互联网的百度直达号……”① “脸书比其他社交网站更能吸引广告机会，因其能够深入渗透到一系列微社区之内……每日65%和每周85%的用户登录率保证了广告商能够非常有效地操作时间导向的广告活动。”②

同时，服务商也是信息的控制者和管理者。分布在互联网各个节点上的服务器，收集和记录着大量的网络信息，作为其控制者的服务商在事实上控制着这些信息的状态和去向。他们决定着信息是否在自己的平台上呈现、将来如何使用，也最有能力删除或更改有瑕疵的信息。在信息传播生态中，居于这样一种特殊地位的服务商无疑是权力的掌握者。这种权力，不仅体现在对利用信息资源的决定权上，也体现在对信息质量和滞留问题的管理权上。从而，由这些拥有事实权力的服务商来承担信息的管理责任，最符合效率原则，也符合责权一致原则。在实现这种责任分配的方式上，有两种可能：一种是像谷歌案中那样由公权力机关依靠强制力实现；另一种是通过减少管理成本、增加盈利空间来激励他们主动实现。

依靠强制力分配责任的方式具有落实快的优点，但也反映出一些问题。在谷歌执行判决的过程中，短时间内就接收到数万条删除申请，这需要花费内部审查小组大量的人力与时间。在删除申请中，除了真正有需求的申请之外，还充斥着大量出于其他目的的申请。③由企业承担大范围的删除责任，意味着高额的成本，当这种成本累积到企业所能承受的上限时，企业要么会想办法敷衍脱责，要么会选择退出某个市场。这样的结果无论是对于个人信息的保护还是信息产业的发展来说，都不是理想的结果。更重要的是，互联网无国界，即便是谷歌公司退出欧洲市场，欧洲居民仍然会因网络生活的参与继续在互联网上生成个人信息，信息管理的目标仍然没能实现。所以，在强制力之外，还需要找到一条激励企业主动管理信息的路径，这离不开数据库权利的构建。

---

① 李光斗. 拆墙：全网革命［M］. 北京：电子工业出版社，2014：109.

② 蒲开今. 美国Facebook网站的核心竞争力分析及借鉴［J］. 今传媒，2009（4）：90.

③ 石静霞，张舵. 从欧洲法院承认“被遗忘权”的判决看个人信息保护［J］. 中国信息安全，2014（11）：114.

二、市场激励中的数据库权利

如果将信息管理也看作一种工作，那么我们需要从成本和收益两个方面着眼。数据库权利的确立，一方面可以廓清信息管理的责任范围，谁的数据库就由谁管理，责任主体更加明确，从而避免因责任范围不清导致的成本增加；另一方面可以确定交易的边界，根据科斯的产权交易理论，产权的建立是为了降低因权利界限不清而导致的交易成本的产生。产权的建立还有助于服务商更好地从信息加工中获取收益，杜绝其他服务商的搭便车行为，更好地保护数据库创建者获得劳动回报的权利，从而更好地激励他们主动进行信息管理。

（一）关于数据库权利性质的讨论

作为一种新权利，对性质的讨论是必要的。数据库作为互联网环境中的新事物，既不同于传统世界中的有形物，也与著作权中的作品存在区别，这使得数据库权利的性质在理论界和实务界长期以来未能形成统一的认识，而准确界定其性质又是构建数据库权利的基础。

在数据库权利的性质问题上，主要存在两种观点。一种观点提倡数据库版权，将数据库看作一件汇编作品，数据库的创建者享有对数据库的著作权，但这种著作权不延及数据库的内容。这在国际条约中能够找到依据，比如1995年《TRIPS协议》第十条规定："数据汇编或者其他资料汇编，不论是用机器可读形式或者其他形式，由于对其内容的选择或者安排而构成智力创作，应予以保护。这种保护不及于数据或者资料本身，不应损害存在于数据或者资料本身的版权。"又如1996年《世界知识产权组织版权条约》（WCT）第五条规定："数据或其他资料的汇编，无论采用任何形式，只要由于其内容的选择或编排构成智力创作，其本身即受到保护。这种保护不延及数据或资料本身，亦不损害汇编中的数据或资料已存在的任何版权。"可见，数据库版权坚持两个基本原则，一是独创性，二是整体保护不延及内容。

另一种观点主张设立数据库特殊权利，即特殊财产权。该观点认为数据库版权的保护范围存在局限，不延及内容就无法给予数据库创建人在数据利用上的充分保护。齐爱民教授的观点具有一定代表性，他指出："作为数据库权利人的信息管理者对个人信息数据库享有财产权利。数据库特殊权利是一种类似于著作权但又独立和区别于著作权的知识产权，它与著作权保护所适用的原则和标准是截然不同的，最为重要的是它将保护范围从表达形式延伸至信息内容本身，这意味着只要制作者对某领域的信息投入了劳动和资金，就可以控制他人对数据库信息的使用。"[①]在这里，强调数据库权利人对数据库的控制权是有必要的，但是将保护延及信息内容则意味着赋予了数据库权利人对数据的绝对权，牵扯到数据库权利与隐私处理的问题，以及数据库的转让问题，从而增加了兼容多重关系的难度。从权利产生的顺序看，网络数据由用户在网络交往活动中生成，就那些与个人隐私有直接关系的数据而言，作为数据主体的用户才是原生性的权利主体；作为数据库创建者的服务商，在用户数据的基础上发掘价值，是继生性权利主体，应当以尊重原生性权利为前

① 齐爱民. 拯救信息社会中的人格：个人信息保护法总论［M］. 北京：北京大学出版社，2009：137.

提。虽然特殊财产权并不否定数据主体的原生性权利，但一旦赋予服务商对数据库内容的绝对财产权，制度就会面临如何保护个人权利、如何规范数据库转让等问题，这些配套措施在立法和执行上都将产生可观的成本和风险。所以，数据库版权制度中关于不延及内容的原则仍然应该保留。

但是，数据库版权也不足以完全解决数据库权利问题。WCT和《TRIPS协议》等国际条约将数据库权利纳入版权制度，是应对数据库利用问题时的一种权宜之策，既因坚持不延及内容的原则而保护了隐私问题中个人的基本权利，又通过赋予数据库创建人整体上的著作权为数据利用活动的开展在已有制度内找到了一条可行之路。但版权制度以独创性为基石，这在数据库问题上显得牵强。因为数据库保护的理论基础应当是对资源投入的合理回报，而不完全等同于对作者智力创作劳动的鼓励。从数据库创建活动本身来说，各种数据库之间在独创性上谈不上特别明显的区别，因为网络数据库的编排方式更多地依赖现成的软件，虽然也有各个创建人的特色劳动在内，但与作品的独创性无法等量齐观。所以，版权和特殊财产权都不足以为数据库权利提供足够的支撑。

（二）数据库权利的证明

马克思在揭示社会发展规律时指出，新事物诞生之初，总是要受到旧事物的阻挠。在权利构建的路径选择上，我们也常常囿于旧制度的惯性。无论是版权制度，还是特殊财产权制度，都难以适应数据库利用规律的要求，因为数据库权利在本质上是一种空间权。

1. 正当性基础中的证明

数据库版权关于“保护不延及内容”的原则是数据库权利应当沿袭的，因为数据库权利是一种整体性权利。具体来讲，设立数据库权利的目的主要是排除其他人对数据的擅自利用。其正当性基础在于，数据库的创建人为数据库的形成投入了人力、财力和物力。为保证这些资源消耗能够得到价值补偿，制度需要禁止其他人的“搭便车”行为，让数据库的利用权和收益权都掌握在创建人的手里，从而保障数据价值发掘活动的可持续性。所以，数据库权利的目标在于确立数据库使用权的排他性，将数据库的使用权确认为创建人的专属权。这种专属权在性质上应当是一种空间权，这种空间权足以实现对其他人擅自进入数据库而使用数据的排除，既摆脱了版权制度中独创性要求的束缚，回归到经济活动的逻辑中，又避免了因特殊财产权中的绝对性侵犯到空间内具体内容上的原生性权利，比如个人数据主体的隐私权及其他基本权利。

2. 司法案例中的证明

实际上，互联网行业惯例中的“机器人协议”制度，已经从空间权的角度为数据库创建人提供了一种事实上的保护途径。但这种机制的效力取决于其他商业主体能否自觉遵守。发生在中国互联网巨头公司之间的一场诉讼在一定程度上诠释了数据库空间权的重要性和可行性。百度与奇虎公司围绕数据库权利展开的争夺，是中国数据产业发展过程中出现的一例代表性案例。2013年2月，北京市第一中级人民法院受理了百度诉奇虎公司不正当竞争案[①]。百度指出，奇虎公司产品“360搜索”悄然上线后不久即违反Robots协议，强行抓取百度旗下网站“百度知道”“百度百科”“百度贴吧”“百度旅游”等的内容，“360搜索”在百度Robots文本中还未将360爬虫写入的情况下，违反Robots协议内容，强制对“百度知道”“百度百科”等百度网站内容进行了抓取。百度认为，奇虎公司的行为违背了国际通行的行业规则，不顾百度的权利声明和技术措施，非法抓取、复制百度网站内容，直接以快照形式向网民提供，严重侵害了百度的合法权益，构成了不正当竞争。奇虎公司则认为百度的做法是滥用市场垄断地位，而自己则受到不公平对待。

这件备受关注的“机器人协议案”于2014年8月宣判。北京市第一中级人民法院在其新闻稿中指出：“原告既没有充分阐明如此设置Robots协议的理由，又拒绝修改其Roberts协议，故而其请求法院判令禁止被告抓取原告网站的主张不应得到支持。”这句话表面上没有支持百度提出的诉讼请求，但实际上绕过诉讼请求对百度的数据库权利给予了默认：一方面百度设置了Roberts协议来阻止360爬虫的进入，这是一个已经发生并继续存在的事实，法院对此予以默认；另一方面法院表示不会禁止360爬虫抓取百度的数据，因为百度已经有Roberts协议这个工具了，言下之意是百度已经具备自力救济的能力，无须法院的他力救济再介入。更重要的是，法院判决奇虎公司“赔偿百度经济损失50万，网站建设费20万”，这意味着如果360爬虫无视Roberts协议擅自进入百度数据库抓取信息，那么将承担经济赔偿责任。这就形成了以Roberts协议自力救济为主，在强行进入情况发生时法院判赔为辅的数据库权利保护机制。

在这里，数据库权利在事实上已经成为一种“空间权”。就好像作为数据库主人的百度公司在家门口挂了一块牌子，写着“非请勿入”。但是，未被邀请的奇虎公司认为自己受到了不公正的对待，不顾主人的通告径直进入别人的家里并且把家里的东西拿走作为己用。法院的判决实质上支持了百度通过挂牌子排除他人进入自己数据库的做法，承认百度对自己的数据库空间享有专属权，擅自闯入这个空间抓取信息者须承担经济赔偿责任。

但遗憾的是，由于缺乏制度上的明确规定，法院的判决词显得迂回曲折。虽然在态度上支持了数据库空间权，但在表述上无法做到清楚明确。这使得结案后双方当事人都同时宣称自己是胜利者，在宣传上对公众产生了一些误导。判决的模糊性也使其难以产生普遍性的意义，数据库权利的明确迫在眉睫。

综上所述，数据库权利的标的是数据库这种网络空间。当数据库权利制度的构建被数据产业的发展不断推向前台时，看起来与数据库距离最近的版权制度成为一种审慎的因应。将数据库作为汇编作品的制度设计在保护数据库创建人经济权利、激励他们发掘数据价值方面起到了较为重要的作用，其确立的“保护不延及内容”的原则更是奠定了数据库权利的基础。但由于独创性是版权制度的一大基石，应用在数据库权利上常显得牵强，也无法展现数据库权利真正的正当性基础，即投资收益原则。特殊财产权理论在强调数据库

① 案件背景参见腾讯网．百度诉360违反Robots协议案开庭［EB/OL］.（2013-10-16）［2014-09-19］．http://tech.qq.com/a/20131016/017362.htm.

权利人的绝对控制权时，忽略了数据库内部信息之上的各种原生性权利，也难以成为构建数据库权利的路径。将数据库权利的性质理解为一种空间权，更贴近互联网环境中数据库的本质：作为一种范围间隔机制，数据库既是数据存储范围的空间区隔，也是权利存在范围的标识区隔。这种空间权因创建者的投资和劳动而获得，以排除其他人的擅自进入为目标。

第四节　自助构建：社区机制与公民素养

随着互联网社会的不断纵深发展，互联网环境下内生出一种自助机制，即在自我管理的基础上增加了自我帮助和自我保护的内容。

一、社区机制中的尝试

“社区”的概念是20世纪30年代费孝通先生在翻译德国社会学家滕尼斯的《社区与社会》（community and society）时，从英文单词“community”翻译而来。其词源在拉丁文中的意思为共同的东西和亲密的伙伴关系。我国有文献将其定义为“地域相对较小、社会经济文化活动比较相似、社会功能相对完整的‘共同体’”[①]。在这里，“‘社会功能相对完整’是‘社区’的本质内涵，它超越了行政社区大小的界限，表明一种利益关系，一种情感归属”[②]。所以，社区机制理应属于自助的范畴。

（一）社区机制的作用

社交媒体所提供的社交平台，为网络“共同体”的形成提供了基础条件，网络社交催生出众多的网络社区，有以娱乐为主题的猫扑社区，也有以开放和自由著称的天涯社区，还有以微博、微信为平台的自由组合社区。作为现实社区的模拟，网络社区在信息传输和思想交流中也形成了情感归属，这是现代人的一种重要生活方式。然而，有人生活的地方就有纷争。在这些网络社区中，也常常出现名誉之争、隐私之争……但诉诸司法的却为数不多，因为成本是选择纠纷处理方式时所要考虑的重要因素。同时，也很少出现由行业协会出面协调的情况，这是因为一方面纷争并不直接指向商家，另一方面社会上也存在对协会公正性的担忧：“由各专业协会成立行业内的认证机构，该机构必须是非盈利性质的，否则，受利益的驱使容易被……‘绑架’。”[③]

---

① 陈万灵．社区管理对公共管理的理论和实践贡献［J］．暨南学报（哲学社会科学），2003（3）：55.

② 丁志铭．农村社区空间变迁研究［J］．南京师范大学报（社科版），1996（4）：23-28.

③ 易斌，潘亚南．网络个人信息隐私认证机制探讨［J］．情报理论与实践，2012（5）：43.

从这些角度来说，在社区中建立一种居中裁判的机制，将具有较为明显的优势：一方面，社区所要面对的纠纷数量，较之于法院或政府都要少得多，处理问题的程序也简单得多，从而能够减少时间成本；另一方面，社区是由包括涉事人在内的成员组成的，较之于专业协会模式，这也可以避免由身份分离而带来的对公正性的猜疑。

（二）社区机制的经验

在交流中，我们获知腾讯QQ社区已经发展出一种社区内部的纠纷处理机制。在这里，调节机制分为三级，第一级是作为当事人的社区成员；第二级是纠纷受理组织，负责审查成员提交的请求，并做出是否接受的决定，还负责资料的收集和整理，类似于秘书组织；第三级是纠纷调解组织，可以由社区成员自愿组成，也可以邀请社区外具有法律知识的人员加入，如仲裁员、律师、司法服务提供人员，以及法学院的老师和学生等。调解工作的主要内容是听取各方陈述，查阅证据和给出调解意见。虽然这不如法院裁判和仲裁制度的程序严谨，也不具有强制力，但实践中的效果却是值得认可的，经调解的多数纠纷在这里得到解决，不再延伸至诉讼。[①]

此外，探索构建社区机制的还有新浪微博和淘宝网。新浪微博公约体系于2012年5月28日上线运行，这个体系由微博社区公约、微博社区管理规定、微博社区委员会制度、微博商业行为规范、微博信用规则等几部分构成。这是中国内地首个微博社区公约，它明确了微博用户的权益、用户行为规范及社区管理机制，并建立了公开透明的违规处理机制。这里的亮点主要体现在微博社区的裁判机制参考借鉴了陪审团制度，建立了独有的社区委员会制度。社区委员会参与违规行为的研判，决定具体行为是否违规。而社区委员会的成员则全部来自公开招募的微博网友，以此真正落实用户自律（和自助）。系统会随机抽取规定数量的委员会成员参与违规行为的研判，站方依照公约及管理规定，对委员会研判确认的违规行为进行处罚。专家委员会成员则专门处理用户对研判结果不满提起的上诉，从而在最大程度上实现公约实施的公开性和公正性。[②]

淘宝网的治理措施是在早期既无法律指引支持，又没有国家执法措施保障的情况下，在长期经营中逐步摸索出来的，具有一定的创新性。这种治理措施的亮点主要是规则的设置更具有可操作性和实效性。比如，淘宝规则的处罚措施包括扣分、屏蔽店铺、限制交易等，具体分为行为限制类、信息限制类和永久处罚类。这些措施与法律的强制性措施不同，它紧密结合了淘宝交易的特点，以限制性措施为主，并且很少涉及相关主体的实体权益，主要是对其能够享受的平台服务进行限制，而这些限制措施之所以有效，是因为其能够直接影响店铺的交易业务。为打造一个良好的电子商务生态系统，淘宝网在治理结构的多样性方面也做出了探索和努力，逐步形成了包括宣传教育、主动打击、权利人投诉、权

---

① 杨立新. 公民个人信息与隐私权、名誉权的保护［C］. 北京：2014.

② 阿里研究院. 平台经济下如何更好地保护消费者权益？［EB/OL］.（2017-11-01）［2017-12-01］. https://mp.weixin.qq.com/s/O_lCAJtAi66cR6OjFDP1yg.

利人合作、配合政府部门、利用系统和规则控制的多样性治理结构。①

在这里，由各大平台探索和构建的社区治理措施，其适用范围是包括信息隐私保护在内的多个方面的信息传播活动。这些措施和模式具有各自的亮点，在互联网治理方面发挥着积极的作用，体现出用户自律、社区自助的特点。在“全民参与”的互联网时代，社区机制属于一种有效的自我帮助的方式，在一定程度上反映了社会对制度干预向就近、实效靠拢的需求。

二、搭建公开发声的讲台

“人肉搜索”、发表侮辱性言论是群体对个人的一种严重的“网络暴力”形式。这种网络暴力所导致的后果常常触目惊心，尤其是对于那些涉世未深的年轻人甚至还在学校学习的未成年人来说，这种看不到来源的网络力量往往将他（她）们推向绝路。前面章节提到的高中生投河、大学生退学以及其他的辞职、搬家、精神失常等情况，已经充分说明了帮助这些受害人应对危机的紧迫性。搭建公开发声的讲台，让网络言论中的受害人得到一个阐明事实、自我辩护的机会，这才是一种有效又具有可行性的自助机制。

（一）一场及时的演讲②

在TED讲台上，一场名为《羞辱的代价》（*The Price of Shame*）的演讲再一次掀起了社会对网络暴力的反思热潮。演讲者就是美国前总统克林顿性丑闻事件中的“当事人”莫妮卡·莱温斯基。当年那个22岁的白宫实习生，如今已经41岁了，在沉默了20年后，她走上了TED的讲台，发表了这场演讲。

莱温斯基在演讲开头提出一个问题：“在座各位谁觉得自己在22岁时没有犯过错？没有做过令自己后悔的事？请举手。”全场沉默。在承认自己当年犯下严重错误之后，莱温斯基提到，当年的丑闻通过“数字革命”公之于众，自己被卷入各种难以想象的漩涡。她将“数字革命”与获取新闻的传统渠道相比较，指出在数字革命时代，人们能够获取所有想要的信息，无论何时何地。当年的丑闻在1998年1月被揭露，正是始于互联网。她调侃道：“这是传统媒体第一次在重大事件的报道上被因特网抢先。”一个点击响彻世界，但对于她个人来说，她一夜之间从一个无名人士（private figure）变成了一个被全世界公开羞辱（publicly humiliated）的对象。她将自己比作“零号病人”——第一个经历如何在全球范围内瞬间失去个人声誉的人。

她向听众陈述了自己的遭遇，人们在网上转发邮件、发表评论，她的照片被媒体张贴于各种版面，用来吸引眼球。除了对丑闻故事的关注之外，人们对她个人的关注和道德审判也是前所未有的，她被打上了各种极具侮辱性的标签。人们都能看到她，但很少有人能了解她。人们很容易就忘记了一个人的多维度，其实她也有灵魂、也曾是完好无缺的。她

① 阿里研究院. 平台经济下如何更好地保护消费者权益？[EB/OL].（2017-11-01）[2017-12-01]. https://mp.weixin.qq.com/s/O_lCAJtAi66cR6OjFDP1yg.

② 演讲内容根据莱温斯基的现场演讲记录、整理而成，演讲视频由TED官方频道提供，优酷视频可观看。

用后来出现的“网络欺凌”来归纳这些行为的性质。

在演讲中，莱温斯基公开了她的一些个人经历，她希望自己的经历能够引起变革，让其他人少受欺负。1998年9月，她坐在独立检察官办公室，听到了一年前电话窃听的录音。这位录音者是莱温斯基的一位故友，她被法律要求坐在那里鉴定全部时长达20小时的对话录音。这些录音是她之前八个月生活中的谈话，她坐在那里听着自己曾经说过的话，这些日常生活中的对话时而狡猾、时而暴躁、时而愚蠢、时而粗鲁，当然也包括对总统的爱慕。听着这些，她感到无比羞愧。几天后，斯塔尔报告被提交至国会，其中包括这些录音和原文稿。几周之后，这些录音稿又在电视上公开，很大一部分还散播到了网上。这种公开羞辱使生命变得难以承受。这意味着一个人的私下言行很容易就被公之于众了。2010年9月，她和母亲通了一次电话，谈论到一则新闻，是关于罗格斯大学的一个新学生遭遇网络暴力的事情，这个学生与异性的亲密行为被偷拍后传到网上，遭到网民羞辱，这个女学生从华盛顿大桥上纵身跳下。莱温斯基的母亲知道后很激动，发自内心地感到痛苦。

莱温斯基慢慢地将话题转移到了公共领域，她提到了对孩子们的保护，“仍然稚嫩”的孩子们可能难以处理这些网络羞辱，已经发生的现实悲剧并不是虚拟的。她援引了欧洲一些国家的公益组织所提供的调查数据，网络欺凌的状况已经令人震惊，对他人残忍似乎已经不再新鲜了。在网络社区里，成百万上千万的人在匿名状态下对别人施加暴力，网络环境变得麻木不仁、无孔不入。她将这种观察所得称作“文化观察”，指出人们正在这种文化的土壤中播下公开羞辱他人的种子。而这种羞辱对个人来说是损害巨大的，是对隐私的严重侵犯。而且，羞辱正在变成一种产业，点击越多，广告费就越多。最后，莱温斯基呼吁大家带着一颗同情心在网上交流和阅读新闻。

（二）需要更多的发声渠道

莱温斯基的演讲向我们展示了网络暴力的危害。这种危害不仅对“当事人”造成了直接伤害，而且也是对社会文化的一种腐蚀。如果人们任由这种公开欺凌发展下去而无动于衷，残忍与麻木就会一点一点侵入我们的身心。这已经足以让我们提高警惕，寻找突破。

长期以来，法律在维护正义方面起到了重要的作用，但在互联网时代，尤其是对于言论中的恶意来说，还需要在法律之外建立一种更直接的对冲机制。这个机制就是完善当事人公开表达的渠道。关于如何处理犯错之人，我们的社会中有很多机制。其中，司法审判是一种主要的机制。然而，即便是对于那些刑事犯罪人员，法律仍然安排了由他们进行情况陈述和为自己辩护的机会。只有在控辩双方都做出了充分的表达之后，我们看到的才更加接近于事实的全貌。对待犯罪嫌疑人尚且如此，对于那些并未触犯法律只是犯了错的人来说，为其构建一种表达渠道，来对抗网络羞辱，这是文明社会的基本要求。当一个人处于一种孤立无援、有口难辩的处境中时，那些来自外界的指责和侮辱，常常会变得让人难以承受，与刺人的尖刀无异。在自我申辩的过程中，有一些捕风捉影的谣言会被事实戳破，有一些发言者并不自知的危害会展现出来……更重要的是，在当事人有了阐发自己意见的机会之后，理解和包容也会随之而生。尽管这种理解和包容有时候是局部的、缓慢的，但只要当事人感受到了，就能改变先前的极度无助感，从而获得力量来渡过难关，避免一些极端后果的出现。

三、道德与公民素养

除了社区机制建设和发生渠道搭建之外，作为社会成员，公民也需要通过提升素养来保护自己。虽然道德一直被强调，比如有不少论者认为“网络环境中个人信息保护要注重和依托网络道德建设”[①]。但是，在以陌生人社会为特征的互联网环境中，熟人社会中的道德约束机制在很多时候显得乏力。在自我保护和自我管理上，公民素养就显得更为重要。

（一）陌生人社会中的道德约束乏力

个人信息的滥用，在某种程度上源于网络环境中各种传统机制约束力的下降，尤其是基于熟人关系的道德约束乏力。互联网将人们从实实在在的熟人社会带入虚拟世界的陌生人或准陌生人社会，削弱了人际关系的约束力，也减少了人际诚信的动力。在杰斐逊式民主所描述的小村庄里，居住人数有限，地域也并不宽广，邻里之间彼此熟悉，共同管理公共事务。在这里，姓名、住址、婚育等“个人信息”不可能也不必要成为秘密。因为不但这些具有识别功能的信息是个人参与民主生活的必要条件，而且在这样的熟人社会里个人信息的公开也不会对人们的生活构成任何威胁，每一个获知他人信息的人都受到地缘人际关系的约束，损害他人利益会受到几乎同样程度的报复或惩罚。与这种朴素的传统熟人社会不同的是，在网络社会里，处于网络结点上的每一个人都是陌生的，即便是现实生活中的熟人在网络上也因身份的虚拟化变成陌生人。这就使掌握他人个人信息的“陌生人”，脱离了人际约束，可以对自己的行为不承担责任。

这时候，道德作为一种传统的社会调整方式，并不等同于道德观念。作为一种受到提倡的标准，“非礼无视”“尊重隐私”等都可以被视为道德观念，但道德本身却是“一种非常个人化的实践”[②]。老子讲道德时将其解释为道“得”，也含有一种个人化实践的意味。由于“道德实践往往不能给实践的个体带来通常意义上的利益，更可能带来的是某种物质利益损失”[③]。那些能够从滥用个人信息的活动中获得利益的人，就很难期望他们自觉地践行尊重他人隐私的道德。比如，不费力气地盗取他人的个人信息并出售获利，在实践中能够带来物质利益，遵守道德而放弃这种行为就意味着物质利益的损失；站在道德高点对犯了错误的人进行人格教育，不用承担责任地参与对他人进行网络羞辱的狂欢，在实践中能够带来精神上的满足感，也是一种利益，遵守道德就意味着放弃宣泄情绪、标榜自我的机会……所以，在互联网环境中，我们无法过多地依赖道德约束，公民个人需要学会自我保护和自我管理，这是一种重要的自助方式，也是互联网社会所强调的个人素养。

① 薛瑞汉．网络环境下的个人信息保护：问题与对策［J］．中州学刊，2013（1）：176.
② 苏力．把道德放在社会生活的合适位置［M］//苏力.制度是如何形成的．北京：北京大学出版社，2007：60.
③ 苏力．把道德放在社会生活的合适位置［M］//苏力.制度是如何形成的．北京：北京大学出版社，2007：60.

（二）提升公民素养的方式

一份关于公民个人信息安全素养的调查显示："55.9% 的受访者认为自身的个人信息安全保护能力一般，19.7% 的受访者认为自身的个人信息安全保护能力较强，10.6% 的受访者认为自身的个人信息安全保护能力较低，5.6% 的受访者认为自身的个人信息安全保护能力很强，4.1% 的受访者则认为自身的个人信息安全保护能力很低。"[①] 在个人信息安全的自我保护能力上，逾一半的人认为能力一般，14.7% 的人认为能力较低或很低，只有 25.3% 的人认为能力较强或很强。这说明公民的信息安全保护能力还有待进一步提高。

基于以上原因，我们需要在以下两方面加以改进。

第一，需要加强公民的公共意识。当个人处于公共场合时，需要明确这是一个可以相互影响的场合。这种影响既可以体现在"拒绝打扫狗屎"而给他人带来的不快，也包括他人通过记录个人行为对这种不快做出反应。自我保护本来是人的一种本能，如同出门要穿戴整齐以免出丑一样，个人也需要重视自己在公共场合的行为。在传统社会，人们在着装上的讲究能够帮助自己从容地迎接旁边人审视的目光；在互联网社会，人们还需要对自己的言谈举止给予注意，因为在公共场合发生的一切都可能通过互联网受到全体网民目光的审视。

第二，需要加强公民的责任意识。权利与义务的一致，是公民概念的题中之义。公民社会要求社会成员具备基本的责任意识。责任的力量是相互的，对他人负责就是对自己负责。公民如果可以让自己的宠物在公共空间里随意便溺又拒绝打扫，那么这个主人懈怠于对他人的责任（尊重他人），也就放弃了对自己的责任（保护自己）。在前面提到的"狗屎女"案例中，年轻的主人公就是因为缺乏这种责任意识，导致对其不利的后果由此而生。在这里，自我管理显得尤为重要。

① 罗力．上海市民个人信息安全素养评价研究［J］．重庆大学学报（社会科学版），2013（3）：98.

结 论

互联网作为一种通用目的技术，与一百年前的电力技术、两百年前的蒸汽机技术一样，正在对人类社会产生巨大、深远而广泛的影响，表现之一就是推动传统世界朝着在线化和数据化的方向迅速发展。在互联网环境中，作为社会成员的个人，需要借助个人信息的传递来实现各种社会交往，个人信息的社会性不断彰显。这意味着个人信息所承载的隐私利益，与社交需求、数据应用以及集体安全等价值之间，存在着一定的竞争和矛盾。这就要求制度设计的时候重视“价值兼顾”的原则，对信息处理活动的规制也需要分情况对待。

从隐私保护难题产生的原因上看，互联网信息运动机制在较大程度上直接造成了有“私”无“隐”的状态。同线下传统世界相比，互联网上的信息一旦生成，就会处于一种集中存储的状态，并滞留于各个数据库中长久不被删除，从而成为隐私泄露的隐患。在互联网上，物理屏障的弱化和各种边界的模糊化，使私人事务得以隐藏的机制变得脆弱。这就对掌握数据库的各个信息平台提出了管理上的义务和责任。

从本质上说，信息隐私应当属于个人自决权的内容。因为一种事物是不是隐私，一种个人信息能否被公开以及这种信息能否以某种方式被他人使用，应当首先由作为信息主体的个人来决定。但是在互联网上，个人并不具有对自己信息的实际掌控能力。在很多情况下，个人信息与信息主体之间都处于一种分离的状态，平台在事实上掌握和控制着用户的个人信息。这是互联网生态结构带来的结果。所以，通过对平台责任的合理设计来保障隐私安全，应当是信息隐私保护制度构建的重点。在这里，既包括由平台设置有效的退出机制，将决定权还给用户；也包括平台对信息进行“去识别”处理的义务，通过对信息进行清洗，使信息还原为不具有识别性的数据，从而使数据利用活动在不侵犯隐私的前提下获得正当性。

从信息隐私保护所面临的环境出发，我们得出了价值兼顾、“去识别”处理、个人自决与平台管理相结合、消减影响力等原则，并提炼了判断个人信息利用活动是否具有正当性的两个标准，一个是可否识别具体个人，另一个是公私界限。“可否识别具体个人”作为第一个标准，意味着并不是所有的信息都能够成为保护的对象，实际上“可识别性”作为判断是否构成“个人信息”的标准，已经在立法和理论上得到公认。“公私界限”作为第二个标准，则是信息隐私价值二元性的要求，法律一方面要保护那些“与他人无关”的私人领域不受侵犯，另一方面也要保障正常公共事务的开展不受阻碍，“各归各位、各得其所”是制度发挥社会关系调整功能的题中之义。

在不同的场景中，原则和标准的运用也体现在不同的方面。在以“人肉搜索”为代表的群体利用中，个人信息利用活动的边界往往涉及言论自由与个人隐私之间，公众知情权与个人隐私之间的价值平衡问题，这些权利之间常常互为边界，需要把握好信息利用的“度”。在以用户数据处理为代表的商业利用中，企业的隐私保护意识是基础，设置有效的退出机制是尊重个人自决权的要求；同时，数据库权利制度的构建是解决企业之间任意抓取数据乱象的关键，这种任意抓取在实际上也威胁着用户的隐私安全。在以政府监听和公民监督为代表的政治利用中，政府的通信检查是否依法进行，民众的网络监督是否把握好了公私界限，都是重要的边界。

互联网的开放性和复杂性对构建信息隐私保护体系的角度和方法也提出了更高的要求。保护体系的构建应该是一项包括政府、法律、市场、社区以及公民个人在内的系统性工程。其中，政府的干预方式应当从过去的行政管理为主上升为全面治理，进一步发挥政府的主导作用，在基础设施建设、整合资源以及统筹协调等方面都发挥更重要的作用；法律作为传统的社会关系调整机制仍然是信息隐私保护体系的重要组成部分，但是也显现出一些变化，面对复杂多变的网络环境，具有灵活性和贴近实践的司法机制，正在发挥着更大的作用；同时，市场机制以及以社区调解和公民素养提升为内容的自助机制，也在逐渐显现出不可或缺的作用。由政府主导、法律规制、市场调节以及公民自助等多种力量共同构建的保护体系，能够更好地应对互联网环境中的隐私安全问题。

最后，值得强调的是，从对美国、欧洲和中国的制度比较研究中发现，一个国家或地区的互联网应用发展水平与各自的法律制度以及政策导向有着直接关系：美国能够在信息技术及其应用上领先，在很大程度上得益于他们在政策法律上对产业的宽松态度；欧洲是个人数据安全保护最为严格的地区，在互联网以及数据应用上的发展也相对落后；中国在早期主要模仿和移植欧洲模式，但效果并不理想，逐渐转为根据自己国情兼采两家之长。然而，随着技术的发展和迭代，原本风格迥异的三者在信息隐私制度上也开始呈现出一些共同的特点。比如，尊崇商业自由的美国也开始重视消费者隐私的保护，作为个人数据保护先驱的欧洲也更加注重隐私保护与数据流动的兼顾，而中国也更加重视合理的数据流动对国家经济发展以及提高国际综合竞争力的作用，同时在信息隐私的保护措施上不断做出细化。但需要指出的是，从正式的法律性文件来看，国家利益仍然是制度设计会考虑的重要目标。美国的制度对行业的直接干预较少，是因为其在技术和产业上的领先地位与本国跨国公司的自由发展相辅相成；而欧洲更加注重对个人数据的保护，则与防范和对抗美国互联网公司对欧洲居民数据的任意利用不无关系。所以，个人隐私的保护实际上是在与经济发展、集体安全以及国家竞争力的协调共进中被考虑和展开的。

以上就是本书获得的主要发现和结论。事实上，信息隐私保护并不仅仅是个人民事权利层面的问题，还关系到行业发展、社会管理、集体安全、国际政治以及整个国家的综合竞争力等问题，与之相关的制度设计是一个系统工程。信息隐私保护制度构建的重点不在于对信息流动的限制有多严格，保护隐私安全的希望也不在于对国外立法做片面化的解读和照搬。互联网作为信息传播以及整个社会运行的基础性环境，对个人信息和隐私安全的影响是直接而重要的。只有深入分析和准确把握了互联网信息运动的特点，才有可能在隐私保护问题上“对症下药”；只有符合互联网运行规律的制度设计，才更有可能具有现实可行性；只有着眼于美欧相关制度发展的历史过程，才能感受到国家利益在法律政策制定过程中的重要程度。

参考文献

一、专著及专著中析出的文献

[1] 刘德良．论个人信息的财产权保护［M］．北京：人民法院出版社，2008.

[2] 沙勒夫．隐私不保的年代［M］．林铮顗，译．南京：江苏人民出版社，2011.

[3] 舍恩伯格．删除：大数据取舍之道［M］．袁杰，译．杭州：浙江人民出版社，2013.

[4] VAMOSI R.个人信息保卫战［M］．姚军，等，译．北京：机械工业出版社，2012.

[5] 苏达克．数据新常态［M］．余莉，译．杭州：浙江人民出版社，2015.

[6] 张新宝．隐私权的法律保护［M］．北京：群众出版社，2004.

[7] 冯梦龙．醒世恒言［M］．张明高，校注．北京：中华书局，2014.

[8] 刘易斯．批评官员的尺度［M］．何帆，译．北京：北京大学出版社，2011.

[9] 沃伦，布兰代斯．隐私权［M］．宦盛奎，译．北京：北京大学出版社，2014.

[10] 王世洲．Personlichkeit——多学科的考察（代序言）［M］//王世洲．人格．北京：北京大学出版社，2014.

[11] 甘超英．中国宪法人格尊严源流小考［M］//王世洲．人格．北京：北京大学出版社，2014.

[12] 齐爱民．个人资料保护法原理及其跨国流通法律问题研究［M］．武汉：武汉大学出版社，2004.

[13] 白云．个人信用信息法律保护研究［M］．北京：法律出版社，2013.

[14] 吴苌弘．个人信息的刑法保护研究［M］．上海：上海社会科学院出版社，2014.

[15] 舍恩伯格，库克耶．大数据时代［M］．盛杨燕，周涛，译．杭州：浙江人民出版社，2013.

[16] 齐爱民．拯救信息社会中的人格：个人信息保护法总论［M］．北京：北京大学出版社，2009.

[17] 刘凡，刘允斌．产权经济学［M］．武汉：湖北人民出版社，2002.

[18] 马克思．论费尔巴哈［M］//马克思，恩格斯．马克思恩格斯选集：第一卷．北京：人民出版社，2012.

[19] 韩毓海．重读马克思［M］．北京：中信出版社，2014.

[20] 腾讯科技频道. 跨界[M]. 北京: 机械工业出版社, 2014.
[21] 何威. 网众传播: 一种关于数字媒体、网络化用户和中国社会的新范式[M]. 北京: 清华大学出版社, 2011.
[22] 卡斯特. 信息论、网络和网络社会: 理论蓝图[M]//卡斯特. 网络社会: 跨文化的视角. 北京: 社会科学文献出版社, 2009.
[23] 里夫金. 第三次工业革命[M]. 张体伟, 孙豫宁, 译. 北京: 中信出版社, 2013.
[24] 互联网新闻研究中心. 美国是如何监视中国的——美国全球监听行动纪录[M]. 北京: 人民出版社, 2014.
[25] 洛克. 政府论(下篇)[M]. 叶启芳, 瞿菊农, 译. 北京: 商务印书馆, 1964.
[26] 恩格斯. 家庭、私有制和国家的起源[M]//马克思, 恩格斯. 马克思恩格斯选集. 北京: 人民出版社, 2012.
[27] 密尔. 论自由[M]. 许宝骙, 译. 北京: 商务印书馆, 1959.
[28] 涂子沛. 大数据[M]. 桂林: 广西师范大学出版社, 2013.
[29] 李光斗. 拆墙: 全网革命[M]. 北京: 电子工业出版社, 2014.
[30] 李杰. 工业大数据: 工业4.0时代的工业转型与价值创造[M]. 邱伯华, 等, 译. 北京: 机械工业出版社, 2015.
[31] 森德勒. 工业4.0: 即将来袭的第四次工业革命[M]. 邓敏, 李现民, 译. 北京: 机械工业出版社, 2015.
[32] 麦克卢汉. 理解媒介: 论人的延伸[M]. 何道宽, 译. 南京: 译林出版社, 2011.
[33] 沈宗灵. 法理学[M]. 北京: 高等教育出版社, 1994.
[34] 洛克林. 公法与政治理论[M]. 郑戈, 译. 北京: 商务印书馆, 2013.
[35] 莱斯格. 代码[M]. 李旭, 姜丽楼, 王文英, 译. 北京: 中信出版社, 2004.
[36] 徐志斌. 社交红利[M]. 北京: 北京联合出版公司, 2013.
[37] 何帆. 批评的限度就是民主的尺度(译者序)[M]//刘易斯. 批评官员的尺度. 北京: 北京大学出版社, 2011.
[38] 黄锦就, 梅建明. 美国爱国者法案: 立法、实施和影响[M]. 蒋文军, 译. 北京: 法律出版社, 2008.
[39] 陈景辉. 法律的界限: 实证主义命题群之展开[M]. 北京: 中国政法大学出版社, 2007.
[40] 鲍恩. 民主的奇迹: 美国宪法制定的127天[M]. 郑明萱, 译. 北京: 新星出版社, 2013.
[41] 熊秉元. 正义的成本: 当法律遇上经济学[M]. 北京: 东方出版社, 2014.
[42] 郑远民, 朱红梅. 非传统安全威胁下国际法律新秩序的构建[M]. 北京: 法律出版社, 2014.
[43] 沃伦, 布兰代斯. 隐私权[M]. 宦盛奎, 译. 北京: 北京大学出版社, 2014.

[44] 陈乔见．公私辨：历史衍化与现代诠释［M］．北京：生活·读书·新知三联书店，2013.
[45] 于全．四书五经（壹）［M］．长春：吉林大学出版社，2011.
[46] 费孝通．乡土中国［M］．北京：外语教学与研究出版社，2012.
[47] 阿伦特．人的境况［M］．王寅丽，译．上海：上海世纪出版社，2009.
[48] 恩格斯．共产主义原理［M］//马克思，恩格斯．马克思恩格斯选集（第一卷）．北京：人民出版社，2012.
[49] 哈贝马斯．公共领域的结构转型［M］．曹卫东，等，译．上海：学林出版社，1999.
[50] 彭伯．大众传媒法［M］．张金玺，赵刚，译．北京：中国人民大学出版社，2005.
[51] 拉斯韦尔．社会传播的结构与功能［M］．何道宽，译．北京：中国传媒大学出版社，2013.
[52] 孔令杰．个人资料隐私的法律保护［M］．武汉：武汉大学出版社，2009.
[53] 西塞罗．国家篇、法律篇［M］．沈叔平，苏力，译．北京：商务印书馆，1999.
[54] 黄仁宇．万历十五年［M］．北京：生活·读书·新知三联书店，2006.
[55] 考默萨．法律的限度：法治、权利的供给与需求［M］．申卫星，王琦，译．北京：商务印书馆，2007.
[56] 苏力．把道德放在社会生活的合适位置［M］//苏力．制度是如何形成的．北京：北京大学出版社，2007.
[57] JONES P W, TEEVAN J.Personal information management［M］. Washington: University of Washington Press, 2007.
[58] EVANS D S, SCHMALENSEE R. Matchmakers: The new economics of multisided platforms［M］. Boston: Harvard Business Review Press, 2016.
[59] MILL J S.On liberty［M］. Shanghai: Sanlian Bookstore, 1959.
[60] FERTIK M, THOMPSON D.Wild west2.0: how to protect and restore your online reputation on the untamed social frontier［M］. New York: Mcgraw-Hill, 2010.

二、期刊中析出的文献

[1] 梁慧星，廖新仲．隐私的本质与隐私权的概念［J/OL］．人民司法，2003（4）．［2017-05-20］．http://lawdata.com.tw/tw/detail.aspx?no=24133.
[2] 齐爱民．论个人资料［J］．法学，2003（8）：80-85.
[3] 王晗，秦克飞．网络用户个人信息的敏感度研究［J］．情报杂志，2012，31（12）：171-175.
[4] 蓝蓝．关于网络隐私权制度的几点思考［J］．河北法学，2006，24（3）：87-92.
[5] 彭礼堂，饶传平．网络隐私权的属性：从传统人格权到资讯自决权［J］．法学评论，

2006（1）：57-62.
［6］杨佶．域外个人信息保护立法模式比较研究——以美、德为例［J］．图书馆理论与实践，2012（6）：79-81.
［7］齐爱民．美国信息隐私立法透析［J］．时代法学，2005（2）：109-115.
［8］杨佶．论个人信息的法律保护［J］．吉首大学学报（社会科学版），2009，30（1）：98-102.
［9］姚岳绒．论信息自决权作为一项基本权利在我国的证成［J］．政治与法律，2012（4）：72-83.
［10］于良芝．“个人信息世界”：一个信息不平等概念的发现及阐释［J］．中国图书馆学报，2013，39（203）：4-11.
［11］欧阳剑．社会网络环境下个人信息组织的驱动力及模式特征［J］．情报资料工作，2009（1）：64-67.
［12］聂勇浩，罗景月．感知有用性、信任与社交网站用户的个人信息披露意愿［J］．图书情报知识，2013（5）：89-97.
［13］万凯莉，张照余．个人信息视角下社交媒体公开信息保存的可行性研究［J］．档案学研究，2014（4）：17-21.
［14］孙平，李国炜．论网络个人信息保护——以网络预约诊疗服务为例［J］．法学，2013（9）：35-43.
［15］朱巍．网络实名制相关争议问题研究（二）——网络实名制有益于建立诚信社会［J］．中国广播，2013（3）：37-40.
［16］郭明龙．论个人信息之商品化［J］．法学论坛，2012，27（6）：108-114.
［17］宋建武，等．中国媒体融合发展存在的问题及对策与建议［J］// 中国媒体融合发展报告（2013），2014：77-91.
［18］孙璐．企业互联网数据收集的个人信息保护［J］．新闻传播，2013（12）：287-289.
［19］王融，沈玲．个人信息保护立法前沿问题研究［J］．互联网前沿，2014（3）：74-75.
［20］郑文明．互联网时代的“数字遗忘权”［J］．新闻界，2014（3）：55-59.
［21］何治乐，黄道丽．大数据环境下我国被遗忘权之立法构建——欧盟《一般数据保护条例》被遗忘权之借鉴［J］．网络安全技术与应用，2014（5）：172-177.
［22］石静霞，张舵．从欧洲法院承认“被遗忘权”的判决看个人信息保护［J］．中国信息安全，2014（11）：111-115.
［23］伍艳．论网络信息时代的“被遗忘权”——以欧盟个人数据保护改革为视角［J］．图书馆理论与实践，2013（11）：4-9.
［24］刘雅绮，张扬．个人信息泄密的损失分级估算方法［J］．统计与决策，2012（8）：4-8.

[25] 李志鹏，高可．美国《涉外情报监视法》评介［J］．江南社会学院学报，2014，16（3）：20–26.
[26] 谢晓专，等．美国情报监听立法沿革研究［J］．图书情报工作，2011（22）：68–73.
[27] 刘涛．《2005年美国爱国者法修改与再授权法》介评［J］．国家检察官学院学报，2008，16（2）：28–33.
[28] 肖志锋．公共部门信息再利用中的个人信息法律保护［J］．图书与情报，2013（3）：52–57.
[29] 徐敬宏．美国网络隐私权的行业自律保护及其对我国的启示［J］．情报理论与实践，2008（6）：955–957.
[30] 利子平，周建达．非法获取公民个人信息罪“情节严重”初论［J］．法学评论，2012（5）：146–152.
[31] 李建新．两岸四地的个人信息保护与行政信息公开［J］．法学，2013（7）：95–104.
[32] 李仪．网络环境下个人信息再利用的风险及立法应对——主要以信息安全维护为视角［J］．情报理论与实践，2013，36（12）：26–29，38.
[33] 张晓静．微博：媒介公共领域构建的新维度［J］．青年记者，2012（11）：65–66.
[34] 马彦，徐凤亮．公民个人信息泄露与传播［J］．征信，2014（5）：33–37.
[35] 蒲开今．美国Facebook网站的核心竞争力分析及借鉴［J］．今传媒，2009（4）：89–91.
[36] 陈万灵．社区管理对公共管理的理论和实践贡献［J］．暨南学报（哲学社会科学），2003，25（3）：55–63.
[37] 丁志铭．农村社区空间变迁研究［J］．南京师范大学报（社科版），1996（4）：23–28.
[38] 易斌，潘亚南．网络个人信息隐私认证机制探讨［J］．情报理论与实践，2012（5）：41–43，68.
[39] 薛瑞汉．网络环境下的个人信息保护：问题与对策［J］．中州学刊，2013（1）：174–176.
[40] 罗力．上海市民个人信息安全素养评价研究［J］．重庆大学学报（社会科学版），2013，19（3）：95–99.
[41] 周永坤．网络实名制立法评析［J］．暨南学报（哲学社会科学版），2013（2）：1–7.
[42] WARREN S D, BRANDEIS L D. The right to privacy［J/OL］. Harvard law review, 1890, 4（5）.［2017-06-03］. http://www.cs.uofs.edu/~plishka/cmps184/TheRighttoPrivacy.pdf.
[43] MITCHELL A. The rise of Volunteered Personal Information［J］. Journal of direct, data and digital marketing practice, 2010, 12（2）. 154–164.

三、报告、报纸及学位论文

[1] 可欣.论隐私权［D/OL］. 吉林：吉林大学，2007：3［2017-03-19］. http://kreader.cnki.net/Kreader/CatalogViewPage.aspx?dbCode=cdmd&filename=2007107109.nh&tablename=CDFD9908&compose=&first=1&uid=.

[2] 中国青年政治学院互联网法治研究中心，封面智库.中国个人信息安全和隐私保护报告［R/OL］.（2016-11）［2017-02-01］. http://www.zuinow.com/n3346558.html.

[3] 周汉华. 中华人民共和国个人信息保护法（专家建议稿）及立法研究报告［R］. 北京：法律出版社，2006.

[4] 腾讯. 2014智能可穿戴市场白皮书［R/OL］.（2014-12-31）［2015-03-02］. http://tech.huanqiu.com/news/2014-12/5325978_24.html.

[5] 中国互联网络信息中心. 中国互联网络发展状况统计报告（第40次）［R/OL］.（2017-08-03）［2017-10-29］. http://www.cnnic.cn/hlwfzyj/hlwxzbg/hlwtjbg/201708/t20170803_69444.htm.

[6] 中国互联网络信息中心. 中国互联网络发展状况统计报告（第35次）［R/OL］.（2015-02-03）［2015-05-10］. http://www.cnnic.cn/wapweb/sjrdxw/201611/t20161109_55677.htm.

[7] 杨立新. 公民个人信息与隐私权、名誉权的保护［R］. 北京：北京市律师协会培训讲座，2014.

[8] 阿里研究院. "互联网+"研究报告［R/OL］.（2015-03-12）［2015-05-06］. http://www.aliresearch.com/.

[9] 遭人肉搜索18岁女生自杀身亡［N］. 北京晚报，2013-12-16（2）.

[10] SEDGEWICK A. The NIST framework for improving critical infratructure cybersecurity［R］. Beijing: 19thU.S.-China Legal Exchange, 2015.

四、电子资源

[1] "R语言中文社区"微信公众号. 京东用户画像揭秘：原来买iPhone X的是这么些人［EB/OL］.（2017-09-14）［2017-10-03］. https://www.sohu.com/a/191919323_466874.

[2] RUC新闻坊. 今日头条数据解读哪些用户爱评论，哪些资讯能激活讨论［EB/OL］.（2017-08-18）［2017-10-03］. http://www.sohu.com/a/165568039_649502.

[3] 新华网. 我国政务微博认证账号27.7万个，粉丝量总计43.9亿人［EB/OL］.（2015-09-28）［2017-03-02］. http://news.xinhuanet.com/politics/2015-09/28/c_128276413.htm.

[4] 中国网. 贵州2000家政府机构入驻今日头条，开通政务头条号［EB/OL］.（2016-05-26）［2017-03-02］. http://qz.china.com.cn/qiye/2016-05-26/71947.html.

[5] 王楷.原中情局职员曝光棱镜项目，监控隐私奥巴马形象受损［EB/OL］.（2013-

06-13）[2015-07-03]. http://news.ifeng.com/world/special/sndxiemi/content-3/detail_2013_06/13/26351817_0.shtml.
[6] 观察者网站. 卫报：斯诺登曝美国曾监听至少35名国际政要电话 [EB/OL].（2013-10-25）[2015-07-03]. http://www.guancha.cn/america/2013_10_25_181049.shtml.
[7] 吴琼. 欧洲议会司法内政委员会通过新版数据保护法，欧盟数据保护立法取得重大进展 [EB/OL].（2013-10-29）[2015-07-03]. http://www.legaldaily.com.cn/international/content/2013-10/29/content_4969345.htm.
[8] 郄勇志. 物联网万千垂直应用落地在即，万亿市场蓄势待发 [EB/OL].（2017-11-21）[2017-11-22]. https://www.sohu.com/a/205661828_123496.
[9] 人民网. 携程定制旅行平台2.0版发布 [EB/OL].（2017-04-27）[2017-06-20]. travel.people.com.cn/n1/2017/0427/c41570-29239228.html.
[10] 国际在线. 给力互联网，总理蛮拼的 [EB/OL].（2017-04-27）[2017-06-20]. http://gb.cri.cn/42071/2015/03/06/8011s4891595.htm.
[11] 搜狐网. 魏则西整个事件过程 [EB/OL].（2016-05-03）[2017-03-09]. http://www.sohu.com/a/73038639_393515.
[12] 中国网信网. 国家网信办联合调查组公布进驻百度调查结果 [EB/OL].（2016-05-09）[2017-03-09]. http://news.xinhuanet.com/2016-05/09/c_1118833546.htm.
[13] 曹天鹏. 苹果妥协了，将国内用户部分iCloud数据存储在中国电信服务器 [EB/OL].（2014-08-16）[2015-02-01]. http://www.tmtpost.com/129208.html.
[14] 汪晓东. 徐州立法禁止“人肉搜索”？省市两级人大法工委予以澄清 [EB/OL].（2009-01-20）[2014-09-01]. http://news.sohu.com/20090120/n261851666.shtml.
[15] 最高人民法院. 最高法举行审理利用网络侵害人身权益司法解释发布会介绍司法解释的相关情况并公布了典型案例 [EB/OL].（2014-10-09）[2014-12-09]. https://mp.weixin.qq.com/s?__biz=MzA3MjEwNzYzOQ%3D%3D&idx=2&mid=200669542&sn=2e07e5093c289939d72e1ced4499fe50.
[16] 北京市第一中级人民法院. 百度诉奇虎360违反Robots协议案一审宣判，360赔偿百度70万元 [EB/OL].（2014-09-18）[2014-11-05]. http://bj1zy.chinacourt.org/article/detail/2014/09/id/1446252.shtml.
[17] 凤凰网. 美国前中情局局长：窃听没错，我们不会为此道歉 [EB/OL].（2014-03-30）[2014-06-30]. http://news.ifeng.com/world/special/sndxiemi/content-3/detail_2014_03/30/35275926_0.shtml.
[18] 腾讯网. 百度诉360违反Robots协议案开庭 [EB/OL].（2013-10-16）[2014-09-19]. http://tech.qq.com/a/20131016/017362.htm.
[19] 阿里研究院. 平台经济下如何更好地保护消费者权益？[EB/OL].（2017-11-01）[2017-12-01]. https://mp.weixin.qq.com/s/O_lCAJtAi66cR6OjFDP1yg.

[20] ROSEN JEFFREY. The right to be forgotten [EB/OL]. (2012-04-02) [2013-06-05]. http://thehealthcareblog.com/blog/2012/04/02/the-right-to-be-forgotten/.

[21] FEDERAL COMMUNICATIONS COMMISSION. Verizon to pay $7.4M to settle privacy investigation [EB/OL]. (2014-09-03) [2014-12-09]. http://www.fcc.gov/document/verizon-pay-74m-settle-privacy-investigation-0.

附录：主要的法律性文件

1. Universal Declaration of Human Rights, 1948, United Nations.
2. International Covenant on Civil and Political Rights, 1966, United Nations.
3. European Convention for the Protection of Human Rights and Fundamental Freedoms, 1950.
4. OECD Guidelines on the Protection of Privacy and Transborder Flows of Personal Data, 1980.
5. Convention for the Protection of Individuals with Regard to Automatic Processing of Persinal Data Strasbourg, 1981, Council of Europe.
6. Directive 95/46/EC of the European Parliament and of the Council of 24 October 1995 on the protection of individuals with regard to the processing of personal data and on the free movement of such data.
7. Directive 97/66/EC of the European Parliament and of the Council of 15 December 1997 concerning the processing of personal data and the protection of privacy in the telecommunications sector.
8. Directive 2002/58/EC of the European Parliament and of the Council of 12 July 2002 concerning the processing of personal data and the protection of privacy in the electronic communications sector (Directive on privacy and electronic communications).
9. Regulation (EC) No.45/2001 of the European Parliament and of the Council of 18 December 2000 on the protection of individuals with regard to the processing of personal data by Community institutions and bodies and on the free movement of such data.
10. Regulation (EU) 2016/679 of the European Parliament and of the Council of 27 April 2016 on the protection of natural persons with regard to the processing of personal data and on the free movement of such data, and repealing Directive 95/46/EC (General Data Protection Regulation).
11. Data Protection Act 1998, UK.
12. Federal Data Protection Act as of 1 January 2003, Germany.
13. Amendments to the Constitution of the U.S.A., Article [I.], Article [IV.], 1791.
14. The Federal Communications Act of 1934, USA.

15. the Omnibus Crime Control and Safe Streets Act，1968，USA.

16. The Fair Credit Reporting Act，1970，USA.

17. Privacy Act，1974，USA.

18. Family Educational Rights and Privacy Act of 1974，USA.

19. Right to Financial Privacy Act of 1978，USA.

20. Cable Communication Policy Act，1984，USA.

21. Electronic Communication Privacy Act，1986，USA.

22. Video Privacy Protection Act of 1988，USA.

23. Communication Assistance for Law Enforcement Act，1994，USA.

24. The Children's Online Privacy Protection Act，2000，USA.

25. Uniting and Strengthening America by Providing Appropriate Tools Required to Intercept and Obstruct Terrorism Act of 2001（USA PATRIOT Act）.

26. USA PATRIOT Act Improvement and Reauthorization Act of 2005.

27. USA PATRIOT Act Additional Reauthorization Amendment Act of 2006.

28. Europe Court，Judgement of Case C-131/12，Google Spain SL，Google Inc.v Agencia Española de Protecci ó n de Datos（AEPD），Mario Costeja Gonz á lez，13 May，2014.

29. The Supreme Court of the United States，Judgement of the Sullivan Case，New York Times v Sullivan，1964.

30. The Supreme Court of the United States，277 U.S. 438（1928），Olmstead v. United States.

31. The Supreme Court of the United States，389 U.S. 347（1967），Katz v. United States.

32. US.Distric Court-Northern District of California，17-cv-03301-EMC，HIQ LABS，INC. v. LINKEDIN CORPORATION，Auguast 14，2017.

33. 2009年《刑法修正案（七）》，2015年《刑法修正案（九）》，中国.

34. 2009年《侵权责任法》，中国.

35. 2012年《全国人大常委会关于加强网络信息保护的决定》，中国.

36. 2015年《反恐怖主义法》，中国.

37. 2015年《国家安全法》，中国.

38. 2016年《网络安全法》，中国.

39. 2013年《最高人民法院、最高人民检察院关于办理利用信息网络实施诽谤等刑事案件适用法律若干问题的解释》，中国.

40. 2014年《最高人民法院关于审理利用信息网络侵害人身权益民事纠纷案件适用法律若干问题的规定》，中国.

41. 2017年《最高人民法院、最高人民检察院关于办理侵犯公民个人信息刑事案件适用法律若干问题的解释》，中国.

42. 北京市第一中级人民法院，判决书，百度诉奇虎公司，2014年8月，中国.
43. 北京市朝阳区人民法院，判决书，王某诉张某某名誉权、隐私权纠纷案，2008年12月，中国.
44. 北京市朝阳区人民法院，判决书，王某诉北京凌云互动信息技术有限公司名誉权、隐私权纠纷案，2008年12月，中国.
45. 北京市朝阳区人民法院，判决书，王某诉海南天涯在线网络科技有限公司名誉权、隐私权纠纷案，2008年12月，中国.
46. 北京市第一中级人民法院，判决书，任某某诉北京百度网讯科技有限公司，2015年12月，中国.

后 记

随着互联网逐渐成为联通现实世界的基础，个人信息在网络上的泄露与滥用问题日益严重，引起了社会各界的高度关注。在较长一段时间内，政府态度和民众情绪都偏向于通过限制个人信息的流动来达到“堵漏”的目的。但是，随着大数据价值在人工智能、定制工业等方面的显现，又开始出现诸如“隐私已死”“隐私将被自愿放弃”等片面化的观点。实际上，无论是之前的“一刀切”，还是后来的“一面倒”，都反映出人们在急于为个人信息安全问题寻求速效办法时的盲目。也就是在这样一种背景下，我设计了“互联网用户隐私保护规则研究”这一课题，并有幸得到了国家博士后科学基金的资助，而本书就是这一课题的研究成果。

互联网将我们带入了一个更加接近人的自由发展的光辉时代。前法国总理德维尔潘在“第四届世界互联网大会”上的演讲中提到，2017年网民的全球数量首次超过了世界人口的一半。这意味着更多的人已经或者正在获得一种更广泛的接入自由。人与自然之间、人与社会之间、人与自己之间的连接方式和改造能力都发生了前所未有的变化。如果将互联网比作一个赋能系统，那么数据就是这里的能量驱动。在互联网数据运动的过程中，产生了一系列的“二元性”问题，本质上都是关于发展与安全的关系问题。规则与边界的建立，已经成为线上线下世界一体化发展的迫切要求。

如若追溯起来，在五年多前，我就在博士导师宋建武教授的建议下开始关注和着手研究互联网环境中的个人信息保护问题。在研究过程中，一系列关键问题逐渐浮现，比如，个人信息与隐私的关系、互联网对信息隐私的影响、信息隐私保护面临着哪些困难，以及信息隐私保护体系如何构建，等等。2015年，我们合作发表了论文《个人信息的社会性及其利用边界》，指出个人信息作为个人身份的识别符号，是社会成员参与各种社会交往的前提条件，强调对个人信息社会性的重视。这也是《信息隐私保护制度研究》这本书写作的思想起点。这本书从选题到完稿，一直得到了宋老师的大力支持，在此表示诚挚的谢意。

在此，还要特别感谢我在站期间的合作导师郭庆光教授。为了尽可能提高研究结论的科学性和可行性，本书在研究角度上做了融合传播学和法学的尝试。在此过程中，郭老师提供了宝贵的意见和鼓励。同时，对出版社司马兰女士的工作致以由衷的敬意和谢忱。

对于信息隐私的保护问题而言，本书的研究也许只是一个开始。技术和社会发展的脚步仍然在快速迈进，新的环境必然带来新的问题。研究新问题的过程有着诸多艰辛，意味着需要研究者付出更多的努力，但矢志不渝，初心不忘。欢迎更多的朋友参与讨论并批评指正。最后感谢我的家人对我工作一如既往的支持。

徐艺心

2017年12月于北京

图书在版编目（CIP）数据

信息隐私保护制度研究：困境与重建 / 徐艺心著. -- 北京：中国传媒大学出版社，2019.5
（传媒与文化书系）
ISBN 978-7-5657-2342-1

Ⅰ.①信… Ⅱ.①徐… Ⅲ.①隐私权—研究 Ⅳ.① D912.704

中国版本图书馆 CIP 数据核字（2018）第 105585 号

传媒与文化书系
信息隐私保护制度研究：困境与重建
XINXI YINSI BAOHU ZHIDU YANJIU : KUNJING YU CHONGJIAN

著　　者　徐艺心
策划编辑　姜颖昳
责任编辑　姜颖昳　曾婧娴
特约编辑　魏　征　刘　英
封面设计　拓美设计
责任印制　阳金洲

出版发行　中国传媒大学出版社
社　　址　北京市朝阳区定福庄东街 1 号　　邮编：100024
电　　话　86-10-65450532 或 65450528　　传真：010-65779405
网　　址　http://www.cucp.com.cn
经　　销　全国新华书店

印　　刷　北京玺诚印务有限公司
开　　本　787mm × 1092mm　1/16
印　　张　13.5
字　　数　292 千字
版　　次　2019 年 5 月第 1 版
印　　次　2019 年 5 月第 1 次印刷

书　　号　ISBN 978-7-5657-2342-1/D · 2342　　定　价　58.00 元